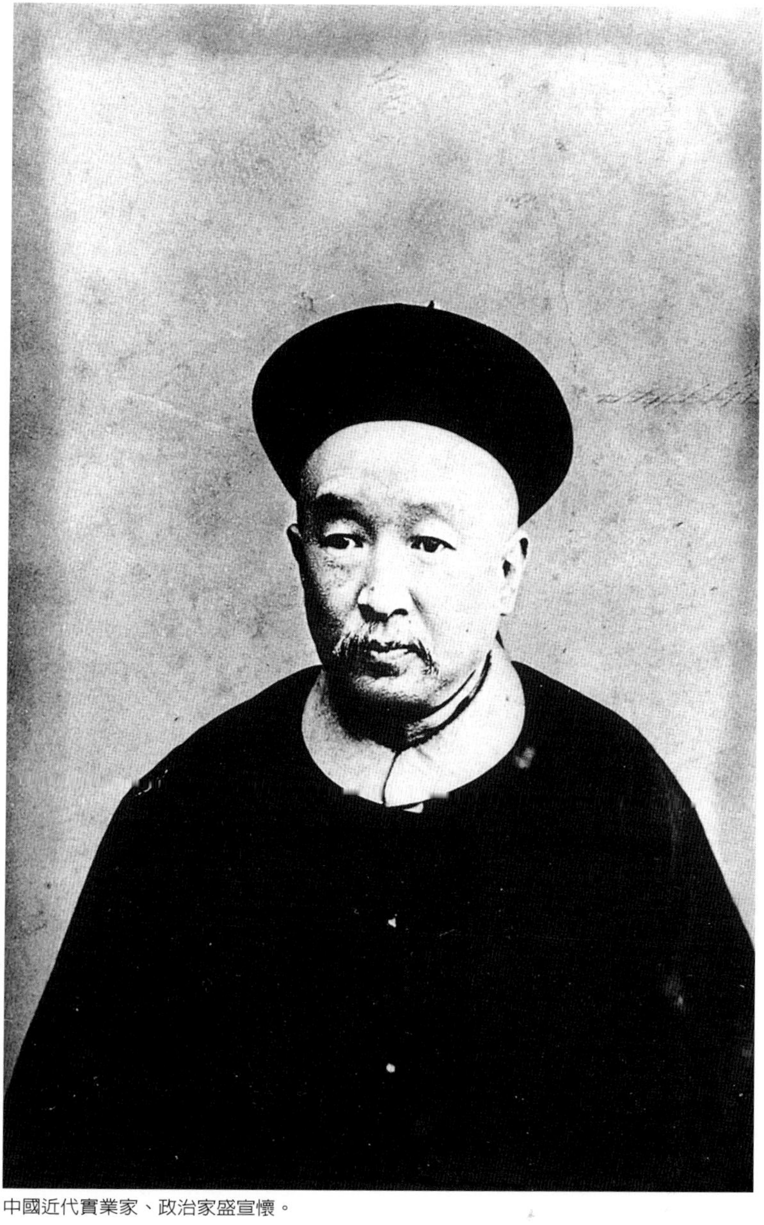
中國近代實業家、政治家盛宣懷。

盛宣懷在紫禁城騎馬圖。

盛宣懷1908年在日本治病時攝。
前排左三是莊夫人、左五是盛宣懷、右三是四小姐盛樨蕙、
後排右二是福開森、右五是四女婿邵恆。

莊太夫人六十壽辰合家歡。

盛宣懷的第三位妻子莊夫人（莊德華），是盛府的當家人。
盛老太爺去世後的最初十年，有她健在，盛府風平浪靜；
一但她也撒手西去，盛府就是另一番景象了。

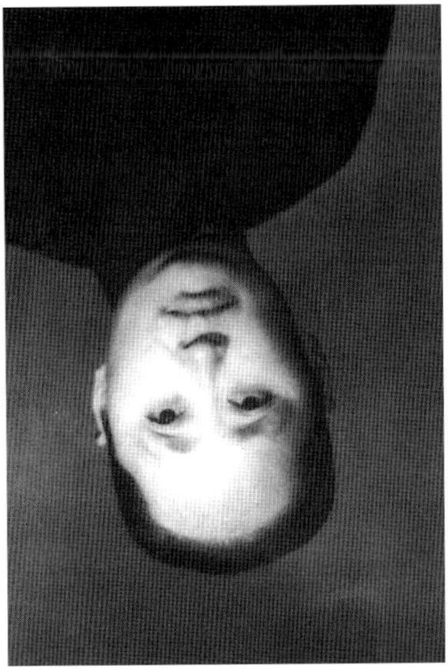

上圖：盛家五小姐盛關頤（中）、七小姐盛愛頤（右）和八小姐盛方頤（左），
他們各自有一段曲折的感情經歷。

右圖右上：盛七小姐盛愛頤，她與宋子文的那段恩恩怨怨，
是盛家掌故中最動人的一部分。

右圖左上：八小姐盛方頤，
一個典型的豪門中的弱女子，
因為丈夫不忠，她就整日愁雲密布。

右圖右下：盛宣懷最小的弟媳婦張氏（盛善懷之妻），
年輕守寡，死於「文革」之難。
她原是蘇州城裡的豪門閨秀，現在拙政園的西半部，
就是她娘家的老屋花園。

右圖左下：毓常之妻王碧芙，生了8個孩子，
美麗、多子而且長壽。

盛老四（盛恩頤）和她的元配夫人孫用慧（孫寶琦的長女）。
表面文質彬彬的盛老四，誰能料到他那一夜間輸掉一條弄堂的「豪舉」呢？

上圖：在關鍵時刻幫了盛宣懷大忙的親家孫寶琦。他與袁世凱是拜把兄弟，亦是兒女親家，因此充當了盛宣懷與袁世凱之間的「橋樑」，此對辛亥之後，盛家財產的發還，至關重要。

下圖：盛宣懷的長房長孫盛毓常，風流倜儻，半生富貴。毓郵說他，有錢的時候沒孩子，有了一群孩子時又沒錢了。

上圖：八小姐盛方頤的三個孩子，彭國寬〈右〉、彭蔚宜(中)、彭國裕（左)。即使是小孩子的服裝也已經中西結合了。

下圖：八小姐盛方頤（右）和兩個姪女盛冠芸（中）、盛岫雲，從中可見中西合璧式的民國服飾。

盛老四的長子盛毓郵與任家四小姐任芷芳的結婚照。
婚禮在靜安寺百樂門舞廳舉行，
新娘子的婚紗從舞廳中心一直蜿蜒到門口……

上圖：盛老五盛重頤的豪宅：淮海中路1715號，現為日本駐滬領事館總領事館的官邸。盛老五於解放前夕，以100萬美金賣給了榮家公子榮鴻三。

下圖：日本東京留園新廈。

盛宣懷之父盛康買下的別墅——蘇州留園，現為中國四大名園之一，
被聯合國教科文組織定為世界文化遺產。此為園中三峰之一——冠雲峰，
盛宣懷的孫女盛冠雲，由此得名。

上圖：盛毓度（左）與時任上海市市長的江澤民、上海交通大學黨委書記鄧旭初在慶祝上海交大建校90周年大會上。

下圖：九〇年代，盛家後代在常州合影。

上圖：盛承洪（右）與盛承興。哥兒倆現在掌管了五家飯店，
主要是日本東京的留園飯店和新亞飯店，在上海也有投資。

下圖：盛家後人在最近一次「盛宣懷與中國近代化」學術研討會上，
從左至右：王徵、盛毓鳳、盛毓楠、盛承業。

五、六百米的青果巷，僅近代以來就誕生了幾十位名人，
如瞿秋白、趙元任、李伯元、董康……盛宣懷故居在小巷東側，與馬園巷邊。

新世紀叢書

當代重要思潮・人文心靈・宗教
社會文化關懷

百年家族

盛宣懷

中國近代工業之父

宋路霞◎著
呂正惠◎序

百年家族——盛宣懷

【目錄】全書總頁數432頁

附錄：

盛宣懷與近代人物

清華大學中文系教授
呂正惠

高中時代很喜歡讀現代史書籍，當時資料少，凡能找得到的，沒有不讀的。當時最容易看到的，就是《傳記文學》，學校圖書館就有。看得不過癮，走出校門到牯嶺街去，很便宜就可以買到過期的。有很長的一段時間，我保有一整套十卷以前的《傳記文學》，後來知識漸廣，知道裡面講的未必可靠，才漸漸散失掉了。

當時記住了很多近、現代人物，所以，盛宣懷我是知道的。曾國藩、李鴻章平太平天國、平捻亂、跟外國人交往，漸漸知道中國一定要改變，開始搞洋務運動。洋務運動的重點，除了訓練新式軍隊（特別是海軍），就是搞實務，在當時包括辦新式學堂、採礦、鋪鐵路、搞實業（主要是紡織業）。當時一切從頭起，急需人才。但傳統科舉教育所培養出來的士大夫，多半不能適應需要。也真虧了曾、李等人，為了辦大事，到處尋人，「不拘一格降人才」，不管有沒有功名，凡是能辦事就用。就這樣，只中過舉人，不曾進士出身的盛宣懷就一路出人頭地，居然做到「大臣」（部長），而且發家致富，家財萬貫，成為巨室。

以前我只注意盛宣懷這個人的歷史作用，並沒有留意他的家世背景，更沒有留意他身後的家族史。最近的趨勢好像很重視家族史，我原先不太能接受，以為一般人好述說小道消息，以滿足他的「歷史好奇」感。後來發現這個想法有問題。

我現在認為，現代人物的家族史，純就歷史角度而言，有兩大長處。首先，從發家的過程可以看出「歷史變化」的大勢。譬如，我讀過茅盾的回憶錄，也讀過陳寅恪的家族史，發現他們後來所以「成名」，成為一個近代史上的重要人物，都跟他們家庭的背景大有關係。家族的性質，祖、父兩代的營生形態，往往決定了他們對中國近代大變局的「應對」模式，使他們在「面對」現實的過程中比他人更容易找到一條「特殊」的道路，因而成為一位「大人物」。這樣的歷程，在閱讀家族史特別容易認識到。

其次，「發家」以後其家族的發展史也跟歷史變化人有關係。近代的名門一般都會碰到近、現代中國史的四次大變化：辛亥革命、北伐（國民黨政權的建立）、「解放」（人民共和國的建立），以及八〇年代的改革開放。事實上，家族成員的命運，與其說是繫在家族成員的人品和才幹上（這當然有其不可否認的影響），主要還是看這四個「大變動」跟他們的關係，以及他們如何面對這些大變化。如果說，他們父、祖的發家是與呼應「時勢」有關係，那麼，他們的「敗落」也往往是因為，自己對「時勢」的應對過於遲鈍。當然，有時也不能太過於責備他們，因為畢竟「變化」實在太大、太快了。除了是「與時推移」的「天才」之外，誰能夠做到「處變不驚」，而又「隨波浮沈」呢！閱讀近代名人家族史，最令人感慨的要數他們的後代這一部分，實在是有其不得不然的道理的。

從傳統觀點講，盛宣懷不是一個政治或文化名人，因此受到的重視也就不多。不過，從資本主義社會的觀點來看，盛宣懷反而是一個「開風氣之先」的人，應該受到更多的注意。所以，這絕對是一本值得一讀的書，它可以告訴我們許多歷史書上絕對不會說的事，但是它反而是一本現代中國最好的「社會、政治史」入門書。

最後，再回到跟個人有關的事。有一陣子我很留心閱讀圍棋國手吳清源的事蹟。他到日本「留學」以後，曾獨霸日本棋壇二十餘年，是圍棋觀念「近代化」的開創人。他在日本的主要贊助人之一是有名的華人餐館「留園」的老闆盛毓度。後來林海峰到日本，「留園」也成為他的「根據地」。這個「留園」盛毓度，我曾懷疑他是盛宣懷的後人。讀了這本書，發現果然如此，讓我非常的高興。

引言

盛宣懷家族滄桑錄

宋路霞

盛氏家族是近代上海的第一豪門。

盛家老太爺盛宣懷（字杏蓀），是這個大家族的軸心。他從一個李鴻章鞍前馬後的「文案」（即秘書），四十年間，步步得「發」，官至尚書，順應了時代的潮流，抓住了洋務運動的機遇，傳奇地開拓了中國的近代工業。他一生亦官亦商，亦中亦洋，「一隻手拿十六只夜明珠」，以其騎士般的勇氣、智慧，和沈浮無定的人生際遇，造就了中國洋務史上十一項「第一」（即第一家銀行、第一家電報公司、第一家鋼鐵聯合企業……），為朝廷和百姓，立下了卓卓功勳；同時，也造就了盛氏家族的鼎盛。

他前後討了七房太太，生下八兒八女，於是豪門聯姻，妻妾成群，互相攀附，冠蓋如雲。八兒八女各自又有著或風流倜儻、或纏綿悱惻的感情經歷，盛家的孫子輩，大都又是豪門聯姻，所以以盛家為中心，就形成了一個上至京官大員，下至江南富豪，典型海派豪門的家族網絡，其氣焰之盛，可以想見。

俗話說「富不過三代」，「世界上沒有不散的宴席」，盛家亦不例外。如果從盛氏的祖父盛隆算起，盛家二百年間，共繁衍了八代子孫，經歷了太平天國、洋務運動、東南互保、辛亥革命、北伐戰爭、抗日戰爭、解放戰爭、中華人民共和國成立、十年浩劫、改革開放等劇烈的社會變革和動蕩，這期間，他們既擁有過一千萬兩家財，也遭受過三次大規模的抄家（辛亥、北伐、「文革」）；興盛時可逕自與天子對話，衰敗時竟落了個屍骨無存；有錢時，可一夜間賭掉一整條弄堂；沒錢時，竟八個人睡一間廚房……期間大紅大紫，大喜大悲，旦夕禍福，聚散離合，無不深深地嵌印著那個時代、社會和階層的印記，也給生性好奇、善於捕風捉影的街頭市民，留下了咀嚼不盡的飯後話題。所以老上海們都說：盛氏家族實乃近代中國鋒頭最健的亂世豪門之一。

我們姑且抖落那些小報記者和街頭巷尾的「創作」，掀開那些真實的、已經發脆了的「黃頁」，叩響那些散居在海內外的盛氏子孫的大門小窗，走進豪門去品味一下別有一番滋味的人世滄桑。

盛氏家族，豈止是近代上海灘上流社會的浮光掠影？

記下這些故事，為時不算太晚，看看這個家族二百年來，究竟告訴了我們些什麼？

……

二〇〇〇年八月

1 龍城之望

運河邊最傳奇的巷子：青果巷

常州盛氏，原本是江淮一帶的大姓。

據說他們的遠祖，是周文王的兒子郕叔武，至穆王時易郕為盛，於是後代就開始姓盛。

後來盛氏又分為南北二宗，南宗從古梁遷至廣陵，宋王朝南渡時又遷到金陵。到了明朝，有個叫盛睿的老祖宗，帶了一支家眷隊伍遷居到了常州，在城西北隅的龍溪河畔築屋造室，從此世世代代就在常州扎下了根。久而久之，盛氏子孫繁衍無數，那地方就成了盛家灣，成了盛氏家族常州系脈的大本營。

常州又稱「龍城」（又有延陵、毗陵、丹德、武進等古稱），概有龍溪河傍城而過而得名。龍溪河近通運河，遠通長江、太湖、大海，能得襟江帶湖之美和漁米舟楫之利，故有「中吳要輔、八邑名都」之譽。這個龍城自古並未出過什麼龍子龍孫或天王老子，然而文臣武將、富商巨賈倒是出了不少，到了明、清兩代，更是商賈雲集，萬舸爭流，物華天寶，南北矚望，康熙皇帝和乾隆皇帝，各自先後六次大駕光臨。現在被稱作「御碼頭」的地方，至今還豎立著乾隆皇帝題寫的御碑六塊，那是皇帝棄舟上岸的地方。

盛氏之所以成為地方大姓，不僅是人多，還在於歷朝歷代，都曾出過知名的人物。唐朝時有個盛彥師，好讀書，少任俠，唐高祖兵陳汾陽時他為大將，「晉城一役斬李密及王伯，當以功封葛國公，授武衛將軍」，可知是個幫助朝廷對付農民軍的幹將；唐貞元年間又有個盛雲鶴，學富五車，著名知識份子，授翰林院侍講學士，後來當上了皇帝的老師；到了宋朝出了個盛度，字公量，端拱二年進士，西部契丹來犯時，他「從辛大名使陝西，同覽疆域，參質漢唐故地，繪為河西、隴右、西域三圖以上」，因他治邊有功，後來當上了副宰相。宋宣和年間，盛家又出了個有名的忠臣，名盛俊祥，在朝廷裏當御史（即古代的紀律檢查官），南渡後因揭發秦檜篡權誤國，為秦氏所不容，被迫「乞病回鄉」，總算忠臣的名分得以長留史冊。他回鄉後書寫了「孝弟忠信，禮義廉恥」八個大字分授給八個兒子，以教育後代，不沒祖風。

到了元、明兩朝和清代前期數百年間，盛氏家族的仕途和功名未大顯，只是出了幾位藝術人才——盛懋為山水畫家，盛彧是詩人，盛寅乃一代名醫，盛時泰也是畫家，盛年則成了清代的圍棋國手。

到了嘉慶、道光、咸豐年間，盛家的門風又為之一振。先是盛宣懷的祖父盛隆於嘉慶庚午中舉，當上了浙江海寧的知州；接著他的父親盛康更進一步，於庚子（一八四〇年）中舉後，又於甲辰（一八四四年）中進士，獲得封建社會的最高學歷，當上了湖北武昌鹽法道（分管食鹽產、運、銷的副省長），又候補浙江道，成為朝廷外放地方官中的實力派。對於盛家更為重要的是，這期間適逢李鴻章在湖北奉命打「長毛」，盛康為其操辦後勤軍務，甚得讚賞，這為後來他的兒子盛宣懷進入李鴻章幕府打下了基礎，也為整個家族後來的振興，做好了最重要的人事上的準備。

盛家兩代人居外做官，俸祿日增，家底漸厚，而故居的門庭就得改造改造了。於是盛宣懷的父親和叔父，開始到常州城裏大興土木，構築起前後九進的豪宅深院，並在距上海不遠的蘇州城外，購地修園，這就是當今號稱中國四大園林之一的蘇州留園。

數十年後，盛宣懷青出於藍而勝於藍，在上海「發跡」後亦來此大興土木，除了上海靜安寺的「老公館」外，還在常州建造了前後十一進的府邸。盛家在常州的兩處府邸相距不過百米，重簷疊嶂、鈎心鬥角，令人嘆為觀止，遂成常州城氣焰最熾的門戶。

現在常州城內嵌著「盛宣懷故居」大理石牌子的地方，叫「馬園巷」。窄窄的巷道，僅容一人可過，左右對開的小門，黑漆已斑駁陸離。其實，這只是當年盛宣懷之父盛康造的九進大院的邊門。正門則豎在馬園巷盡頭的一條馬路上，就是現在常州市人民法院大廈的所在地。而法院門前的那條馬路，就是貼近古運河邊、充滿了傳奇故事的「青果巷」。

盛家大院選址於青果巷，可算是天時地利占盡。

初看青果巷，不過一條五、六百米的巷子，但這可是千里運河邊人物輩出的巷子。若按長度單位來計算，也可能是中國最盛產人才的巷子。千百年來，此處文臣武將不知凡幾，僅近一百年來，名人就出了好幾十位，革命家、實業家、科學家、文學家、藝術家、藏書家、銀行家、書法家、語言文字學家，幾乎文理各科咸備，成為一幅極富魅力的人文景觀。

青果巷古稱「千果巷」。因明代以前的常州古運河，是由西水關穿城而過，流經這兒後再出吳門而蜿蜒東去，所以運河成了南來北往的主要交通線，城區和臨城區的運河沿岸，也就成了過往船隻的商品集散地。不知從何朝何代起，東西南北的水果販就愛來這一段河沿卸貨設攤，久而久之，就成了南北果品的「專用市場」，於是有了「千果巷」之美稱。明萬曆九年，知府穆煒在城外又闢新河，過往舟船從此改道，然而水果市場已成定局，即使果船不從這兒走，而水果市場依然興旺，「千果巷」卻被訛呼為「青果巷」，沿用至今。

如今情勢已大變。歲月在運河的流逝之中，不知不覺地已把水果市場改造成菜市場了。每天一大早，沿河兩岸熙熙攘攘。有時天空飄著小雨，河邊屋簷下就會出現兩道「彩龍」——由各色雨傘、雨衣和雨棚連接起來的攤販，紅藍青綠，沿河排開，很是繽紛。

河中小舟時而「依乃」而過，河邊竹籃竹筐裏的青蘿蔔、紫菱角、小白菜，淨是濕淋淋、水靈靈的，鮮嫩得惹人憐愛。

如果繞到那雨傘和雨布連成的「彩龍」背後，在濛濛細雨中審視默默無語的枕河人家，那陳年古畫般的「烏衣」舊家，真是別有一番滋味。一道歲月「風蝕」了的舊門檻，一口殘缺了的花格窗，一道不經意的飛簷，一堵依然挺立卻已灰塵滿面的防火牆……一不小心，就會勾出一串動人心魄的往事。

這條古巷的大戶中，古代最著名的是抗倭名將唐荊川家族，其故居叫「貞和堂」。唐家原有易書、筠星、四并、復始、松健、禮和、八桂、貞和共八堂，合稱「唐氏八宅」，占去了青果巷內一大片房屋，現在貞和堂的楠木廳仍在。唐家祖先是宋代翰林唐華甫，明初時唐伯成率子孫遷居常州，落戶巷內，一門科舉鼎盛，舉人、進士、知府、知州，代有人出。藝術人才出了唐世英（書法家）、唐世寧（畫家）昆仲，武將中出了抗倭英雄唐荊川。多年後，唐荊川的七世孫唐執玉又暴得大名，為康熙年間進士，官至刑部尚書、薊門總督，成為從青果巷中走出來的兩位尚書之一，另一位即盛宣懷。

唐家後人忠於明室，在明、清鼎革之際參加反清復明，於是倒了大楣，老房子被抄沒，兄弟們走伏草間，隱匿數年。被抄沒的房子後來被官署發賣，一部分被莊氏家族購得。這個莊氏家族亦是常州大戶，乃盛宣懷的繼配夫人，盛氏家族後期的主管莊德華夫人的娘家。

住在唐家對面的是董家。董家與唐家是世代姻親，也是常州知名的富戶。唐荊川的姊姊嫁給了董後峰，而董後峰的父親（新昌知縣董紹）則是唐家上輩人的外甥……兩家「裙帶」關係之多，自家人亦數不清，以致後來過年時內眷出門拜年，索性把青果巷的東西柵門關閉，因巷內差不多都是自家人，走動起來也省得路人干擾。路人也不以之為過，因為年年如此，已成習規。這個董家，就是盛宣懷的原配夫人董夫人的娘家。董家出的人物也不少，半個多世紀前出過一個著名的藏書家董康（誦經），此人後來曾出任立法院院長，他的藏書近些年一再被人提起，據說其母的墓誌銘原石當年未曾入土，至今仍在董家老屋中。

青果巷與雪洞巷相銜之處是惲家老宅，一個古典的庭院環以雕花迴廊，那座水磨磚的雙月洞門，尤其典雅有古趣。這是晚清貴陽知府、道光年間進士惲鴻儀的書齋。惲鴻儀是著名大畫家惲南田的後代，他與祖父惲秉怡都是書法家，一門書香，代代相傳，與書法家費念慈還是兒女親家。他家的祖宅原在護城河北岸。太平軍攻常州城時，其父匯昌和家人均吊死在屋內，當時惲鴻儀服官外地，回鄉後即另闢新居於風水寶地青果巷。一直到今天，內中住的仍是惲家子孫，屋宇均已百歲以上了。

青果巷是一條大巷，內中又闢出些許小巷，其中一條叫太初庵，亦是一個充滿故事的地方。

幾百年前，明代禮部主事鄭振先、翰林院庶吉士鄭鄤父子在此居住，現在仍歸其後裔居住。由於鄭振先號太初，所以名其巷為太初庵。其子鄭鄤少有才名，十八歲中舉，二十八歲中進士，入達翰林，只因後來與東林黨交往，揭發閹黨，招致魏忠賢、溫體仁的忌恨，被囚禁三年之後，最後被凌遲（即剮肉三千刀）而死，實為明末震驚朝野的一大冤案。

與盛家老宅相比鄰的，是清末海派文學大師、譴責派小說的巨匠李伯元先生的故居——留餘堂。李家原來沿河有六十四間房子，今只存三開間兩進，前門廳樑上至今尚有荷花、壽桃等黃楊木雕刻，後院尚存李家當年白石洗硯池一方。

除此之外，近代著名實業家劉國鈞、革命家瞿秋白、張太雷、實業家兼藏書家陶湘（字蘭泉，盛宣懷重要的幕僚之一）、著名語言文字學家趙元任、著名書畫家湯貽汾、漢冶萍公司萍鄉煤礦礦長張贊宸（也是盛宣懷的得力助手）……均是近百年來，從這條古巷中走出的各路俊傑。

常州的老一輩人常說，青果巷原本就是一塊風水寶地，盛家兩代人均造屋於此，兩處深宅大院南北相映，東西風光坐占殆盡，安能不得「發」耶？

「花發如錦」與「和尚轉世」

盛宣懷兄弟共六人，列「懷」字輩，他是老大。老二盛隽懷（蕉蓀）附貢生；老三廷懷和老四寰懷均不幸早夭；老五星懷（薇蓀）附監生，三品銜，候選知府，可惜在甲午戰爭的朝鮮戰役中不幸犧牲，朝廷恤贈太僕寺卿銜；老六盛善懷（萊蓀）亦附監生。他們六兄弟中，除了盛宣懷均很不幸，早夭了兩個，犧牲了一個，另外兩個兄弟亦不長壽，均在二十來歲就去世了。惟獨老大盛宣懷一枝獨秀，不僅長壽，而且官運亨涌，多子多孫，「世面」越做越大……這在盛家來說，多少也算件怪事。

盛宣懷出生的那年（一八四四年）春天，其父盛康正赴京趕考，其祖父盛隆正在吉安縣令任上。一天夜裏盛隆作夢，忽然夢見家中老宅院中，一棵老杏樹「花發如錦」，醒來即聽說盛康之妻已有身孕在身，於是心中竊喜，認為是個祥兆。果然這年科舉上榜，兒子盛康考中進士，到了秋天又喜得孫子，於是雙喜臨門，闔府上下自是熱鬧非凡。盛隆念及夢中盛開的杏花，遂為孫子取名為「杏蓀」。己酉（一八四九年）盛隆從浙江辭官回來，見孫兒「端凝朗秀，舉止如成人」，心中大喜，曾對其親朋好友斷言：「是兒必成偉器！」後來情況之發展，竟不出老人當年所預料！

關於盛宣懷的出生，常州城的老人另有一說。說他出生的前一天晚上，常州城裏天寧寺的一個老和尚正準備圓寂，臨行前口中含一青杏，囑咐小和尚說：「明天天亮往市中尋訪，若有新生小兒哭不出聲音，即為其取出口中青杏，乃吾之托身也。」第二天一早，小和尚聽說盛家老宅喜降一子，又聽說那小兒確實哭不出聲來，就按師傅之說，前去為小兒取出口中異物，細察之，果一青杏也！小和尚急返回寺院回秉師傅，然老和尚已圓寂矣……因此，常州人多認為盛宣懷是老和尚轉世，所以一生才行善無數，於天寧寺亦多有捐獻和維護。

筆者去年到常州過訪天寧寺，曾親耳聽該寺的主持師傅講過一個故事。說是有一年天寧寺要翻建大殿，大興土木，萬事俱備就要動工之際，遭地方鄉紳反對，認為寺廟不可以超過附近縣學的高度，超過常州以後就出不了狀元了。天寧寺不服，於是大事訴訟，最後還是盛宣懷出面，在朝廷面前說了話，為天寧寺爭理，才使得天寧寺最後勝訴，那凌雲重殿才得以建成。那天承師傅好意，捧出《天寧寺誌》供筆者參考，翻至有關章節，其中果有此事的紀錄。

還有一種說法，說盛宣懷去世時是穿著袈裟入殮的，以此證明「和尚轉世」。事有湊巧，去年（一九九九年）筆者在江陰市政協文史辦公室主任趙雪芬女士，和常州市政協文史辦公室主任陳吉龍、池銀合的陪同下，走訪盛氏江陰馬鎮老暘岐墓地時，恰逢盛家當年的墳親亦在場。該墳親已七十多歲，其父輩開始就為盛家看墳，他說五〇年代盛氏墓塚曾被人盜掘，盜墓者五人至今在世，據目擊者云，躺在棺木中的盛宮保，果真一襲袈裟裹身，頸上還掛有念珠一長串。

於是，「和尚轉世」之說就更有了「鑿鑿證據」。

然而「花發如錦」也好，「和尚轉世」也好，都沒能給少年時代的盛宣懷帶來幸福和安寧。他出生不久就遇上了太平天國造反，時局動蕩，天下大亂，數年後太平軍又橫掃江南，常州正是雙方激戰的重災區，這使得原本席豐履厚的盛宣懷，立即陷入了離亂與艱辛。

一八五〇年冬，其父盛康在安徽和州做官，盛宣懷隨母親及祖父、祖母同住和州。過了兩年，太平軍進逼安徽，和州告急，他只好與祖父、祖母再返回常州。一八五六年，他的伯父（彥人公）出任浙江歸安縣令，接其父母去歸安生活，但不到一年，浙西又告急，太平軍已攻入浙江，老人只好再返故里。庚申（一八六〇年）二月，太平軍破杭州城，其伯父死於戰火。不久，從鎮江南下之太平軍進逼常州，盛宣懷又伴祖父、祖母轉避於江陰長涇鎮。常州陷落後又渡江，避居鹽城。此時盛康已官湖北糧道（分管糧食的副省長），就派人來常州接父母、兒子赴鄂，可是當時太平軍正占據長江天塹，內地水陸不通，只得繞道海上，先航海至寧波，再從寧波走金華、衢縣，經浙江、安徽、江西等省，輾轉半年後才抵達湖北。一路上崎嶇險阻，艱苦繁難，水陸數千程，盛宣懷年方十七，與其堂兄盛柏蓀一起，「上侍重闈，下撫親屬，至纖至悉，將護維謹，使老人不知有亂離轉徙之苦」。盛宣懷也從烽火戰亂之中，目睹了哀鴻遍野、民不聊生的慘狀，飽受顛沛流離之苦，這段經歷無疑給青年盛宣懷留下終生不滅的印象，無形中促使他朝著實業救國、賑災救民的道路走去。正如他的兒子們在追念其父畢生事業時說的：「府君……歷四十餘載，勞苦憂患，百折不移，平生最致力者，實業而外，惟賑災一事。」

一八六三年，清政府費盡九牛二虎之力，總算把太平天國給「平」了下去，天下稍稍安定了幾年，盛家也漸漸重新過安定的日子。在這前一年，盛宣懷年屆十八，按照中國的老傳統，正是成家立業的年紀，於是董夫人「來歸」（嫁到盛家），第二年長子昌頤出世，盛康抱上了長房長孫。幾年後又連得貴子，一八六七年老二和頤生，一八六八年老三同頤生，不僅連生了三個兒子，還有三個女兒。雖然盛家這幾年孩子生得多，老人去世的也不少。

一八六七年五月，盛宣懷的老祖父盛隆去世了，他陪同父親扶棺回籍。誰知幾個月後老祖母也去世。第二年冬天，他的母親棄養（去世）；再過兩年他的大弟弟蕉蓀亦故去。短短幾年中，盛家連走了四位親人，尤其是其母去世，令盛宣懷悲慟欲絕，可是為了安慰父親，他只能「茹悲制痛」，「然枕裀間淚漬常斑斑也」。盛康因父母遭喪，按老規矩要奉諱家居，盛宣懷也就隨父回到常州，「為惇宗睦族之事，設義莊，增祭田，建義學，修宗譜」，盛宣懷均參與規劃，具體辦理，「絕不以外事攖心」。若不是後來楊宗濂來函召其入李鴻章幕府，他也許就在家鄉當大地主了，然而命運的安排，常有柳暗花明之處。

一八七〇年春天，又一個杏花「花發如錦」的季節，盛宣懷應召踏進了李鴻章的戎幕，登上充滿驚濤駭浪的人生舞台。

百分之百的退稿率——論求職信

2 末世才人

「武進文不進」的命

盛宣懷生前曾對子孫說：「吾祖吾父以科第起家，吾少壯時銳欲繼繩，而卒屢躓於秋闈；家有治譜，常以理繁治劇自許，而未嘗假手一州一邑為親民之官；保使才，辦洋務，日與友邦人士相周旋，而足跡未履歐美一步。此則生平三憾事也！」

生平三件憾事，科舉不售為其首件，可見其痛心疾首。恐怕盛宣懷大概就是「武進文不進」的命吧！然而「文不進」，在封建官場上就不算正途出身，因沒有硬碰硬的學歷文憑，在進士「成筐成簍」的封建官場，無形中要矮人一等，不能不引為生平大憾。

他一八六六年曾與其弟雋懷從湖北回常州，參加童子試，兄弟二人同中秀才。然而，他的文憑到此為止，僅算個初中畢業生。後來於一八六七、一八七三、一八七六年三次參加鄉試，均榜上無名，不僅大學文憑無望，連高中文憑也沒拿到，沒有辦法，只好從此絕意科舉。

事實證明他卻是個「武進」式人才——從「武」而「進」，從「武進」而打遍天下，成功地舉辦了一大批舉人、進士所未曾辦過，甚至無法辦理的不世之偉業。

無獨有偶，常州一地古稱之一即為「武進」。三國時孫權經營江南，崇尚武功，制定了「以武為進」的戰略思想，於是改丹徒為武進，致使尚武風氣大開。後來孫權建都於鄂，「欲以武而昌」，又把鄂縣改為武昌，同時改名的還有武昌縣、武昌山，並把武昌、下雉、陽新、紫桑、沙羨組成一個武昌郡，又取號為「黃武」。在此前後，吳國以武字命名的地方還有：武林（安徽貴池）、武熙（廣西象縣）、武義（浙江金華）……歷代傳沿下來，武進一地因「武」而「進」的確實不乏其人，有抗元名將王安節，明朝又出了個兵部尚書（國防部長）陳洽，明末有抗倭名將唐荊川，清代又有湯和、張十誠、方國珍……有趣的是盛家老宅的旁側（邊門）馬園巷（即目前列為盛宣懷故居處），就是明、清兩代軍營養馬的地方，或許就是「出產」千里馬的地方吧！盛宣懷果然從武而「進」，自從踏入李鴻章的戎幕，他的事業從此千帆競發。

李鴻章亂世得英才

庚午（一八七〇年）四月，「李文忠公由鄂督師入陝，楊藝舫（芳）京卿宗濂函招府君入幕。」盛氏子孫於〈盛宣懷（杏蓀）行述〉中如是說。這位楊藝舫京卿宗濂，即是後來無錫大姓楊家的老太爺。北洋軍閥時期出任財政總長的楊味雲（壽枬）就是他的姪子；三〇年代豪門聯姻，與其邑榮德生的六小姐榮漱仁結為伉儷的楊通誼，就是他的姪孫。百年間楊家由南而北，也是一門氣焰熏天的大戶。

楊宗濂，看人有眼光，可說是識千里馬之伯樂也。作為朋友或僚屬，也是不可多得之輩。他是在上級李鴻章北上剿捻、身邊乏人的時候，向他推薦了一匹千里馬。作為盛康的老朋友，他見盛宣懷精明能幹卻賦閒家中，他把他叫出來鍛鍊鍛鍊，闖闖世面，也了老朋友的一樁心事。盛家當時喪事不斷，晦氣得很，作為大兒子老是窩在家裏，總不是個辦法。

楊家與李鴻章的關係，起於楊宗濂的上輩。楊宗濂的父親楊延俊，字菊仙，是道光丁未（一八四七年）進士，生子五人，個個都有頭銜。長子即是宗濂，字藝芳，獲花翎頭品頂戴，候補三品京堂；次子以迴，字霖士，獲花翎二品銜；三子宗瀚，字藕芳，花翎二品頂戴，官鹽運使，上海織布局的創辦人；四子宗濟，字用舟，即楊味雲之父，楊通誼之祖父，因病在家奉母，花翎五品銜，官溧陽縣訓導；五子宗瀛，字望洲，光緒己卯（一八七九年）舉人，任安南縣知縣。

楊菊仙與李鴻章甲辰（一八四四年）鄉試同年（同時考取舉人），丁未（一八四七年）會試又同號舍（同一個考場的小房間）。李鴻章在首次「制藝」（第一場考試）結束後突發疾病，全靠同號舍的楊菊仙料理湯藥，直到三場考試結束，「扶掖出闈，遂同捷南宮」，兩人同時都金榜題名，考中進士，所以他們同年（同一屆的進士）中，兩人交誼最篤。李鴻章對楊氏自是感激不盡，並且愛屋及烏，在楊氏去世之後，把老朋友的三個兒子藝芳、以迴、藕芳兄弟三人均帶進他的戎幕，在與太平軍作戰中委以重任，進行考察。藝芳在劉銘傳麾下總管糧台，後在淮軍總管營務；藕芳司章奏（李鴻章的秘書）；霖士佐豫軍，轉戰數省，直至大局平定。藕芳是軍中有名的快手，「嘗泛船汀中，鴻章匯集諸將捷音，命藕芳草疏上陳，就茗几作楷，頃刻立就。遲明，捷書已在道矣。他日鴻章猶舉以語人，嘆曰：『楊三捷才，非他人可及！』」太平軍被平定後，三兄弟均以戰功而升任道員，並戴花翎。

一八七〇年，楊宗濂（藝芳）隨李鴻章西征進入陝西剿捻，不久又奉命調直隸。赴直隸之前，甚覺李鴻章身邊缺乏人手，於是千里馳函常州，請老朋友盛康把兒子盛宣懷送出來。楊宗濂後來被神機營（晚清皇家禁衛軍）將軍善慶招去籌練武備，一八八五年奉調總理天津北洋武備學堂，至袁世凱小站練兵時，所有將校均出其門下。至於後來演變成北洋軍閥，又分為直皖兩派，以致袍澤而干戈相向，那是後話。

關於盛康與李鴻章的交往，盛宣懷的子孫在其行述中說：「文忠夙與大父雅故」。關於「雅故」的具體內容語焉不詳，然而鄉間道傳則將其傳奇化了。說是李鴻章參加鄉試時，盛康是主考官，當李鴻章大汗淋漓交不出卷時，盛康及時地向他拋出「繡球」，於是李鴻章釋然，順利過關，日後發達之時，便委盛康之子宣懷以重任……其實這牛頭不對馬嘴，且不說無論是盛隆還是盛康都沒有當過主考官，而且盛康進士及第的那一年也正是李鴻章中舉的那一年（一八四四年），盛康自己尚在考進士，如何能成為地方主考官？另外，盛宣懷入幕李鴻章是由楊宗濂推薦，其時盛康早已因丁憂（父親去世）而鄉居數年。而且盛宣懷初到李鴻章麾下時，正是李率軍北上剿捻的緊張階段，委盛宣懷一個「文案」（即秘書）職，根本不是什麼好差事，相反的卻是戎馬倥傯、席不暇暖、日馳百里、苦頭吃足的時候！

倒是盛康在湖北辦糧、辦鹽的時候，確實與李鴻章有一段軍務上的交往。

一八五八年春，時任湖北巡撫的清廷名將胡林翼函召盛康入鄂。那時，湘軍與太平軍正在安徽、江西、湖北一帶火拚，三合鎮一役湘軍大敗，損失嚴重，急需補充人馬和糧草，而鄰近省份的「協餉」久不到位，「僅以楚中一隅之力，供水陸六十萬人之食」，任務之艱鉅，可想而知。盛康不愧為理財能手，到湖北先以道員的身分辦理稅收，以充軍糧。那時湖北創辦「牙釐」僅一年，一切尚未入正規，但官方已恃為「軍糧大源」，於是盛康不得不嚴禁「偷杜侵蝕，擠浮糜爛」，以致「數入大贏」，保證了前方部隊的糧草供應。當時曾國藩正駐節江西與湖北，以湖北為天下之重地，「以全楚一隅規吳謀皖」，一時俊傑皆集中於湖北。

一八五八年冬，適逢李鴻章也到了湖北，入曾國藩幕，襄辦營務，遂與盛康成為同僚，見盛康大辦軍需，功勞卓著，曾手書以「蕭何關中、劉晏河北」相推挹。一八六〇年盛康升為湖北糧道，一八六二年授鹽法武昌道，一八六三年歷權布政使和按察使二司，仍以擅長理財、辦理軍餉出名。

李鴻章常與盛康一起謀劃軍需軍務，李鴻章的戰略是「謀吳兵而籌楚餉」，只有立足楚地之後，尚可向東進發，步步為勝，而楚地的糧草自是第一要政。關於收財稅，李曾對盛說：「財賦只可認真於額內，不當於額外求之。」這就對於稅收做了嚴格的限定，不可於額外亂收，亂了根據地就等於亂了全盤。而對於那些占了官位而不做事或做不來事的官，則主張嚴懲不貸。盛宣懷曾記下了李鴻章對其父的提醒：「鄂事若不嚴懲府州縣之泄沓，即桑孔復生，亦無實濟。」於是「將不能戰者殺之，不足惜，汰之惟恐不速！官不能籌餉者劾之，不足惜，罷之惟恐不速！」而「府君之理財用人裒益至當，寬猛交濟，皆承文忠教也」。由此可見他們相知之深，情誼之厚。盛康後由李鴻章以「才具優長」推薦朝廷，得以以繁缺道員留省補用，終而步步高升。一八六七年其父盛隆去世，辭官家居十餘年，京外故舊敦迫再出，後來任杭嘉湖道、按察使，未幾亦回鄉養老。然而他的兒子盛宣懷，則成了李鴻章手下的洋務大將。

盛宣懷至李鴻章麾下果不負厚望。初「派委行營內文案兼充營務處會辦，屬櫜鞬，侍文忠。」是個秘書兼保管員再兼總務處副處長的角色，直接對李鴻章負責。當時正值盛夏炎暑，他常常「日馳數十百里」，忙於軍需；作為文案，他又「磨盾草檄，頃刻千言，同官皆斂手推服」。

關於盛宣懷的辦事才能，早在湖北他父親盛康的府衙居住時，就已顯露過才華。那時正值兩大產鹽區淮北和四川在湖北爭引地，矛盾鬧得很大，長期不得解決，盛康身為鹽法道頗感頭痛。盛宣懷了解情況後，略一用心，就私下草擬了一份「川淮並行之議」為父親出謀劃策，指出應允許兩地均在湖北辦鹽，問題是辦鹽越多，收稅越重，誰有實力，誰就上馬即是了。盛康覺得言之有理，此舉既可解決兩地的矛盾，又可增加稅收，何樂而不為呢？於是採納了兒子的意見，果然一舉奏效。

盛宣懷憑他辦事一貫事必躬親、實事求是、力求實效、精明練達的作風，很快得到李鴻章的另眼相看。不久，天津教案事起，列強列艦海上，清廷為防不測，調動淮軍由陝西進駐直隸京畿（京城郊區），盛宣懷日侍李鴻章左右，一路上「涉函關，登太行，盡攬山川扼塞」，還得以機會與淮軍名將郭松林、周盛波等人「討論兵謀」，胸襟豁然開朗。不久升任陝甘後路糧台、淮軍營務處，「嗣因克復洪崗等處賊寨案」，經綏遠城將軍定安保奏，升官至知府、道員，並獲賞戴花翎二品頂戴的榮譽。此時距他入李鴻章戎幕，僅一年有餘。

做糧台，辦營務，就是辦理後勤、軍需之務。李鴻章自太平天國之役，從常勝軍、洋槍隊身上已深知採用西方新式軍械的威力，於是囑盛宣懷辦軍需，採辦西式武器裝備。這樣他就有了常往上海跑，跟洋行買辦打交道的機會。時上海開埠已有三十年的歷史，十里洋場，處處爭奇鬥勝，各種新玩意、新行當花樣百出，使得本來就對「經世之學」深感興趣的盛宣懷，眼界大開。他很快看出洋人在上海辦船運的「門檻」，憑他超人的悟性，與其家族精於理財的傳統，他決定走一條「辦洋務」的路子。時逢李鴻章在「平」太平天國之後，作為「中興之臣」正權傾朝野，尤其正倡導全國的洋務運動，盛宣懷就抓緊時機向他表示忠心，建議自辦輪船，以爭利權。李鴻章經過一段時間的觀察，亦認為其具有「非常之才」，於是允其請，前去上海辦船運。從此他離開李氏戎幕，一腳踏進上海灘，這個充滿了機遇、誘惑和風險的洋務戰場。

3 洋務巨擘

招商局萬事起頭難

十九世紀六、七〇年代，隨著外國資本不斷滲入，我國沿海一線以及長江內河的航運，幾乎全被洋人的鐵甲船占領，中國傳統的沙船運輸已成衰落之勢。尤其英國的怡和、太古洋行和美國的旗昌洋行，都擁有大規模的船隊，這些船速度快，載量大，不一會兒就把中國的木帆船甩在後頭。他們不僅在沿海和內河各碼頭沿線攬貨，還設法把朝廷的漕運生意（即每年按時運送的官糧）也拉了過去，致使中國船隊無貨可攬，而且朝廷專撥的運糧費也大量地流入了洋人的口袋。

鑑於這種情況，從六〇年代起，一些地方官員和有識之士就聯絡起來，向朝廷獻策，主張中國人自辦輪船運輸，把船運之利從洋人手中奪回來。

同知容閎（中國最早的留美學生）一八六八年通過江蘇巡撫丁日昌，向朝廷條陳振興大計：一、組織中國合資汽船公司；二、選派青少年赴美留學；三、開礦產、修鐵路；四、禁止教會干涉人民訴訟。四條中清廷首先看中了第二條，四年後即派他主持選派幼童赴美留學，而辦船運等事，原則上也贊成，然日久因循，未有定局。

又過了幾年，「天下承平」，民心思安，海內似有「中興」氣象，清廷即騰出手來命李鴻章辦洋務，以師夷而制夷，圖謀振興。

當國人自辦輪船運輸一事再次被提上議事日程的時候，盛宣懷馬上抓住機會，力勸李鴻章「此大利不可不興」，並要求讓自己前去試一試。

當時李鴻章已升任直隸總督兼北洋通商事務大臣，總攬了清廷外交、通商、洋務大權，成為洋務派的首領。由誰去舉辦中國人自己的近代船務，全憑他一句話。

盛宣懷積極向李表達決心及忠誠。在給李鴻章的信中說，他要盡自己一切努力辦好航運這件要政，並要「竭我生之精力，必助我中堂辦成鐵礦、銀行、郵政、織布數事」，並設想：「百年之後，或可以姓名附列於中堂傳策之後，吾願足矣。」又說：「中堂得無笑我言大而誇乎？職道每念督撫姓名得傳後世者幾人哉？遑論其下。」這封信寫得掏心掏肺，開誠布公，並以傳名百世來「激將」李鴻章，並表示不僅僅是辦船運，而是要將畢生精力投入洋務大業。

果然，李老被感動了，讓他把營務處的工作先放一邊，起草一個辦輪船局的章程。他要先看看盛宣懷肚子裏的「貨」。你不是要去辦船運嗎？那麼說說看，該怎麼個辦法。

盛宣懷心領神會，精心構思了一幅中國輪船公司的發展藍圖。他明白，這是對他的火線偵察，也許是日後邁向洋務事業的關鍵一步，只能辦好，不能辦壞。他必須把他的整體構想講明白，同時拿出具體方案，盡量做到滴水不漏，否則就真的「遑論其他」了。

盛氏不愧為識實務之才。他在〈上李傅相輪船章程〉（同治十一年）中縱論當今大勢：「伏思火輪船（輪船）自入中國以來，天下商民稱便，以是知火輪船為中國不能廢之物。與其聽中國之利權全讓外人，不如藩籬自固。」明確地提出，中國應自辦輪船以爭利權。同時他在此章程中還批駁了「輪船愈造愈多，經費難以為繼，是彼藉以生財，我反因此耗財」的淺見，指出船廠所造之船，「租給商人經營，暫則為節流，久則為開源」，可以「轉弱為強」。具體的辦法，他主張官督商辦。因為關於中國社會的弊病，他比誰都看得透徹。中國畢竟是個以官為本位的泱泱大國，而在西風東漸之初的中國辦洋務，沒有官股官本是辦不成的，因為民間商人力量還太小。但光靠官辦也辦不成，因為官場有太多的累贅。因此他指出：「中國官商久不聯絡，在官莫顧商情，在商莫籌國計。夫籌國計必先顧商情。倘不能自立，一蹶不可復振。試辦之初，必先為商人設身處地，知其實有把握，不致廢弛半途，辦通之後，則兵艘商船並造，採商之租，償兵之費。息息相通，生生不已。務使利不外散，兵可自強。」這段精彩的理論，可算是把中國現實中的官與商的相互關係、相互作用說透了，尤其是他那「顧商情」的觀點，實際上是主張在「官」的領導下，官方也入股，加以監督、指導和聯絡，以「商」為主體去具體操辦。

但事情並非那麼簡單，官督商辦企業乃近代新生事物，官方許多大員均持懷疑態度，連李鴻章左右的親信如天津海關道陳欽、天津河間兵備道丁壽昌，均主張採用朱其昂純官辦的辦法，以求穩妥。李鴻章在事無七成把握的時候，當然也得少數服從多數，只好暫且委屈一下盛宣懷，採納了朱其昂的意見，並且委任朱其昂及其兄弟朱其詔，負責籌建輪船局，先由朝廷撥款二十萬兩銀，「示信於眾商」，在此基礎上再吸收商股，即現代人說的「把蛋糕做大」。

結果不出盛宣懷所料，這種純官府官辦的「蛋糕」，要想爭取商人的投資是不容易的。商人為何要為你官辦企業投資呢？你不放下魚餌，不拿出平等的、合作的誠意，商人豈肯上當？而且朱其昂兄弟的具體做法也有問題，太官僚，僅想運輸漕糧，而不攬載客貨，是發揮不了與洋商爭利的作用的。況且各地漕運司已有不少與洋商掛鉤，你現在要把生意再拉過來，你給漕司什麼好處呢？你的運費能比洋船便宜嗎？光扛著朝廷的招牌有時也壓不住人。其次是難以吸收商股，吸收不到商股，底盤有限，事業將如何發展？果然，這個輪船公局開辦不到幾個月，就困難重重，只得陷入停頓，只好再另外想辦法。

於是李鴻章回過頭來再找盛宣懷，「飭議章程」。盛宣懷也不擺架子，再次忠心耿耿地為之策劃，提出了「委任宜專」、「商本宜充」、「公司宜立」、「輪船宜先後分領」、「租價宜酬定」、「海運宜分與裝運」等六款，並提出應仿照外國洋商的樣子，招集商股五十萬兩，一百兩為一股，認票不認人，「以收銀日為始，按年一分支息，一年一小結，總賬公閱，三年一大結，盈餘公派。」對於來自官場上的騷擾，他也早有預見：「官場來往搭貨搭客，亦照例收取水腳」，以使投資者安心勿慮。為使新生的招商局站穩腳跟，不至於一出台就被擠垮，他在這個章程裏明文寫上，要朝廷官方保證每年有四十萬擔的漕糧交輪船局裝運，「稍藉補苴」……可以看出，他已把這個生意的來龍去脈、營運門檻、繁難險處，做過深入的調查研究了，說出來的都是行話。

但這一回，李鴻章還是沒讓他擔任領銜主管，反而想辦法把上海怡和洋行的買辦唐廷樞給挖過來為國家辦事，名為船局總辦。又任命寶順洋行的買辦徐潤為會辦，至於盛宣懷，也是個會辦，與徐潤平起平坐。李鴻章如此布局，也有非常現實的考量。因為要舉辦這樣一個關係國計民生、動輒投資幾十萬、上百萬銀兩的大型企業，話雖好說，而集資殊難，沒有錢萬難總其成。盛宣懷牛犢出山，涉世（洋務戰場）未深，在集資上難有號召力。而唐廷樞和徐潤，已有十年的洋行經商實際經驗，在商人中號召力極大，他們本人還能帶大量投資進來。權衡之下，李鴻章這回只能走他們這顆棋子，再委屈一下盛氏。

這期間，也怪李鴻章的親信丁壽昌性子太急，太早把李鴻章本想讓盛宣懷出來「總其成」的意圖告訴了他。他在給盛宣懷的信中說：「弟頃奉中堂面諭，唐景星（廷樞）業已來津商議輪船招商各節，閣下如願出為綜理，即祈刻日辦裝北上，以便面為商酬，遲恐此局一定，未便另添總辦矣。」意思是說，唐廷樞已經到天津了，你也要趕快來，來遲了恐怕人選安排上會有變化。信中又為盛打氣，說：「辦理招商，必應選舉商董數人，集資辦事，而以委員總其成，官商方能一氣聯絡。閣下抒論在先，誠中肯綮。」但這只能說明丁壽昌本人的意見，是要盛宣懷來「總其成」，而真正的拍板者李鴻章，雖有重用他的意圖，但也在舉棋未定之中，若來晚了，恐怕位子就被人占去了。好朋友好到這個程度，也算好到家了，內部情報已洩漏無遺。

盛宣懷這回卻動了常州人的牛脾氣，他還不買這個賬呢！也許他已經透過別的管道知道總辦的位子已經他屬，所以擺起架子，懶得北上。丁氏好心叫他「刻日辦裝北上」，他卻故意找個藉口不去，說是要陪同劉銘傳「作滬上之遊」，又說是腳患濕氣，回老家養病，信中說道：「宣懷現因足患濕氣，一時未克來津，想雲甫、景星諸君萬難久待，謹先繕呈節略而扣，伏祈垂察，並乞密呈中堂。如蒙採擇，宣懷不敢自耽安逸，必當遵飭先行合同和衷商辦，稍有頭緒，即赴津門面稟一切。已事之商榷，較諸未事之空談必有勝者。倘以所請概難准行，恐無以擴充，即無以持久，宣懷才疏力薄，深慮無裨公事，與其隕越於後，不如退讓於前。明察如我公，必能為我斟酌出處也。」這無非是攤牌的話，輪船招商局到底該怎麼辦，我把意見呈上，你們若採用我的意見，那我就不敢耽於安逸；如果你們決定不用，那我去了天津也沒用，空談有什麼用！與其讓我跟在人家後面，那還不如我先讓在前面呢！

然而年輕的盛宣懷是拗不過李鴻章的，李鴻章的老謀深算無人匹敵。盛宣懷不願當「牛後」，李鴻章卻偏偏要他當個重要的「牛後」。在任命唐廷樞為總辦之後，又任命盛宣懷和徐潤為會辦，同時，由朱其昂、朱其詔兄弟主管漕運事宜，代表官方；代表商方的唐廷樞、徐潤主管攬載、招股等輪運各務。而盛宣懷這個會辦，地位則非常微妙，所謂兼管漕運和攬載二事，等於兼了「官」、「商」兩個方面的角色，即空又實，說具體也具體，說架空也架空，實際上是個非常重要而且尷尬的位置。李鴻章料到盛宣懷會有怨氣，所以叫丁壽昌再寫信勸勸他。於是，丁壽昌又在信中寫道：「尊函並條款三章，均呈中堂（李鴻章）閱過。奉諭：唐景星既已入局，一切股份聽其招徠，兩淮鹽捐似可不必。如閣下顧全大局，願出綜核，即在滬上與唐景星諸公面議公稟可也。」此信的要點是「顧全大局」。這麼一來，皮球又踢回來了，這個會辦盛宣懷是做還是不做呢？

盛宣懷還是走馬上任了。他畢竟不是小雞肚腸，後來果真幹出了響叮噹的局面。

唐廷樞任總辦之後，憑藉他個人在商界的影響力，把招商局資金缺乏的局面一下子改觀了，從不足二十萬兩一躍而為一百萬兩，其中徐潤一個人就投資二十四萬兩，為企業輸了血，同時，唐廷樞的辦法原則上與盛宣懷也是一致的，只是唐更強調「商」的利益，盛則更強調「公私合營」，即官督商辦而已，這在船局初辦時表面上看不出大的矛盾，但時間一長，尤其是面臨外商激烈的競爭時，「官」的力量馬上成了船局可靠的後盾，沒有「官」的維持，新生的輪船招商局很難渡過難關。在這些事關前途的大政方針上，盛宣懷絕不是一般商人能望其項背的。

上海灘快刀斬「旗昌」

輪船招商局公開打出與洋行爭利權的旗號，要從原先被洋行霸占的船運市場中分一些油水出來，勢必引起外國洋行的忌恨，尤其是招商局透過「官」的力量，把漕運的生意又抓回來了，挖了他們一大塊肥肉，那洋行就非置船局於死地不可。於是，雙方打起「大減價」的戰爭。

美國旗昌輪船公司是個有兩百萬兩資本的老公司，憑著強大的實力，將水腳運費的價格一減再減，最後減到原價的七成甚至一半，招商局沒有辦法只得奉陪減價，官商協力，為圖生存，克服種種困難，盡量節省開支，通盤下來，只剩七厘之利。但盛宣懷認為，這種局面是暫時的，只要熬過此難關，局面即將打開。果然，減價戰打了一年，旗昌公司非但沒有擠垮招商局，反而自己「暗虧已重」，原先一百兩的股票，已跌至八、七十兩，等於搬起石頭砸了自己的腳，從此一蹶不振，難以維持。但是，這個美國佬高傲自大慣了，不肯服輸，認為招商局也到了「自顧不遑，必無餘力」之境，故意「懸其價以相脅」，放風聲說要出賣船產。他們低估了招商局的三位領袖，三位領袖儘管仕具體業務上有所不一，在吞併旗昌上卻步調一致，大刀闊斧地「吃」了旗昌！

「吃」旗昌，最現實的困難是鈔票問題。招商局在競價中只有七厘利潤，開辦才幾年，哪裏去弄兩百萬兩銀？當時議買旗昌船產時，唐廷樞與盛宣懷均不在上海，只有徐潤在主持日常工作，他一方面電請唐氏速歸上海，一方面親自去湖北武穴，找正在奉命勘礦的盛宣懷。盛宣懷則直接報告李鴻章，想請中央幫助籌款。李鴻章答其如能將旗昌「吃」下，當然最好不過，可壯大自己，爭回利權。至於籌款問題，可找地方政府、兩江總督沈葆楨協商解決。盛宣懷本來也沒指望中央能出錢，當年創辦輪船公局的時候，中央只出資二十萬兩，現在要他拿出兩百萬兩，簡直是天方夜譚！但盛宣懷要的僅僅是此尚方寶劍，你叫我去找誰，我就奉旨找去，心想扛著你李中堂的大招牌，還愁他們不肯拿錢出來嗎？

李鴻章此語一出正中盛宣懷下懷，他立刻去南京找兩江總督沈葆楨，亮出李鴻章的名號。沈葆楨聽盛宣懷開口就要一百萬兩，嚇了一跳，不答應。心想你們船局是中央和上海商賈合資的企業，干地方政府什麼事？況且要出這麼多，哪裏來的錢？就算是借給你了，船局才七厘的賺頭，哪年哪月才能歸還？總之是沒錢借你。而盛宣懷豈肯罷休，抓住他跟他軟磨硬泡，「歷陳此局之關係國防大計，江海利源，苟囿於狹小，他日絕不足與各國商輪競，是歸併旗昌厚我勢力，實為此局生死存亡之一大關鍵」。並且「言之累日不已」，沈葆楨拗不過他，只好為之籌款，解決了一部分。結果尚有不足，沈葆楨說，其餘慢慢再想辦法吧。但盛宣懷還不肯饒過他，第二天又來叩門請見，說是你某某處有二十萬兩資金閒置可以先撥給我用用嘛！可憐的兩江總督被他逼得沒辦法，只好全數托出。先從地方財政中撥款五十萬兩，再由他和李鴻章會同奏請朝廷令浙江撥銀二十萬兩，江西撥款二十萬兩，湖北撥款十萬兩，共一百萬兩貸給招商局，解決招商局盤下旗昌的第一期付款。而第一期付款付清之後，按照合同，旗昌公司的十六條輪船以及沿長江一線各城鎮，以及在上海、天津、寧波各處的碼頭、棧房，全部歸入招商局經營了，招商局一舉實力和名聲大振，遂成為與怡和、太古輪船公司並駕齊驅的三大輪船公司之一，三分天下而有其一矣。

盤下旗昌這件壯舉，顯示了盛宣懷當機立斷的原則精神和靈活有效的籌款本領，人云其「挾官以凌商，挾商以蒙官」，雖有過激之處，卻也反映了他於官於商均能游刃有餘的高度技巧。買旗昌，若沒有官款的支援，你船局何來本錢？而在當時的條件下，不吃掉旗昌，又何來三分天下之局面？所以，徐潤在他的年譜中如實承認：「……而商局根基從此鞏固，皆盛杏蓀之力為多矣。」

誰知一波未平，一波又起，前面趕走了狼，後面又追來了虎。怡和和太古兩家輪船公司見旗昌被吃掉，於是拉起手來對付招商局，仍舊是老辦法，大打減價戰，招攬客戶，想把招商局擠垮。他們見招商局為買旗昌而欠了一屁股債，不可能再與他們較量，故意降低小腳。上海至武漢每百斤貨跌至小腳一錢；上海至汕頭每百斤跌至六分；又分出一隻船專走寧波，與招商局搶生意。盛宣懷沒有退卻，他認為太古和怡和這樣做不可能持久，「太古盛怒而減，我亦樂得隨之而減」。他算了一筆賬，認為輪局只要運三個月的漕糧，所得收入就夠一年的花費了，即使貨物全被他們攬去，小腳全行放低，亦能與英商相抗。他預計，如此競爭下去，吃虧的肯定是太古和怡和。

但這裏有一個基本問題，就是要切實抓住漕糧的運輸這一專利，若不抓住，就失去了優勢。在這個問題上，盛宣懷再次顯現他作為「官」的優勢，不惜親自一家家地拜訪各地總督、巡撫，這回真是「挾大官以凌小官」，好話說盡，務使各地的漕運皆交給招商局來做，以保證船局的基本收入。淮軍名將劉秉璋任官南昌時，盛就趕去南昌，後來任浙江巡撫，他又趕到杭州，專門延攬漕運事。劉秉璋之子劉晦之曾記其事曰：「招商局創辦之始，攬各省海運。武進盛杏蓀觀察至南昌，以李相書為介。」又是扛著李鴻章的名號，「文莊（劉秉璋）以李相故右觀察，輒言其便利，反覆申述。」然而下屬並不全買其賬，「忠誠命司道會議，多以為難行」。「同官中，候補道廖芷汀哂曰：『中丞所不許者也。』……」可見拉漕運亦非易事，不知吃了人家多少白眼。

果真太古、怡和撐不住了，一八七七年時不得不與招商局坐到談判桌上來，簽訂第一次「齊價合同」，這等於宣告他們競爭失敗，大家停戰，制訂了統一的價格。這一勝利，人心大振，真正鞏固了招商局的地位，從而走向良性循環的坦途。後來，盛宣懷在總結這段經歷時，語氣完全是勝利者的宣告：「戊寅、己卯、庚辰、辛巳同收腳一千三百餘萬，除支用修船、官利及提存保險外，淨得盈餘二百餘萬。欠款漸輕，而輪船三十號，皆已汰舊更新，碼頭十餘處……嗣後該局每年必獲盈五、六十萬，連提存保險可得百萬，公款全部還清，商股爭相附入。」

但最令他頭痛的問題又冒出來了。他沒高興幾天，就遇上了來自官場的彈劾，說他在收購旗昌時私拿回扣，構成貪污，一時輿論譁然。李鴻章只得派人查辦。

李鴻章宰相肚裡能撐船，不愧為朝廷倚重之帥才。他惜才如命，為把洋務諸端早早上軌道，不管你白貓黑貓，能抓老鼠就是好貓。在「抓住老鼠」的前提下，他「高官其允，有時也故意「黑白不辨」，任下面「搗漿糊」去。因為他深知，此洋務係前無古人之業，處處得跟洋人鬥，非凡夫俗子所能為。況且，又是在農業國家裏辦工業，以弱國地位辦外交，於封建末世圖振興……萬事開頭難，「水至清則無魚」，得有一批膽大包天、敢拚死命的亂世英雄……於是，他必須保住盛宣懷，任它有多少人來彈劾！

不久，招商局總辦唐廷樞出來為其辯誣，說他在船局從未領過分文薪水，買旗昌一事只是主其議，而領款付款，皆未經手，此「因公而未因私，不言可知」，然他巧妙地迴避究竟盛氏有沒有拿回扣的實質問題。

李鴻章接到鄭玉軒、劉芝田的查案報告後，即向清廷遞上奏摺，摺中為其拍胸脯作保：「該道前派會辦招商局，訂明不經手銀錢，不支領薪水，嗣以屢次代人受過，堅辭會辦。臣嚴密考察，該道勤明幹練，講求吏治，熟習洋情，在直有年，於賑務、河工諸要端，無不認真籌辦，洵屬有用之才，未敢稍涉回護。」好話說了一籮筐，也迴避了到底有沒有拿回扣這個實質問題。

李鴻章愛才如命，不忍把盛某打下去。他一出面作保，案子自然不了了之。但盛宣懷經此打擊，自覺興味索然，結果真的「堅辭會辦」，誰也留不住。李鴻章只得准其「不預局務」。一八八〇年，盛宣懷十分淒涼地離開了他精心創辦起來的、又為之奮鬥了八年的招商局。但不是遠離洋務，只是換一個戰場，轉到礦業和電報等方面去了。至於數年後他捲土重來，抓住機會秋後算賬，竟查出了船局會辦徐潤貪污十六・二萬兩銀子的大案。當時唐廷樞已調地方屬理礦務，盛趁機一舉將徐擊倒，自己登上了招商局總辦的寶座，此乃後話。

「水線」之戰

一八八〇年秋，李鴻章又委派盛宣懷舉辦電報事業，統籌全國各地電線電纜的鋪設，建立國家電報局，把洋人非法在我國設製的「水線」，該拆的拆，該買的買下來，以爭回電報自主權。這件事「創行之始，人皆視為畏途」，因為這不同於一般的企業，不僅要舉前人未舉之業，而且前面虎狼成群，得先與洋人打交道，在談判桌上「推磨」，掃除了障礙，中國的事才辦得成，這是一場政治、外交和個人膽識上的較量。

早在六〇年代，英、美、法等國就數次向清廷提出，要在中國設立電報線。清廷出於維護自身利益，一次次地加以拒絕。當時的江西巡撫沈葆楨說得好：「倘任其安置飛線，是地隔數千里之遙，一切事件，中國公文尚未遞到（那時朝廷的聖旨是靠五百里快騎、六百里快騎、八百里快騎馬上傳遞），彼已先得消息，辦事倍形掣肘。且該線偶值損壞，必歸咎於官民不為保護，又必叢生枝節。」「外洋之輪船捷於中國之郵遞，一切公事已形掣肘，若再任其設立銅線，則千里而遙，瞬息可通，更難保不於新聞紙中造作危言，以駭觀聽！」可惜那時此巡撫大人雖看到了電報如此神通廣大，卻沒有建議清廷自辦電報，而只是一味限制不讓外國人辦。在此種思想指導下，官府見有外國人私自鋪設電纜、架電線桿，就暗中鼓動百姓去拆電線，拔電線桿，進行阻撓。然而列國不肯干休，明的暗的與清廷作對，清廷無法招架，只好於一八七○年，做出了外國「電款線沈於海底，其線端不得牽引上岸以分華洋旱線界線」的規定，設法對他們進行限制。但他們既然已被允許鋪設海底電纜，就必然得寸進尺，想方設法把線頭牽引上岸，因為他們總不能把電報房設在海上吧！

這方面最會跟清廷搗蛋的是丹麥人。七○年代初，他們派出一條船，在沙俄軍艦的護衛下，悄悄駛出海參崴軍港。船開得很慢，一邊行駛一邊拖著一根長長的「辮子」。原來這是一艘丹麥通信工程船，正在向海底鋪設「水線」（即海底電纜）。他們的日標，首先是到日本長崎，然後再伸到上海吳淞口，最後到達位於上海外灘的丹麥大北電報公司。

丹麥一個歐洲小國，何以竟敢在中國的海域鋪設海底電纜？原來他們的背後有沙皇做靠山，沙皇與丹麥王室有親戚關係，為了在中國設立電信系統，曾多次向清政府提出，要在中國陸上和海底鋪設電報線路，並要求在上海設立大北電報公司，索取「水線」登陸權。

弱國無外交，當時沙俄早已把整個東北劃入勢力範圍內，向清廷施加種種壓力，清廷無奈，只好同意他們「大北電報公司在吳淞口外設置躉船，在船上收發電報」，但「水線不可以牽引上岸」，真的是要他們設個水上電報公司！現在一個多世紀過去了，回頭看看清廷的這場「水線」外交，真是可憐又可笑。

而大北電報公司豈肯長期漂浮海上？面對華洋雜處，洋行林立的大上海，他們得寸進尺，非要登陸不可。他們不僅鋪設了從海參崴經日本長崎到吳淞口的「水線」，還增加了從香港到吳淞口的「水線」。並且，先用一艘停泊在長江口外大戢山島的輪船，悄悄地把鋪設在那裏的「水線」牽引上岸，安置在事先蓋好的房子裏，建立了第一個電報房。接著，看清廷沒有什麼動靜，就把「水線」偷偷地拖進黃浦江，在張華濱對岸的浦東設立了第二個電報房。最後，再沿黃浦江將「水線」引到了外灘。大北電報公司後期的建築，就是現在外灘盤谷銀行所在那幢漂亮的大樓。

大北電報公司憑靠兩條海底水線公開營業，取得了鉅額利潤，引起了英、美、日等列強眼紅，紛紛要「分切肥肉」，於是以此向清政府要挾，也要鋪設自己的「水線」。

後來的事實證明，這些電纜線不僅有巨大的經濟價值，在政治上和軍事上的意義尤其重大。一八八四年中法戰爭時，法國政府和它的駐滬領事，指揮法軍司令孤拔進攻福建和台灣，就是利用這些海底電纜線；一八九四年中日甲午戰爭時，日本間諜也是透過這些電纜，向日本軍部傳遞情報；日本軍方也是根據這些情報來決策對華的戰爭，甚至不宣而戰；一九〇〇年義和團運動風起雲湧，八國聯軍攻打北京，盛宣懷與劉坤一等策劃「東南互保」，都利用了這些電報電纜，其意義可謂重大。所以，出於整體戰略考慮，他們必須在中國（尤其是上海），建立他們本國的電報公司。

盛宣懷走馬上任辦電報，首先就面臨列強「爭肉」的複雜局面。如果任其發展，那中國電報局勢必無利可圖，如果用清廷原有的規定來限制他們，那就要坐到談判桌上與之談判，而且要玩真的，殺雞儆猴，先拿丹麥大北電報公司開刀，否則無法制服英、美、日。這回李鴻章的棋又走對了。他明白，此事只有盛宣懷做得好，那可是以一人擋數國的對壘呵！

一場艱苦的談判勢不可免。盛宣懷以清廷在一八七〇年關於外國「電纜線沈於海底，其線端不得牽引上岸以分華洋旱線界線」的規定為依據，命令大北電報公司拆除其非法設置的上岸之線。大北電報公司豈肯讓步，無理蠻纏，盛宣懷就豁出時間來與其對陣。他心裏明白，如果這個回合打不下來，後面的麻煩將接踵而至，英國人、美國人的氣勢將更加囂張。而且如果各國都在中國架線設電報局，僧多粥少，中國電報局就無法立足。

於是盛宣懷堅持「拆丹麥旱線，以保中華國家之權，並以服各國商人之心」的原則，幾經交涉，丹麥大北電報公司只好同意拆毀吳淞到外灘的旱線，但拒不答應拆除廈門上岸之線，強調「廈門線端係由海濱岸邊由地下直達屋內」，與吳淞旱線不同，這顯然是強詞奪理。盛宣懷反唇相駁，反覆強調廈門之線「雖與私立旱線有別，然畢竟已牽引上岸」，抓住廈門水線確已「上岸」這一基本事實，證明大北公司已違背了清政府的規定，所以非拆除不可。最後，經過數輪「唇焦舌敝」的談判，迫使大北公司只好拆除岸線。

大北電報公司在中國鋪設海底電纜十年之後，中國終於有了自己的電報公司，清廷委任盛宣懷出任總辦。但大北電報公司和英商的大東電報公司畢竟已有數年的發展，延攬各地業務不成問題。他們對剛成立的中國電報局就百般擠壓，處處設法鬥垮它。

為此，盛宣懷代表清廷，利用清廷已有的各項規定和自己的智慧，多次與之周旋，迫使他們只好收斂。他在親筆擬定的有關合同中規定：「所有沿海各處，無論已開未開口岸，一律不准添小線，所過口岸，亦不得設線端」，從電報局的商利出發，對他們進行嚴格的限制，自己的電報公司則全力發展，這無疑是給了大北和大東迎頭一棒。他們還不曾碰到過如此強硬的清廷大員，已經為所欲為慣了，這下算是嘗到了盛氏的厲害！

然而情勢依然險峻，因為海底電纜是大北和大東的，外洋電報與國內與歐洲的電報暢通與否，均掌握在大北和大東手裏。如何與洋人爭利、分利，關係到中國電報局的生死存亡。於是盛宣懷又主動找上門去，大家談條件。最後，他們不得不同意簽訂三家電報公司的「齊價合同」，即仿照輪船招商局與太古、怡和輪船公司簽約的做法，對外必須價格一致，不允許任何一家單獨行動，亦不允許利用減價來打擊任何一方。這個辦法正式實施，是盛宣懷辦電報第二個回合的勝利，使新生的中國電報局在強敵面前站穩了腳跟。大北電報公司直到全國解放，才結束了他們的在華業務。

中國電報局在盛宣懷的主持下，本著「遏洋線進內地」、「分洋商之利」的原則，數年中有了很大的發展——一八八二年接辦了蘇、浙、閩、粵等省的旱線；次年辦長江一線；一八八四年因海防吃緊，架設了濟南至煙台、威海、劉公島、金線頂等地線路；一八八六年因東北三省邊防需要，遂由奉天接通吉林至琿春線；一八八七年因鄭州黃河決口，為籌辦賑災事宜，又從山東濟寧設電線至開封；一八八八年通九江至贛州、南雄線；一八九〇年因「襄樊地方為入京數省通衢，楚北門戶邊境衝要」，乃由沙市設線直達襄陽；一八九六年從武昌線至長沙；一八九八年又設長沙至湘潭、萍鄉等地；一九〇一年為迎「兩宮回鑾」，又添設了潼關至正定一線……主要幹線和支線，幾乎已覆蓋全國，「電報商線縱橫數萬里，設局百數十處」。「一氣呵成」的電線網絡，在邊境地區又與國外的線路接通，為清廷的政治、外交和商務發揮了無法估量的作用。

尤其是在軍事上，盛宣懷曾得意地說：「去年（指一九〇四至一九〇五年）湘贛會匪起於倉卒，若無萍鄉、醴陵電報，搜捕何能如此迅速？凡郡縣盡設電報，匪類不能蔓延，功可弭亂，豈僅廣收利益哉？」

為此，李鴻章對其大加褒揚，還寫出專摺奏請清廷為盛宣懷請功，在〈盛宣懷請獎片〉中稱：「……英、丹電報公司且於九龍及上海至吳淞安設陸線，方謂非常之舉，中國未必果行，遂群起相爭，多方撓阻，該道奉飭設法抵制，相機操縱，一面集資趕設沿海陸線，使彼狡謀廢然中止，保我自主之權，尤於國體商情所關匪細。今線路綿亙萬數千里，京外軍謀要政瞬息可通，成效昭著，其功實未可沒。該員才具優長，心精力果，能任重大事件，足以幹濟時艱。」

可見透過辦全國電報這項工程，更加使李鴻章對他刮目相看。

集資開辦銀行

一八九五年中國甲午戰敗，全國對李鴻章上下一片聲討。清廷永遠「總是有理」，沒有錯誤，錯誤全在李鴻章。於是，朝廷遵照「群眾意見」，將李鴻章免職，出國考察後來下放到廣東，以平民憤。雖說還有個總督的頭銜，但今非昔比，洋務大權旁落，內府要政不再相干，「一封朝奏九重天，夕貶雲水路八千」，像個被趕出家門的老奴，只有任人家數落的份。

看到頂頭上司一生忠心耿耿，權衡中外，一遭天時地利失算，末了卻落得個如此下場，盛宣懷算是看清了宦海的險惡，心底陣陣淒涼；加上長年來因勞累過度而體虛內虧，常常夜間咳喘不止。於是思忖：我也不幹了！一紙奏摺上去，申請退休回家。

然而，此時朝廷正需要幹才。在甲午戰敗的刺激下，朝廷必須設法挽回一些面子，何況上下內外一片變法呼聲，要自強，要改革，要勵精圖治，因此朝廷需要盛宣懷出來做事，不僅不同意他退休回家，而且委以重任，要他出來辦銀行！

盛宣懷畢竟是朝廷的忠臣，慣於識大體，況且辦銀行是他多年前向朝廷建議過的事，他早就洞穿商業銀行在整個經濟運轉中的「潤滑」作用，如今朝廷真要辦了，若打道回府，能說得清嗎？無可奈何，他只有努力去做。

此時清廷面對著二億白銀的戰爭賠款，正一籌莫展，光緒皇帝問他，如何才能擺脫困境，他直言不諱地和盤托出：仿照泰西各國，辦商業銀行，「鑄銀幣、開銀行兩端，實為商務之權輿，亟宜首先創辦。不必畏難避嫌，一年即可建成，一年即可收效……如任用得人，一呼可集。」又具體設計了公私兩方如何集資的大體方案。針對當時時髦的話題，關於變法問題，他勸說皇上頭腦要冷靜，現在空談變法的人太多了，但說起來容易做起來難，立新法容易，要收到實效就沒那麼容易了。提醒他不要輕易言變法，只要實際去做好。拿現在的眼光來看，盛宣懷可謂預見深遠矣。

在這之前，他料到辦銀行必須戶部支援，所以曾與戶部尚書（財政部長）翁同龢，以及張之洞、王文韶等洋務大員討論過這個問題。他說：日本仿照西方人的辦法辦銀行，所用軍費均借本國的民債，根本不用求外人。中國地大民富而無銀行，憑官方意志去借民債，雖數百萬也相當費勁，應當趕緊仿照招商局的辦法，舉辦招商銀行。中國如果再不辦銀行，試想這次戰敗要賠二萬萬鉅款，至少要二十年才還得清，連本帶利便需要四萬萬，而國家一年的稅收只有八千數百萬，每年起碼要拿出二千萬來還洋債，方可無虞……然而，如果等把洋債還清以後再練兵、造船、製械，恐怕還來不及動手做，邊地又起釁了。因此，他向朝廷大聲疾呼：此非通盤籌劃，破除情面，掃盡陳腐，變無用為有用，收洋利為華利，不能得要領！他的邏輯就是：「辦鐵廠不能不辦鐵路，又因鐵路不能不辦銀行。」「鐵路之利遠而薄，銀行之利近而厚。華商必欲銀行、鐵路並舉，方有把握。」

但是，中國的事情向來就是複雜的。

不久，京城傳出消息，說是海關總稅務司、英國人赫德準備組辦中英合資銀行，想掌握中國銀行的開辦權。盛宣懷已失去李鴻章這個最有力的支持者，有話也不能天天對著朝廷上奏，只好去盯張之洞。

他給張之洞寫信：「聞赫德覬覦銀行，此事稍縱即逝。應否預電總署頗有關係。」他惟恐張之洞認識不清此事的重要性，過了幾天又寫信去盯：「華商無銀行，商民之財無所依附，散而難聚……若是銀行權屬洋人，則鐵路欲招華股更無辦法……鐵路既以集華股歸商辦為主，銀行似亦應一氣呵成，交相附麗。」

光緒皇帝總算聽到了他的呼聲，接連召其進京問策，他及時呈進〈請設銀行片〉和

〈條陳自強大計摺〉，重申在中國開辦商務銀行的重要性和急迫性，摺中尤其強調說：「西人聚舉國之財產通商惠國之本，綜其樞紐，皆在銀行。中國亟宜仿辦，毋任洋人銀行專我大利。」

那天他進宮向光緒皇帝辭行，皇帝對他說：「你的奏摺已交總署討論，但是事情總是人做的，今天這班督撫大員都在推委延宕之中，你看怎麼辦呢？」光緒這是有意啟發他勇挑重任，因為皇帝也知道，這些年辦洋務成果最顯著的就數盛宣懷。辦銀行與辦輪船、辦電報一樣，不僅眼下沒有現成的經驗，還面臨洋人的擠壓，中國的事情樣樣都比洋人慢好幾拍，洋人的銀行已在上海灘呼風喚雨了，中國這才剛剛起步，而且首先的問題仍是如何集聚華人商股，必須有一官商均信得過之人，登高一呼，才能收到華股雲集之效。此事掂量來掂量去，仍非盛宣懷莫屬。

果然，聖旨下達僅十幾天，盛宣懷已把最關鍵的人物搞定了。他在寫給李鴻章的信中，高興地彙報了最初的戰果。老上司如今被扔在賢良寺，盛宣懷於心不忍，有事仍是及時地彙報，通通聲息，以慰其南矚之懷。他在信中寫道：「現已暗招數十富商大賈，得實在華股三百萬兩，如能暫借官本二百萬兩，即可照所擬章程趕緊開辦。」也就是說，在短短的十幾天內，憑他這面旗幟，已招募到三百萬兩的民間投資，如果那口頭上不斷「變法」的翁同龢（財政部長）能助一臂之力，盡快借出二百萬的話，事情很快就可定案了。

他選定的八個董事會成員為：張振勳、葉澄衷、嚴信厚、施則敬、朱葆三、楊廷杲、嚴瀠、陳猷。這八個人都是近代上海灘的實力派人物。張振勳是南洋華僑巨擘；葉澄衷是五金行業的巨頭，號稱五金大王，在上海及各商埠均有分店，也是綸華繅絲廠、燮昌火柴廠的老闆，是海上巨富；嚴信厚原是李鴻章的舊屬，太平天國時跟李鴻章打過仗，攻占湖州，鎮壓捻軍時他在上海辦理軍餉和軍械，後來又辦鹽務，任長蘆鹽務幫辦，遂以鹽務起家，積資巨萬，成為寧波通久源軋花廠、通久源紗廠、通久源麵粉廠、上海中英藥房、華興水火保險公司、錦州天一墾務公司和景德鎮江西瓷業公司的老闆，乃華商巨擘；朱葆三原是日商平和洋行的買辦，後來自己開設商行，從事進出口貿易發大財，擁有華安水火保險公司、華商電車公司、定海電氣公司、舟山電燈公司、舟山輪船公司、永安輪船公司、上海內地自來水公司、上海華商水泥公司、立大與中興麵粉廠等企業，在華商中極富號召力；施則敬也是海上華商中舉足輕重的大資本家。另外，嚴瀠和陳猷是輪船招商局的會辦，能帶輪局的資本進來；楊廷杲是後來的電報局總辦，亦能帶大量資本入股。可以想見，此時的盛宣懷，已經掌握了這些有力人士。他代表官方，說是「挾官以凌商」亦無不可，這些人也都願買他的賑。

三百萬商股不很費勁就集起來了，其中僅輪船招商局就有八十萬兩。他又替王文韶留了五百股，用朝廷裏有大官投資於此，來進一步「凌商」，安定民心，致使商股招集「甚踴躍」。

然而朝廷則常常是三分鐘熱度，忽冷忽熱，光緒皇帝就常被別人牽著鼻子走。盛宣懷一再催促官股要落實，但不僅遲遲沒有下文，反而傳出朝廷已批准中、俄兩國合辦華俄道勝銀行的消息，而且據說朝廷已撥款五百萬兩入股。這麼一來，已經入股通商銀行的商人議論紛紛，怕朝廷變卦，盛宣懷自然處於非常被動的地位。他一方面加緊向朝廷催促原擬的二百萬兩入股銀行的官股落實，一方面給戶部左侍郎張蔭桓寫信，因他明白，關於節出華俄道勝一枝是翁同龢的主意，翁氏歷來與李鴻章掣肘，一個要錢辦海軍，一個總推說沒有錢，現在盛宣懷要戶部出部分股款在上海辦銀行，翁氏嘴上不說不支援，背地裏卻把資金分流分掉，於是他只好找張蔭桓這個副部長。

他在信中對張蔭桓說：「俄行已入官股五百萬，而中國銀行轉無官款，不足取信，為外人笑，一經洋商之謠言傾軋，必致眾商裹足。」他又強調，向政府借這二百萬不是當股資投入銀行，而是按照過去辦輪船招商局的辦法，將此款「存放該銀行，按年認繳息銀五厘，不計盈虧，六年為限，限滿或分年提還，或仍接存。」這種辦法「有利無害，而外人知有官款在內，足以取信，可與中俄（道勝銀行）爭衡」，而且，若無官股，不足以號召各省匯票。張蔭桓將盛氏的意見轉達戶部及朝廷，這幫昏君果然無以對答。

就在這個關鍵時刻，官場上又有人提出對他的彈劾，說他攬銀行、輪船、電報等大權於一身，全為圖謀私利等等。這下他火了，心想這些傢伙不幹正事就算了，還亂誣衊，而朝廷居然也能聽進去了。他接連兩次向北洋大臣王文韶（甲午戰敗以後李鴻章的接班人，時任直隸總督、北洋大臣，清廷的心腹近臣之一）辭職，信中大呼：「似此糊塗世界，何以尚想做事?!」說是乾脆準備「挈全眷而返」，「奉親耕讀，從此再不與人言家國事！」「索性棄官就商，再唱一齣大戲，亦不虛生斯世！」

王文韶為官，人云以圓滑著稱。他當然不允許盛宣懷就此撒手不管。他一方面盡力為盛氏開脫，在朝廷面前說他的好話，另一方面亦積極為之催促銀行開設所需的官方貸款，最後總算打了一半折扣，原擬的二百萬兩變成了一百萬兩，也算是有了表示。

但天有不測風雲，不久又傳來朝廷對辦銀行有所動搖的消息。如此朝三暮四，簡直如同兒戲，國家大事已無章法可循。盛宣懷此時強忍著憤怒，再次耐心地向總理衙門解釋，指出中國通商銀行勢在必辦，「中外早已傳揚，若屆期不開，失信莫大於是。商股必致全散，以後諸事萬難招股，不僅銀、鐵兩端也！」苦口婆心，說好說歹，這個幾乎快要流產的中國第一個銀行總算誕生了。一八九七年五月二十七日，盛宣懷沒有出席開幕的盛典，拿到銀行已按期開幕的電報時，他長長地吁了一口氣。舉目遠方，設想著下一步將會遇到的風波……

中國通商銀行如同一個難產兒，千呼萬喚之後，終於在外國銀行林立的上海灘站穩腳根。開辦不到一年，又先後在天津、漢口、廣州、汕頭、煙台、鎮江和北京等城市開辦了七個分行。兩年後，已能每六個月結賬一次，除開銷外，發給股商利銀四十萬兩，繳呈戶部利銀十萬兩……以盛宣懷的說法就是：「詢諸滙豐開辦之初，尚無如此景象。」

而匯豐銀行已在上海開辦三十多年了，英商麗如銀行已開辦五十二年了。

這個銀行開辦以後沒過幾年太平日子，問題又來了。

一九〇〇年八國聯軍洗劫北京後，不久，袁世凱當上了直隸總督兼北洋大臣。袁世凱與盛宣懷向來是冤家，官場上恨不得你吃了我，我吃了你。袁大人一上台，盛宣懷即刻感到形勢不妙，果真，他對付盛氏的招數之一就是要辦一個國家銀行。這大概是迪商銀行代行國家銀行的職能，發行銀元等流通貨幣賺了大錢，袁氏看了眼紅的關係。關於這個問題，盛氏亦早有考慮，「鑄銀元證券，權利甚宏，統屬之商，必有異議。」如果收益全部歸諸商人，朝廷一定不會同意，說不定會設法把銀行關掉。因此，他認為「與其得利後官奪之，不免失信於商民，誠不及官商合辦之為愈矣」（給戶部尚書翁同龢的信）。但袁世凱不吃這一套，他要創立銀行，把盛宣懷辦的銀行擠到一邊去。幾年後設立了戶部銀行。雖說是國家銀行，股本仍由官私合集，且獨攬了銀元的鑄造權，如此一來，通商銀行的經營就只能在南方一帶發展，受到了很大的箝制。

後來，法國人跑來要投資通商銀行，盛宣懷沒有同意；不久，奧地利的領事又跑來找盛宣懷，亦是談雙方合辦之事，亦被盛宣懷頂了回去。

這家銀行的命運後來一直不怎麼好，民國以後被傅筱庵把持大權。據說傅氏起初很得盛氏的信任，還曾幫盛氏管理過私產，但他恩將仇報，後來用賭博的方式，從盛氏後代手裏把銀行的股票都贏了去，坐上董事長的寶座。之後，到了宋子文時代，居然被宋子文「吃」掉了，此乃後話。

鋼鐵工業先驅——漢冶萍

盛宣懷一生專力辦實業，先後在後台老闆李鴻章、王文韶、奕劻、載澤等人的支援下，大刀闊斧地辦輪船、辦電報、辦鐵路、辦銀行，樣樣都做得有聲有色，虎虎生風。然而，他也碰到了一座巨大的「火焰山」，即辦礦、辦鋼鐵、辦鋼鐵聯合企業——漢冶萍公司。這是中國第一個近代鋼鐵企業，第一個大型鋼鐵聯合企業，先後耗資數百萬，也是盛宣懷一生用力最深、磨難最多、傾注心血最多的一個企業。更悲慘的是，他一生與洋人爭利權、謀振興，最後使他蒙受「賣國」之名的竟也是這個企業。

盛宣懷辦其他洋務工程，少則一年，多則幾年，就被他「搞定」了，而這個難產的漢冶萍公司，卻千呼萬喚始出來。若從他一八九六年從張之洞手裏接辦漢陽鐵廠算起，至一九〇七年新爐出鋼為止，整整耗去他十一年時間；若是從一八七五年李鴻章派他去湖北找煤勘鐵時算起，那就是花了三十二年光陰！盛宣懷絕非辦事拖沓之人，相反的是個快刀斬亂麻的急性子。這三十二年，中間穿插了許多其他重要工程，如辦鐵路、賑災、治河、電線、津海關，中間又經歷了甲午之戰及庚子之變的軒然大波，然而，他畢竟為中國的鋼鐵工業的創建，付出了幾十年的學費。

那時他辦鋼鐵，一在國內沒有成例，二要靠洋人技師，三還沒有資金，全靠自己去「招商」，更重要的是，那時人們還不明白煉鋼尚有酸法、鹼法之分；不明白重工業發展絕不同於輕工業發展的獨特規律，更不懂得鋼鐵工業自身存在的許多「瓶頸」難題……真是苦了這位宮保大人了！

他碰到多次重大挫折之後，又面臨是否再繼續的痛苦選擇。盛宣懷的非常之處及其人格的偉大，正是在這個倒楣的漢冶萍身上，一再地突顯出光華。

早在六〇年代初，他在父親盛康的湖北任所居住時，就注意過父親案頭「廣濟縣稟禁開挖武穴煤山」的文件，從而知道該省的廣濟、大冶、武穴等地有煤鐵礦山，他還興致勃勃地前去察看過，知道這些地方有的離長江不遠，交通比較方便。他又找來地方誌查閱，發現這一帶的礦山屬「官」，未曾被私人「領去」，於是乎，「怦怦於中將十年」。

七〇年代中後期，太平天國和捻軍先後被官軍掃平，兵災過後，天下初平，海內一派百廢待舉的新氣象，國家有了「中興」之兆。李鴻章大辦軍工的同時，體認到開發礦業乃中國自強之道，中國必須仿照外國的樣子，用洋法、大機器開採煤鐵，才能供應各種製造業之需，此「實為當務之急！」於是一八七四年密諭盛宣懷：「中國地面多有產煤產鐵之區，飭即密稟查覆！」當時盛宣懷正在上海操辦輪船招商局，一聽說要他勘礦，正中下懷，當年那根礦山屬「官」的神經又開始亢奮，勃勃跳動。他一方面盡力安排好招商局的事情，一方面目光認真地投向湖北那沿長江邊的一片寶山。

為此，他還密札曾在台灣雞籠地區察勘過煤鐵的張斯桂，約他同赴湖北，對他說：「此舉關係富強大局，幸勿諉延。」

頂頭上司李鴻章對此更是「其蒔也若子」，精心部署，百般呵護，最初的方針是「締造伊始，局面不必闊大，必須試辦有效，再行逐漸開拓」，「欲俟閣下在鄂開採有效，庶開平（指開平煤礦）仿辦亦易」，同時一再囑託他：「鄂省礦務中外具瞻，成敗利鈍，動關大局，一涉頹沮，勢必旁觀竊笑，後來裹足……」並且向他預報一個好消息，說他哥哥李瀚章馬上要調回湖廣總督，這麼一來，中央有李鴻章發號施令，地方上有李瀚章做後盾，當地還有個道官叫李墀明與其同辦，此「人氣」不可謂不旺，只能成功，不能失敗。

盛宣懷甘為知己者死，自是奮不顧身，勇往直前，親赴湖北，查礦找礦，還向當時在福建的張鴻祿要求代為尋覓斯米德翻譯的《五金礦論》。當他獲得此書的第一卷時，真是如獲至寶，喜出望外，同時請赫德（海關總稅務司）和中國駐外使節推薦優秀礦師，前來參加工作。

經過一段時間的調查，他認為湖北的煤礦、鐵礦確實有開採價值，於一八七六年一月，與當地道員李墀明一起寫了份報告致李鴻章：〈湖北開採煤鐵總局試辦開採章程六條〉，主要精神是：地勢宜擇要審定；開採宜逐漸擴充；用人宜各專其責；官本宜核定支用；售款宜繳還資本；官煤宜廣開銷路。

李鴻章亦是辦事果斷之人，用人不疑，疑人不用，當年就會同兩江總督劉坤一、湖廣總督李瀚章、札委盛宣懷作為督辦，負責開採湖北煤鐵事宜，撥出官款，立即施行。

為了選擇最好的突破口，盛宣懷不辭勞苦地乘小船，涉激流，穿迴溪，入深山，力求掌握可靠的第一手資料。當他發現廣濟一帶的煤質並非優質時，又親率礦師溯江而上，轉到荊州和當陽地區繼續勘查。他在寫給李鴻章的信中曾道及當時的實情：「（光緒三年）九月十七日，自宜昌啟程，二十日行抵荊州府屬之沙市。職道（即盛宣懷本人）即捨舟登陸，先赴當陽縣屬之觀音寺，會同地方官查明產煤各山，並曉諭紳民……免疑阻生事端。部署既定，職道仍遄歸沙市。於十月初七日親率礦師乘舟，溯沙江，入漳河，時水竭灘多，日行二、三十里，至十三日始獲行抵觀音寺。逐日督率礦師郭師敦等履勘荊、當所屬各礦……擬即率該礦師前赴大冶覆勘鐵礦。」

盛宣懷千辛萬苦地忙碌了一通，並沒有達到「一舉成功」的目的，而且第一個回合敗得很慘，最終還使他個人賠了十五萬兩銀子。他不由得發出「宣懷以此敗家」之嘆。個中原委，實在一言難盡。

其中一個重要原因是，不知是哪位「好心人」向他推薦了一個叫馬立斯的洋礦師，此人自稱對勘礦找礦神通廣大，其實是個「大外行」，不僅對礦區的儲藏、分布、走向信口開河，對煤質的品級也一竅不通，誤把劣質煤當成優質煤，經他「勘定」的煤礦出產的煤，由於質劣根本不能用於煉鐵，致使盛宣懷上了大當。等後來又聘請到了有真本事的洋礦師郭師敦前來任職時，資金已浪費大半了。

新來的礦師果然能幹，不僅精通礦務，而且兼諳採礦機器原理，於化學、繪圖也觸類旁通，而且勤奮、紮實、能吃苦。在他的幫助下終於勘明，湖北大冶的鐵礦「鐵層平厚，一如煤層」、「鄰境俱屬富有鐵礦」，儲藏量不僅量大而且質好，同時在荊門和當陽一帶也找到了優質煤，「能與美國白煤相埒」。終於找到了好鐵又有了好煤，自然是天大好事，於是在一八七八年煉出了鐵樣，但此舉距最初找礦已經過了三年。

但新的問題再次出現——廣濟之煤不能應大冶煉鐵之需，而新找到的荊門、當陽之煤又距大冶鐵礦太遠，加上運輸成本核算下來，所需資金大大超出原來的預算，也就是說，此鐵的成本太高，反而不比進口鐵划算。於是盛宣懷考慮捨鄂他圖，另找新的地方。但李鴻章不允許，怕傳出去影響不好，鬆懈了鬥志和士氣。他對盛說，如果湖北煤鐵「規劃難成，不得已而改圖北來，議其後者將謂不克取效於南，亦必不能取效於北」，仍舊是死命令，只能成功，不能失敗，也不許轉移陣地，必須在湖北把煤鐵辦成。盛宣懷心中很苦，退步不成，但前進又談何容易！

據洋礦師郭師敦的詳細核算報告（一八七九年四月二十五日）稱，僅荊門煤礦所需的機器等各項設備，就需五・五萬兩，其他設備、運輸、安裝等費用尚不在內。而且從荊門、當陽出產的煤運到沙市，一路上非常困難，中間先得用牲口運至觀音寺，再從觀音寺用小船裝運，途次過載大船，方可運到沙市，況且枯水期船不能行，使得成本加增。倘若要降低成本不受水涸的影響，就要造一條鐵路，然而這段鐵路的造價需四十萬兩。如果再退一步不造鐵路，而是把生產規模壓縮一半的話，荊門煤與大冶鐵同時開辦，在兩地之間合適的地點設一鐵廠煉鐵，各種設備共需投資十二萬兩。這麼一算就很清楚了，如果開礦加築鐵路，需款五十萬兩以上；如果不築鐵路而煤鐵並辦，也大約須用銀二十萬兩。而眼前盛宣懷領到的官款僅三十萬串，折合銀兩還不到二十萬兩，況且幾年下來勘礦找煤煉鐵，已經用去了一大半。無論用哪種方案，資金和成本都是個大問題。

官方不可能再追加投資了，只好從民間想辦法。盛宣懷請示李鴻章後，於一八七九年六月結束了湖北開採煤鐵總局，另外再設荊門礦務總局，在民間招股。但前車之覆已路人皆知，商人們投資無非要贏利，「後車」前景不明，誰還敢投資？結果只招到五萬兩銀。經營年餘，再續行招股，結果仍是應者寥寥。弄來弄去，煤礦未能擴充，大冶熔鐵爐亦未能開辦。盛宣懷可能已預見這個結果，加之上海的輪船招商局尚有諸多公務，就把礦務事交局董去辦。結果局董並不親躬管理，內部弊竇叢生，那就沒有不失敗之理了。延緩到一八八四年，李鴻章只好下令裁撤。但那時的「王法」很厲害，事情辦不成，官方的投資則要追回，追不回的部分就算到盛宣懷的頭上，算來算去，盛宣懷還要「吃倒賬」，賠款一・六餘萬串錢。這下可把老盛給整慘了，千辛萬苦不說，還要自己賠錢。而且在官場和民間兩頭都丟光了臉，這對他來說，實在是個沈痛的教訓。他辦實業樣樣都成功，想不到這煤鐵竟如此燙手！

事情沒有就此結束，一八八四年又碰到世界性的經濟危機，中國的制錢比光緒初年時，也就是比剛開始找煤找礦的時候，每兩要少換四百餘錢，幣值往下跌了不少，原來官款所餘十四・三萬串生息官本，又吃倒賬，被「倒」去十餘萬串。這筆賬亦「倒」在盛宣懷個人頭上。於是本已失，利盡賠，又賠上加賠，共要賠出十五萬兩銀，他不得不喊出「宣懷以此敗家」。

這是他辦礦辦鐵的第一次挫折。

第二次挫折是辦金州礦務。八〇年代清廷大力舉辦礦業，這期間清廷又要盛宣懷參與山東登州鉛礦和遼寧金州鐵礦的開採工程。他被任命為金州礦務局督辦，得力助手鄭觀應任總辦，他還親自草擬了〈試辦山東濱海各鉛礦章程〉。

盛宣懷於一八八二年率礦師親赴山東登州探礦，隨後又到遼寧金州勘查煤礦、鐵礦。由於他當時兼辦全國電報電線等大型工程，分身乏術，所以到一八八三年春才開始為金州礦採買機器設備。金州礦產官督商辦，集商股二十餘萬兩。鄭觀應買盛宣懷的面子，率領商界巨賈積極認股，不久即「尊望所孚，商等踴躍爭先，不數日而集成其事」。這次資金有了，人才也有了，照理說可以暢通無阻了吧，但問題又來了。

問題是金州礦務舉辦的時候，中法之戰爆發，海疆吃緊。清廷為戰備所需，令其立即鋪設閩浙一帶的電線，以保證戰時的通訊暢通無阻。但鋪電線也要錢呀，而且在閩浙山區架設，工程不可謂不大，範圍不可謂小，而電股當時尚未招齊，命令已如山倒。盛宣懷情急之中，自行拍板，把金州礦務局招集來的十幾萬兩商股，毅然先撥在電線工程的名下，應電線之急。但這麼一來，得罪了金州礦務的股東，彈劾也就尾隨而來了。

清廷斷事常常糊裡糊塗，哪邊風聲大即附和哪邊。從表面上看，擅自挪用礦股當然不對，板子要打在盛宣懷屁股上，於是「科以降級調用處分」。盛宣懷當然不服，據理力爭，最後還是曾國荃為他說了幾句良心話。曾說盛宣懷「挪礦股歸電股，皆據一再稟詳，移緩就急，亦尚非有意含混。且蘇、浙、閩、粵電線所以速成，皆該道（指盛宣懷）移緩就急之功，於軍務裨益尤大」。由此曾國荃認為，盛宣懷不僅無罪而且有功。但清廷為了顧全面子，還是將其「寬免降調處分，改為降二級留任」。盛宣懷南北奔忙，全力籌劃以應急，結果反倒「撈」了個降級處分。有了這些經歷，聰明如他，對官場是怎麼回事難道還不心中有數嗎？

接下來的事情，凡是關係到煤鐵，仍是不順。

一八九六年，辦漢陽鐵廠七年的張之洞被弄得焦頭爛額，本賠盡，實在苦撐不下去了，跑到上海來求盛宣懷接辦，讓盛宣懷看了個大笑話。

當年（一八八九年）張之洞要辦漢陽煉鐵廠，曾在上海與盛商議辦法。盛宣懷告訴他要商辦，絕不能官辦。商辦，入股者均精打細算，心精力果，賠本買賣是不會做的；而官辦，大家均不肉痛，反正是官本，死活無關其痛癢，容易滋生是非，辦事拖沓，事倍而功半。張之洞不聽，認為一定有辦法辦好。盛宣懷說好，你能把事情辦好再好不過，不過我當年在湖北辦煤辦鐵自己賠十五萬兩。張之洞說那好辦，一俟漢陽鐵廠建成後，每生產一噸鋼鐵就給你提取二錢銀子，以彌補你在湖北的慘痛損失。如果以年產六萬噸計，盛宣懷每年可得銀一・二萬兩，要不了多少年，他那倒楣的恥辱即可洗雪。而如果年產在五萬噸以下，「即以歲提萬金為斷」。張之洞躊躇滿志，以為辦重工業可像剿捻一樣，一股作氣加洋槍洋炮，可望奪取山頭。可惜在冷酷無情的經濟規律面前，他只得敗下陣來，讓盛宣懷「歲提萬金」的美夢也落了空。

盛宣懷早已預計到張之洞辦鐵不會順利，還派心腹鄭觀應注意打探那裏的動向，果真困難重重，舉步維艱，到一八九六年盛宣懷接辦時，已揹了五百萬銀兩的債。而叫盛宣懷來收拾這個爛攤子，自然是把五百萬兩的債務也收了過來。

漢陽鐵廠，張之洞辦不好，盛宣懷又有什麼高招呢?當然有。他之所以敢接下來，就自有辦法。首先，他又拖上搭檔鄭觀應，讓鄭出任漢陽鐵廠的總辦（繼任是李維格，亦為開工廠好手），並抓住接辦的機會，整頓鐵廠的要害；其次是解決煤焦問題；第三是解決市場銷路問題；第四是資金問題，需要購進設備或周轉資金，就不得不借款，此款如何借得?他以手中的電報總局和輪船招商局的資產作為擔保，以此向外國銀行借款。如此一來，大局似已安妥，各個棋子均已定了。然而，一個更加致命的問題又暴露出來了。

俗話說：「不怕不識貨，就怕貨比貨。」漢陽鐵廠出產的鋼材不知何故，看樣子挺好，可是中看不中用，質量非常脆，動輒就要斷裂，與外國進口的鋼材實在不可同日而語。這麼一來，人家就有話講了，說盛宣懷扛著朝廷和王文韶的名號，責令各地督撫必須購買國產的鋼鐵材料，尤其是各地正大力舉造鐵路，清廷命令要買漢陽鐵廠出產的鋼軌，以挽回利權，但質量不佳又做何講？鋼軌一再斷裂，經常更換費時費力且不說，成本必然上揚，更危險的是若出了車禍，弄得沿鐵路所到之處慘案連連，那誰還敢搭火車？沒人敢坐，此鐵路辦之何用？此漢陽鐵廠又辦之何用？盛宣懷初無以為對，為此而大傷腦筋。

所謂「禍不單行」，正當盛宣懷為礦務、鐵路等實業忙得心力交瘁的時候，老父親盛康去世了。按照清代舊制，當官的父親去世要回家守制，曰「丁憂」。在回家守制期間，一切官職公務均要交付掉，這給了袁世凱千載難逢的機會，他趁機安插親信，把電報總公司及輪船招商局的實權奪去，這樣一來，正在嗷嗷待哺的漢陽鐵廠就像沒娘的孩子，資金上得不到倚靠，日子又難過起來。過去鐵廠借錢，是盛宣懷從中操持，並以輪、電二局為擔保，而袁世凱拿到了輪、電二局就聲明，以後不可以借錢給鐵廠，更不容以此資產為彼做抵押。盛、袁間的矛盾糾葛即以此為始。

盛宣懷不肯束手就擒，寫信給吏部尚書張百熙說：「鐵廠接濟已斷，然事關國計，若一擺脫，難保不為開平之續（北方的開平煤礦已為英國人掌握），只得堅忍支援，再費幾十年心血，俟有成效，其利益必在輪、電兩公司之上。後之來者，亦不難坐享其成也。」表示自己儘管已困難重重，也要艱苦忍辱，負重到底。當時為添加設備、派人出洋學習技術，考察國外的鋼鐵廠礦，已經向德國禮和洋行借了四百萬馬克（約合規銀一百一十餘萬兩）。為了解決萍鄉煤礦的採煤煉焦，以及鋪設鐵路運煤到漢陽，又招募商股三百一十萬兩，個中曲折，正如盛宣懷所說：「接辦伊始，兩爐甫成，而無煤可用，一面忍痛購運開平焦，一面試挖萍鄉煤。蓋聞長江之水含硫質，產煤皆不合煉鐵用，越洞庭而得萍煤，始願乃償。初用土法，終之以機爐；初用小舟，終之以鐵道。不知幾費經營，克底於成。」俟煤、鐵、冶煉、運輸均能順理成章地正常運轉了，此時的漢冶萍雖尚未正式成立，卻已經聯合營運了，且負債累累，包袱沈重，而且距盛宣懷接手辦漢陽鐵廠（一八九六年），已經八年了，各種有形無形的代價，實為這些重工業的先驅們始料未及。當然，盛宣懷在其中所表現非常人的膽識和毅力，亦為官場上群小們望塵莫及。

關於產品質量問題，實乃企業的生命線，盛宣懷立志非要把問題的癥結找出來不可。他不明白，一樣是煤是鐵砂，一樣是洋人技術和西式機器設備，為什麼洋人煉出來的產品優質，而我們煉出來的就不行呢？國內聘請的洋人技師也講不出個所以然，那麼只有一個辦法，就是派人到國外洋人的煉鋼廠裏偵察，一個細節一個細節地對照，看看究竟有什麼不同，問題出在哪裏。

一九〇二年十月，盛康去世那個月，心力交瘁的盛宣懷，病中提筆向清廷打報告，要求派員出國考察，他在〈鐵廠派員出洋片〉中申訴：「……製造必取法於人，耳聞不如目見，臣久思親赴各國一觀其布置而未得其暇，只得遴派妥員代往考察。茲查有總辦湖北鐵廠三品銜候選郎中李維格，心精力果，體用兼賅，本來諳熟方言，近復留心工學，臣與李維格堅明約束，鐵廠之成敗利鈍，悉以付之……臣已代籌資斧派令該員帶同洋工程司一名，克日馳赴日本，先閱其新開鐵廠，即由日本放洋赴泰西各國，遊歷各廠，究其工作精奧之大端，彼何以良？我何以楛？彼何以精？我何以粗？他山之石，可以攻錯。」為了派李維格出洋考察，還特地向朝廷打報告，可見此事非同小可，關係到成敗大計。

李維格（字一琴，繼鄭觀應之後出任漢陽鐵廠總辦），與盛宣懷是生死哥兒們。他不僅精通英文、法文，近代洋務諸事悉心精研，尤其工科知識淵博，辦事認真，作風踏實，盛宣懷認為是個可倚賴、重用之才。遠近其他洋務派大官也看到他的價值，清廷商部（類似現在的國務院商業部）和北方的實業界巨頭周馥、周學熙父子，前後三次要求請調或借用李維格，都被盛宣懷嚴詞峻拒。「三軍易得，一將難求」，「鐵政關係製造，各國視為強弱關鍵，中土僅此一廠一礦，若為大局計，似未便聽其蹉跌也」，李維格是鐵廠之「將」，豈能隨意擱置？好鋼必須用在刀刃上。

李維格果真不負厚望，考察國外各廠後，經總結和對比，終於找出了漢陽鐵廠煉鋼技術上的癥結。原來中國國產鋼材易脆、易斷裂的原因是礦石含磷太多，因而在冶煉的過程中，應採取去磷法。漢陽鐵廠當年由張之洞舉辦時，卻忽略了這個關鍵性的技術問題，所採用的機爐，都是酸法鍛鍊，這麼一來，不僅不能去磷，反而情況更糟。這一南轅北轍式的戰略技術錯誤，使中國的鋼鐵工業「糜去十餘年之光陰，耗盡千餘萬之成本」，損失慘痛之極。原因自然是自己不懂技術，只好相信洋人，而洋人的技法竟如此不可靠，誰知是真的「掛羊頭賣狗肉」，還是故意擾亂、陽奉陰違，依背後人的指示在行事？事過一百年之後來看這個問題，情況無法不引起人們懷疑：連李維格這個非內行的人都能解決的問題，那些內行的洋技師真的解決不了？無論是張之洞還是盛宣懷，當初都是花重金聘用他們的，但還是盛宣懷派李維格出洋之後，才弄清楚問題真相。中國鋼鐵工業起步之艱難，由此可見一斑。

李維格一行赴歐考察，「方若夜行得燭」，情況一目瞭然。他回國後立即向盛宣懷建議，購置新機，改造舊爐，將原來的貝色麻酸法廢棄，改用馬丁鹼法之爐，同時改進工藝，以去磷質。這樣一來，「十餘年未解之難題，一朝渙然冰釋」。李維格記敘這段過程時說：「在洋考察，既有把握，於是繪圖帖說，廣招英、美、德專門名廠投標，並與同行之萍鄉總礦師賴倫，及新雇之工師等，一再討論，剔破疑團，然後分別訂定。歸國後激勵同人，勇往直前，胼手胝足，四年工夫，於去冬（一九〇七年）十月，告成出鋼。」

從李維格回國醞釀購置新的設備到煉出合格的鋼材，用了五年時間；距盛宣懷接手辦漢陽鐵廠已耗去十一年光陰；距盛宣懷第一次到湖北找煤辦礦，已經過了三十年……拿出真正合格的鋼材，漢冶萍才算真正打出了牌子。漢冶萍千呼萬喚始出來，於一九〇九年正式掛牌宣告成立。編制上改督辦為總理，盛宣懷出任第一任總理，李維格出任協理。

後來擔任過漢冶萍公司經理的浙江興業銀行老闆葉景葵先生，曾撰文總結過漢冶萍的曲折經歷，文中記道：

前清光緒初，奕訢柄國，創自修盧漢鐵路之議。時張之洞為兩廣總督謂修鐵路必先造鋼軌，造鋼軌必先辦煉鋼廠，乃先後電駐英公使劉瑞芬、薛福成定購煉鋼廠機爐。公使茫然；委之使館洋員馬參贊，亦茫然；委之英國機器廠名梯賽特者令其承辦。梯廠答之曰：「欲辦鋼廠，必先將所有之鐵、石、煤焦寄廠化驗，然後知煤鐵之質地若何，可以煉何種之鋼，即可以配何樣之爐，差之毫釐，謬以千里，未可冒昧從事。」薛福成據以覆張，張大言曰：「以中國之大，何所不有？豈必先謀煤鐵而後購機器？但照英國所用者購辦一份耳！」薛福成以告梯廠，廠主唯唯而已。蓋其時張雖有創辦鋼廠之偉劃，而煤在何處，鐵在何處，固未遑計及也。張在兩廣總督任內創議設廠煉鋼，意欲位置於廣東。迨機爐已定，而調任兩湖總督，繼兩廣之任者為李瀚章，不以開工廠之議為然，而所購機爐瞬將運華，乃議移廠於湖北……

當張請款設廠時，謂得銀二百萬即可周轉不竭。户部允之，乃款盡而鐵未出。户部責言日至，撥款為難，左支右吾，百計羅掘。自光緒十六年至二十二年止，共耗田財五百六十餘萬兩……官力斷斷不支，於是有招商承辦之議……

費千回百折之力，而所製之鋼不能合用。其時盛所招商股二百萬，業已罄盡，負債倍於股本。焦急無策，乃禮聘李維格到廠籌劃補救之法。李謂非出洋考求，不得實際。盛允之，遂攜大冶礦石，萍鄉焦炭，及鐵廠所製鋼軌零件，偕洋員彭脱同赴美歐……再四考求，始知張之洞原定機爐係用酸法，不能去磷，而大冶礦含磷太多，適與相反……而我則糜去十餘年之光陰，耗盡千餘萬之成本，方若夜行得燭。回首思之，真笑談也！

中國人積三十年之沈痛經驗，方煉出了第一爐真正合格的鋼材，建立了第一個集煤、鐵、鋼於一體的大型聯合鋼鐵企業，打開中國近代鋼鐵史的第一篇章，盛宣懷高興得無以復加。他親自趕到湖北去驗視新鋼，「居然媲美歐洲，東西人來閱者，皆稱中國亦能做到如此，真出意外，洋報稱羨不置」。他還趕到萍鄉煤礦，乘「大槽」入井下，又乘電氣車在礦井下行走四里許，親自從井下抱起一大塊煤塊而出。出井後又見「荒山十里，爐廠如櫛」，自忖明年以往，大利將見，「商股爭投如水趨壑，二千萬元已操左券」。其興奮之情，可以想見。如今，他總算嘗到了鋼鐵帶來的一絲甘甜。

漢冶萍後來的情況確如盛宣懷所估計，情況一天天好轉：漢陽鐵廠生產鐵從原來的每年二、三萬噸，上升為十萬噸以上，鋼產量從一萬噸左右上升為六萬噸；大冶礦石從十幾萬噸發展為四十萬噸；萍鄉煤礦從二十萬噸發展為六十萬噸，焦炭也相應地提高了產量。由於鋼鐵材料質量提高，一九〇九年，漢冶萍接到的訂單猛增，鐵路、橋樑、軌件均來訂貨，且有應接不暇之勢。

然而一九〇九年的中國，距辛亥革命只有兩年之遙了。兩年後辛亥革命爆發，盛宣懷逃亡日本，差不多一年後才回國，漢冶萍又經歷了一場來自政治因素的劇烈動蕩，日本人趁中國之亂，拚命設法染指漢冶萍，加上重工業發展中本身固有的種種矛盾和困難，漢冶萍這盛宣懷親手「抱大」的心肝寶貝，直到一九一六年他離開人世，依舊是個無法痊癒的心病。

4 力挽中國

人在商界而鞭辟中樞

一九〇〇年（庚子）是百年來中國最「熱鬧」的年頭之一。

盛宣懷時任全國鐵路總公司督辦，同時是漢陽鐵廠、中國電報總局和中國通商銀行的老闆，雖然也有太常寺少卿、大理寺少卿的職務，但都屬於沒多少實權的「閒職」，從其實際身分來說，是個洋務大員麾下的、負有官商使命的商人，苦幹實幹，對於抓權結黨、誰長誰短的事，他不屑插手，因為手裏的那些「富強要政」已經夠他忙了。但當北方「拳亂」日起，眼睜睜北京城裏到處火光沖天，莊王府前動輒上千人頭落地時，他辛辛苦苦建立起來的電報、鐵路等設施，也被義和團一陣旋風般「颳」得亂七八糟，他就不得不正視一下政治了。

他以一官商的身分，隔著一條長江不動聲色地「抗旨」，導演了一場江南地區免遭戰火蹂躪「東南互保」的活劇，展現政治上非凡的才幹。關於這一點，時間越久，人們越容易看得清楚。

這年春天，盛宣懷接到上諭，正在北京與聶緝槼會同總稅務司赫德，照會各國公使，著手進行修改稅則事宜，以增加進口稅收，好來對付最令人頭大的戰爭賠款。

五月，北京城內已有義和團活動的蹤跡，馬路上常可見義和團的揭帖，在直隸、山東、山西、河南等地，義和團則已成如火如荼之勢，燒教堂、殺二毛、拔電線桿、掀翻鐵路……凡是有洋人和洋貨的地方，馬上遭殃。朝廷內部關於應「撫團」還是「剿團」的爭論也到了白熱化的程度，連老佛爺慈禧太后也忽左忽右，久議無定論。以慈禧太后身邊的幾個載字輩的滿族親貴（即載勳、載漪、載濂、載瀅，後人稱之為西太后的「四人幫」）為基幹，還有協辦大學士剛毅、大學士徐桐父子、甘軍的首領董福祥、前任山東巡撫毓賢等，都是力主招撫義和拳為義和團，利用「團」的力量與洋人開戰，主張「撫團滅洋」的「好漢」。而以兵部尚書、漢族大臣徐用儀、光祿寺卿（主管祭祀和宴饗之官）袁昶、吏部侍郎（前駐俄德公使）許景澄，以及扼守東南的封疆大吏李鴻章、劉坤一、張之洞、袁世凱等人，則是主張「剿殺拳匪」，他們主張和平解決「教案」問題，力爭在一個穩定的環境裏，「師夷之長」，加強「新政」，壯大自己。

老奸巨猾的軍機大臣、老佛爺的心腹榮祿，在此火燒眉毛的關鍵時刻卻「生病」了，閉門不出也就不必表態，卻在暗中操縱機要。

這種戰與和、撫與剿、地方與中央、滿族與漢族之間的對立，左中右各派的表象與心機，聰明的盛宣懷在一旁洞若觀火，尤其是榮祿的態度不明，使他「苗頭軋出」，預感到京城將出大亂，於是趕緊收拾行囊，攜帶家眷，向朝廷奏明「前往上海考察貨物時價」，匆匆趕回上海。

盛宣懷畢竟是朝廷的忠臣，三代受恩於清廷，在此危難時刻，必然以「執政黨」利益為重，於是，他心急如焚地飛馳函電，請求中央掌握時機，加緊圍剿，勿使事態滋蔓。在所謂「破壞」之初，他向劉坤一（兩江總督）通報情況：「楊福同被戕後，拳匪二十九、初一（指陰曆四月二十九、五月初一日）將涿州至盧溝橋豐台鐵路車站機廠全行焚毀。」又向朝廷建議：「必須臨以紀律嚴明之大軍，方易解散了結。否則養癰成患，滋蔓難圖。地方受害，何止鐵路！」又建議榮祿等大帥：「凡聚眾持械，即准格殺，以免統將誤會，袖手失機；」「津城市教堂三處被毀，聚眾不散，病在不肯殺人！」他認為只有「剿拳」，才能避免列強「藉口生心」。甚至「派兵來自衛」。他甚至直接電奏皇上：「今匪罪已著，若再姑容，恐各省會匪愈熾，內外勾結，或有舉動，更恐各國推廣保護使館之議，派兵分護商埠、教堂、鐵路，何堪設想！……似宜趁各省土匪尚未聯合，外人尚未啟齒，即就現在有力，克期肅清畿輔，消外釁而遏效尤。」他勸說總理各國事務衙門，應當盡快主動將「剿拳」、「護洋」的方針照會各國領事館，讓他們知道朝廷已經在派兵剿匪了，並無姑息，以堵洋人之嘴，否則將洋人激怒，列強一起動起武來，不是大清王朝能收拾，一旦「外釁內亂相因而至」，清王朝危若累卵，後果不堪設想！也就是說，從那時起（五月初九日，盛上〈請降旨嚴飭剿匪以杜外患電奏〉）盛宣懷已經看出了後來將有八國聯軍登陸入京一幕。他對清廷的種種呼喊、忠告，實發自內心深處，絕非故作玄虛、沽名釣譽之舉，後來的事實，不正如他事前所預言的那樣嗎？然而老佛爺這個最高領袖心思不定，總理衙門也好，榮祿也好，各地封疆大吏也好，都是無法動作的，全國（尤其是北方）就只能是處於一片混亂之中了。

盛宣懷離京之後，北方的形勢益發不可收拾，義和團對凡常「洋味」的東西，一律仇恨，非置於毀滅而後快。最使盛宣懷感到痛心的是，京津地區的電線桿全被拔起，電線全被拉斷，北京與外界的通訊聯絡完全中斷，琉璃河、長辛店、豐台一帶的鐵路全被破壞，豐台車站及機車廠亦全遭焚毀……這是不知花了多少錢、多少心血才建設起來的現代化設施啊！當時盧漢鐵路（即京漢鐵路北段）正在施工，當地有外籍工程專家及其家屬、傳教士共四十多人。義和團一殺到這裏已殺得眼紅，燒殺砍打，所向披靡，當地長官不加阻止也無法阻止，原先擔任保安任務的中國護兵半路加入義和團，倒戈相向，使這幫原本來幫助中國築路的洋專家聞風喪膽，四散逃命。他們四十幾人逃入天津租界者僅剩九人，其餘皆下落不明。

直隸總督裕祿本來跟袁世凱約好，對「拳匪」南北夾擊，但眼看朝廷中「主撫」派日益占了上風，慈禧太后「護團」轉趨積極，他也見風轉舵了，由剿辦到縱容、包庇，最後竟撥餉銀二十萬兩（其後西太后又加賞十萬兩），敦請眾師兄率團來津扶清滅洋。於是，義和團的大師兄張德成、曹福田竟由裕祿保薦，掛一品銜，分乘一品高官的「綠呢大轎」，堂而皇之地直入節署，直隸總督的軍械庫亦被打開，一任其眾兄弟們自取。義和團在清廷的縱容下東入天津，西據涿州，南占保定，燒教堂，殺洋人，斬「二毛」，掀鐵路，所到之處，又鬧「均糧」，「吃大戶」……

盛宣懷隔江觀火，心急如焚，儘管他不斷與李鴻章、劉坤一、張之洞互通訊息，商量對策，還透過時任山東巡撫的袁世凱，與榮相（榮祿）對話。那時雖然京津地區的電訊全被破壞了，從北京派往各地的「八百里快騎」仍可跑馬快遞，誰也沒想到此古老的驛站在此時竟發揮關鍵的作用。那時，從北京出發的朝廷快遞到達濟南需四天時間，榮祿即利用這條古老航線透過袁世凱再與各地聯絡。李鴻章此時亦臨危不亂，派了兒子李經方坐鎮濟南，與袁世凱共赴時艱。濟南倒成了戰時的臨時情報指揮中心。「病中」的榮祿得不到休息，但這個善於保全自己的能吏，在想如何能在主戰和主和派之間謀一生路上，辦事、舉手投足全以揣摩老佛爺的「真心」為要，當然，盛宣懷的請戰電報也就不會有下文了。

上海是全國最大的通商口岸與經濟中心，華北的戰火使上海的經濟也遭受重大損失。各地在上海轉口北運的貨物無法運出，輪船招商局的營業額不及平時的一半，而作為清廷重要的稅收來源的海關稅行，竟到了門可羅雀的地步。更為嚴重的是，義和團的組織已經步步南下，燒教堂、殺二毛的活動波及長江一線，大江南北人心惶恐，連上海的街頭也有不少人在練習拳術，《申報》為此發表社論驚呼：「拳匪之橫行無忌，擾及商人，自北而南，市情以次衰敗……商務一蹶不振。」

北方戰火南來，英國人首先做出反映，因英國人一向視長江流域為他們的勢力範圍，上海更是他們投資最多、利益最大的所在。為了確保在長江一線的權益，英國一方面充實租界的萬國商團，聯絡美、法等國調兵來滬，又把三艘軍艦分別開到漢口、南京和吳淞口，以防不測，同時放出風聲，一旦形勢需要，英國人將出兵占領江陰炮台、江南製造局以及整個吳淞地區。

這時候，盛宣懷再也坐不住了。他不斷致電長江沿線的總督張之洞、劉坤一及在山東的袁世凱，互通情報，獻計獻策，同時與寧、漢、滬的各國領事頻頻接觸，商討措施，醞釀在東南地區實行「互保」，與朝廷的「撫團」政策分庭抗禮。朝廷「撫團」若弄得戰火南下，南邊則要「格殺勿論」。要「滅洋」由你們去「滅」，南方要聯合一體，實行「互為保護」。因為憑他的聰明，知道清廷並無與洋人打到底的決心和實力，弄到最後，少不了又要回過頭來與洋人講和，說不定今天「借團滅洋」，明天還會「借洋滅團」呢！後來的事實表明，盛宣懷不愧為一大戰略家，把後來的情況全都預料到了。

因此，他決定促使南方能保一方之平安，一來可使南方免遭戰爭之苦，二來又可為清廷最後的講和留一條後路。他在給劉坤一、張之洞的信中說：「和局一日不定，人心一日不寧，商務愈難振作。英在我國通商五十餘年，長江各埠始有此鼎盛局面，今若不出頭聯同美、日兩國趕早調停，設或到處匪徒滋擾，不獨各督撫疲於馳剿，而各處商埠攪壞如天津情形，恐非數十年不能規復。」

然而，這時南方的洋人們又各懷鬼胎。正當英國人揚言要以武力保護長江一線時，其他列強認為這是在獨吞長江一線的利益，於是群起表示反對。盛宣懷從洋幕僚福開森處得到這個消息，立即於六月二十日致電劉坤一：「自吳淞以迄長江內地，公應飭滬道告知各國領事，自任保護，勿任干預。」劉坤一、張之洞都表示贊同。這樣一來，江南各省，由原先單是依靠、聯絡英人轉向與其他各國聯合為一體，實行所謂「互保」的政策，這一巧妙的改變，就把各國的心態「擺平」了。

南方可以實行「互保」，北方的戰火何時能滅呢？盛宣懷寄望於李鴻章。他致電李鴻章，勸他在國家危難的時候出來主持和局。李鴻章卻說：「國事太亂，政出多門，鄙人何能為力！」他又去遊說張之洞，說：「傅相督直二十五年，除得民心，若調回北洋，內亂外釁，或可漸弭。」同一天，他亦致電劉坤一，說是要漸弭內亂外釁，「惟有調傅回北」，希望張、劉二人以封疆重臣的資格，向朝廷「直抒忠悃」，推薦李鴻章回鎮直隸，「冀救萬一」。張、劉二人深知李鴻章舊與慈禧的紅人榮祿有矛盾，所以對此不持樂觀態度。張之洞顧左右而言他，劉坤一則說了實話：「傅相還鎮一節，似未便具奏。」除了榮祿的舊隙，他們還擔心李會與現任的直隸總督裕祿發生矛盾，因為裕祿在「撫團」

問題上正紅得發紫。

盛宣懷並不死心，直接向握有兵權的軍機大臣榮祿進言，他幾乎是在指揮這些朝廷重臣如何動作、如何處置。他在講明情勢利弊之餘，苦口婆心地勸道：「李鴻章督直二十五年，久得民心，威名素著，即調令督直，限十日到津，於平內亂及勸阻洋兵進京，必能做到。」平心而論，榮祿對時局十分清楚，對老佛爺的「撫團」政策雖不敢公開抗旨，但對於「滅洋」一條卻陽奉陰違。在董福祥的「甘軍」攻打東交民巷的間隙，他設法暗中接濟外國使館西瓜、蔬菜和武器，不敢把事做絕。使得雙方「談談打打」相持了五十餘天，使館始終未被攻下，而圍攻使館的甘軍和義和團則死傷千餘。當他的部下、中軍分統張懷芝來到他的府邸請示，到底要不要聽從端王的命令，用德國進口的大炮向東交民巷裏的使館炮擊時，他支吾其詞。張懷芝見此狀更不敢自作主張，便賴在榮府裏不走，非等到答覆不可。最後榮祿來了句春秋妙語：「橫豎炮聲一響，裏邊（宮裏邊）也是聽得見的。」張懷芝即刻大悟，匆匆趕回城牆上，把德製大炮對準使館區後面的空地，眾炮齊發……

這說明在此危難之際，榮祿與盛宣懷基本上觀點是一致的，認為「滅洋」只是權宜之計，後來終於同意調李鴻章回京。朝廷遂於七月八日，重新任命李鴻章為直隸總督，以全權大臣的資格與列強和談。

盛宣懷隨即電告在廣州的李鴻章：「洋兵到京尚需一月，頃商各領事，如各使尚存，除德國外，似可先議停戰之法，或送中堂進大沽，或送外使到上海，彼此可商。事極急迫，務請師速到上海再籌進止。愈遲愈難，此正不俟駕而行之時矣！」他僅僅是一商界的領袖而已，此時卻在指揮李鴻章了。

「東南互保」而隔江滅火

六月二十一日，慈禧太后正式下詔與十一國同時宣戰，並命各省督撫召集「義民成團，藉禦外侮」。在此之前命總理衙門照會各國公使，限他們二十四小時之內離京，否則就不負保護之責。下令的當天，張之洞、李秉衡即電朝廷表示不服，李鴻章則致電盛宣懷：「亂命不可從之！」盛宣懷靈機一動，對外稱朝廷之命是「矯偽」，是假的，因朝廷已被拳匪所把持，於是他不知自己身居何位，竟然「以所關至重大，飛飭各電局，但密呈督撫勿聲張，又電告各疆帥勿轉行，不則釀成巨變。粵、江、鄂、閩四督帥皆贊成……時各國紛調兵艦，江海各口人心惶惶，」盛宣懷此時真是斗膽包天，竟敢命令各地封疆大吏，不要傳達和執行朝廷的命令。

清廷對外宣戰之後，盛宣懷成了串聯李鴻章、張之洞、劉坤一與列強各國實行「東南互保」的中心人物。他在張之洞的幕僚趙鳳昌及美國人福開森的幫助下，於六月二十四日（即慈禧下令與列強開戰後的第三天），將商定的約款八條內容電告張、劉，主張上海租界歸各國保護，長江內地歸地方督撫保護，此疆爾界，各盡其責，兩不相擾，並力勸他們從速與各國領事訂約，這就公開與清廷唱起了對台戲。張、劉二人接電後表示同意，並稱讚盛思慮周密。兩江總督劉坤一乃命令上海道台余聯沅、道員沈瑜慶、陶森甲在盛宣懷的指導下，緊急與各國領事會商，以從速訂約。張之洞也在同一天致電列強駐上海的領袖領事、美國領事古納：「上海租界歸各國保護，長江內地各國商民為業，均歸督撫保護，本部堂與兩江劉制台意見相同，合力任之，已飭上海道與各國領事迅速妥議辦法。」

於是，在北京城裏已經火光沖天的六月二十六日，上海卻是一派和談景象：以余聯沅（上海道）為首的中國方面代表，在未經朝廷許可的情況下，擅自與列強各國駐滬的領事，舉行了一次有歷史意義的會議，簽訂了關於「東南互保」的有關條約（草約），地點在上海浙江北路的會審公堂處，即滬上老百姓所說的「新衙門」。盛宣懷以特殊的身分——即非上海道，亦非長江各地督撫，更非朝廷特使，卻是這個「互保」的真正操辦者，堂而皇之地也入座談判桌旁。

經過談判，當日即通過了〈東南保護條約〉（又稱〈中外互保章程〉）九條，主要內容是：「（一）上海租界歸各國共同保護，長江及蘇杭內地均歸各督撫保護，兩不相擾；（二）長江及蘇杭各地商民教士產業均歸南洋大臣劉坤一、兩湖督憲張之洞允認切實加以保護，嚴拿匪徒；（三）上海製造局及火藥庫軍火只限於剿匪與保護中外商民用……」根據這一條約，又另行訂立了〈中西官議保護上海城廂內外章程〉十條，主要內容是：（一）上海租界由各國巡防保護；（二）上海道添募巡捕，在城廂內外晝夜巡邏，嚴拿流氓土棍；（三）請各國銀行照常支援錢莊業零折轉輸，以免錢莊倒閉，市面破壞；（四）鈔票照常使用，中外雙方加以支援等等。

由於這些條款的基本內容，本來就符合各國的在華利益，當然也符合中國的當前利益，又出自盛宣懷的「錦囊妙袋」，並且事先已與中外各方私下密議過，所以到了談判桌上，事情就好辦多了。但還是出現了非常驚險的一幕。

據當天亦參加會談，並為「互保」出過汗馬之勞的趙鳳昌（常州人，張之洞的幕僚，晚年居滬）後來說（《惜陰堂筆記》），那天談判時為座位的排序問題，亦曾頗費思量。由於盛宣懷不屬簽約人，在會上不便多說話。會談即為滬道牽頭，就應由滬道余聯沅代表發言並主持會議。然而這位余大人一向「拙於應付」，若臨時碰到什麼意外問題，是不足以獨當一面的。於是趙鳳昌為之排列座位——外人以領袖領事在前，以次各國領事；中國則以滬道在前，盛（宣懷）以太常寺卿為紳士，居次，與余道坐近；再次才是各省派來的道員，故意把盛宣懷安排在余聯沅的座位旁邊，會前又與余聯沅講好，倘若外國領事有提問題，難於置答者，可與盛商量後再做答覆。果然，會談一開始，外國領事中領袖美國人古納即率先發問，開口就問：「今日各督撫派員與各國訂互保之約，倘貴國大皇帝又有旨來殺洋人，遵辦否？」因為此時一週以前，朝廷已公開與各國宣戰了，故此語頗難對付，說遵辦吧，那此約就無須訂了；若說不遵辦吧，那是逆命，逆命即無外交，也無須訂約了，這可不是余道所能夠迂迴周旋的。果然「余道即轉盛踟躕，盛告余：即答以今日訂約係『奏明辦理』。此四字本公牘恆言，古領向亦解之，意謂已獲俞允，即諾諾，而兩方簽約散會。盛回來，深服予之先見，預與余道有約，幸渡危境。予小極稱其迅答四字之圓妙」（趙鳳昌《惜陰堂筆記》）。於是才有談判而簽約的結果。如今回過頭來看那次談判，盛宣懷確有大膽撒謊的本事，但他如果不這麼說，「互保」的前期工作就全白費了，大手筆在關鍵時刻方顯出了扛鼎之力。

然而盛宣懷說，他這麼做是「遵旨」的。首先他認為，目前「朝政皆為拳黨把持，文告恐有非兩宮所自出者，將來必如咸豐十一年故事乃能了事」，意思是現在朝廷的「聖旨」未必都是真的，或許是義和團偽造的也說不定，所以可能是「矯詔」，此第一。第二，既便「聖旨」是真的，其中不也有「聯絡一氣保疆土」，「招義民禦侮」的諭旨嗎？我們這樣做，確是「聯絡一氣保疆土」，不正是「遵旨」嗎？盛宣懷不愧為刀筆之吏的老法師，那機智的善變，朝野內外，真無人可及！

這時的北京城內，幾位主和的朝廷大臣均被靠邊站。甘軍首領董福祥從六月二十日開始一連四天，每天開炮多至三百餘發，強軍猛攻東交民巷，北京與外界的交通與電訊完全斷絕。在這種情況下，人們都以為各國公使和教士斷無生存之理，倫敦各報也刊出英國公使與海關監督等人報喪的「訃聞」，而在上海灘，卻是中外官商聯合一體，團結抗戰」的另一番景象。一江之隔，形勢如天壤之別，不能不視之為中外歷史上的奇蹟。

為此，上海領事團於六月二十七日，致函上海道余聯沅，對盛、劉、張等人表示感謝和「最高的讚美」。

為了貫徹「東南互保」的方針和擴大互保的範圍，盛宣懷、劉坤一、張之洞又分別致電東南各省督撫，說明實行互保乃委曲求全之策，要求他們顧全大局，一律照辦。結果各地明智的長官一致回應。兩廣總督李鴻章、閩浙總督許應騤、山東巡撫袁世凱均表示全力支援，這麼一來，「東南互保」的範圍就從原來的長江一線，擴展到了蘇、贛、鄂、湘等十多個省。

這樣做的客觀意義有二。一則劃地為界，老佛爺要「撫團」、「滅洋」去打吧，別把戰火燒到我們這兒來。為保江南地區的安全，同時也為清廷日後講和、收拾殘局留一條後路，不惜公開「抗旨」（而在北京城內「抗旨」的「五大臣」都被砍了頭，他們是前駐俄等國公使、嗣任吏部左侍郎許景澄、太常寺卿袁昶、兵部尚書徐用儀、內閣學士聯元、前戶部尚書立山，所謂旬日之內連誅「五大臣」，即是指此）。其二，劃定了「互保」的範圍，也就劃定了江南一帶洋人的武力所許可到達的範圍，極為策略地抵制了英國人藉機以武力進駐長江一線及內地的企圖，把各國在江南的武力，限制在了上海的租界之內，任其「保護」去吧。這樣一來，大家隔江觀火，以靜制動。在全國大多數地區都靜而觀戰的情況下，北方之火能燃燒多久呢？

慈禧：「若非汝等，安有今日！」

果然，北京的主戰派「戰」了沒多久就戰不下去了。義和團的「刀槍不入」等特異功能在八國聯軍的炮火下一敗塗地。七月十四日天津失守，一個月後，八月十四日北京城破，慈禧太后沒了咒唸，方寸大亂，挾天子趕緊西逃了，同時一道道緊急命令，令李鴻章立刻「入都議和」……

北方正打得火熱，洋人四處捉拿兇手，仇尚未報，氣尚未平，怎麼可能坐下來講和？清廷上下沒了主張，原先的衝勁一時全無，只顧一道道「金牌」催李北上。李鴻章眼看停戰、講和還不到時候，於是遲遲其行，七月二十一日到達上海，八國聯軍正在向北京進發的路上。李鴻章到上海先跟盛宣懷密談了兩天，密談的結果，由盛宣懷電告張之洞和劉坤一：「吾夢未醒，彼忿未洩，勢難停戰，既無開議憑據，難入津門，恐只能遵旨陸行。」而「陸行」很慢，還不如在上海靜觀時局的變化。李鴻章在上海這一「靜觀」就是一個多月，這期間他與盛宣懷的一舉手一投足，都關係著全局的安危。八月二十四日，逃亡中的清廷又來電催促李鴻章，並在議約「全權大臣」之上又加了「便宜行事」的特權，此時八國聯軍占領北京已十天。其「忿」大洩無餘，而朝野「懲禍首」的呼聲已高，形勢到了這個地步，盛宣懷乃安排李鴻章北上，認為和談的時機差不多到了。

但李鴻章拉盛宣懷一道北上，畢竟年邁力衰，又是要面對十一國列強，而且是在人家的大炮底下談和，需要有盛宣懷這樣一個足智多謀的人襄助，與此同時，與李鴻章一起被委以「議和大臣」的慶親王奕劻，也專電奏調盛宣懷去京「襄辦和約」。但南方的幾員大將不同意，兩江總督劉坤一以盛宣懷「內與疆吏聯絡奏事，外與各領事傳達意見，商量止兵，斡旋危局，無出盛宣懷右者」為由，函電堅請「請毋北轅」。張之洞又來電云：「北可無公，南不可無公！」反對盛宣懷北行，實賴其繼續在暗中主持南方一切。

面對如此局面，南北均如此看中盛宣懷，他本人分身乏術，頗為踟躕，於是靈機一動，說是要問父親，由盛康決斷。盛康此時居住蘇州留園養老多年，但對時局看得一清二楚。面對兒子的請示，他畢竟老謀深算。盛康告訴兒子：「時局如斯，宜退不宜進，汝其審之。」如此一來，盛宣懷在李鴻章面前也好交賬了：我老爸不容我去。李鴻章臨行時留給盛宣懷一句話：「和議成，我必死。」果真如此，和議簽成不久，「西狩」的慈禧和朝廷尚未返城，李中堂已在北京東城的賢良寺咯血西去了。

後來的事實證明盛康決斷英明，賣國賊的千古罵名由李鴻章一個人揹了，盛宣懷躲過此劫。

關於整個庚子之亂中的種種策劃，盛宣懷的兒子盛同頤等在其父的〈行述〉中還有不少精彩的記敘，與史實查對起來，並不為過溢之詞，其中說道：「方事之殷，外館被圍，其國人疑其使臣已盡亡，益合力致死於我，設謀之酷，有不忍言者。府君獨密電榮相，請中旨許各使間關通訊本國，先平其憤，而釋其疑。不數日，美使康格首有密電至華盛頓（作者註：當時北京與外界的通訊聯絡已中斷，官方通訊全仗榮祿與濟南山東巡撫衙內的「八百里快騎」跑舊驛道，即是榮祿准其發聲音，概亦是動用了「八百里快騎」。），美人大悅，始創保全中國之議。列邦雖不一致，卒皆相率允從，功在宗社，斷推此舉。又當禍首主戰時，曾有停解應還洋款改充軍餉之諭，忠誠（劉坤一）難之。府君謂洋債一愆期，彼必踞我海關，自收自解，且正在議償兵費，必致藉口干預財政，此大不可。忠誠遂令滬道照解……其他如借設海電以通文告，代撰國書以洽邦交，請懲禍首，罷董軍，誅毓賢，宥趙舒翹，恤五忠，撤銷矯為詔旨，皆於當日全局有絕大關係而為世人所不盡知者也。」

一九〇三年，天下已是另一番景象了。三月間，兩宮謁東陵，因盛宣懷父親去世正在守制，所以准其素服冠頂在保定迎駕請安。西太后此時召見了盛宣懷，無限感慨地對他說：「非汝等力保東南，恐無今日！」還賞了些食物之類的東西。盛宣懷力挽狂瀾，危難時刻費盡心機，到這時候，總算聽見西太后說了句良心話。

盛康之死與袁世凱奪權

一九〇二年，這一年對於盛宣懷來說，簡直是個背運的年頭。首先是父親盛康在一月間去世了。

盛康對盛宣懷來說，不只是一般意義上的父親，實為其人生道路上的第一任老師和終生的摯友。當年盛康在湖北做官時，就把這個長子帶在身邊，指點其學問，告之要以「經世之學」為要，凡事要講實際，還盡量讓他有機會接觸一些當地的有識之士，縱論時勢，以開拓眼界。在盛宣懷步入仕途後，父子間亦時常魚雁往返，兒子向老爸彙報商情與政情，父親則觀其言而察其行，以老馬識途之身，不時地指點其前後周圍的利弊得失，時時給兒子提醒。庚子年為兒子設計的「宜退不宜進」的微言大計，可謂「金蟬脫殼」妙計也，使盛宣懷免入「劃諾大臣」之列，逃過了一劫，充分說明了這個宦海老將的深謀遠慮。

父親高於兒子的另一個重要面向，是在子孫的教育方面。當初盛康沒有把長子留在常州過太平日子，而是聽從楊宗濂的勸告，把他送上前線，到陝西黃土高原跟隨李鴻章去打仗，經受戰場和官場的種種磨練。他對於財產和子孫後代的問題看得極為明白，在一封家書中對宣懷說，子孫們只能留給他們不動產，讓他們守住不動產吃點利息已是福氣了，如果留動產給他們的話，包準養出一大堆紈袴子弟，所以他不僅把長子打發得遠遠的，也把五子星懷送上前線，不幸在甲午戰爭的朝鮮之役中陣亡。其他幾個孩子雖不長壽，但在年少和年輕時，都受過很好的家庭薰陶和教育。對於孫子輩，他老人家亦不肯放鬆。把長房長孫盛昌頤帶在身邊，教他詩書棋畫，居然樣樣精通。到了晚年，老人家操筆寫字有些不靈活了，就由這個孫子代為執筆，錄其口授。他中年買下的、晚年在其中養老的蘇州留園，除了家居部分外人不得進入外，其龐大的花園部分是定期向公眾免費開放的，以示其得之於民又施之於民的胸懷，並且留下遺囑，留園作為祖產，子孫只能增益，不得變賣。老太爺有話在先，後世子孫不得不遵守。

到了盛宣懷的兒子輩，情況可就慘了，「紈袴子弟」，不幸被老父一語言中，在十里洋場「上演」了不少人間笑話，恐怕是盛康、宣懷父子萬萬想不到的。

盛康一生，為家族為社會做了不少好事。他字「勗存」，號「旭人」，別號「待雲盦主」，晚號「留園主人」，於道光二十四年（一八四四）即盛宣懷出生的那一年考取進士，授工部主事，後外放為地方官員，先後歷任銅陵知縣，廬州、寧國府知府，和州、直隸州知州，湖北督糧道、鹽運使、鹽法武昌道兼布政使、按察使等職，一度曾負責過山海關海防轉運事務。他在常州和蘇州還做過不少善事，如建義莊、蘇常棲流所、義塚、丙舍等。他創辦的人範書院（後改為人範小學，解放後改為解放西河小學），專門培養盛氏子弟，凡入該校讀書的盛氏子弟，學費一律全免，所以在家鄉和家族中，享有很高的威望。

老太爺留給後人最大的不動產，就是現在享有中國四大名園之一美譽的蘇州古典園林——留園。提起留園，又會扯出一大堆與盛家有關的、美麗而哀傷的故事。

說是太平天國攻蘇州的時候，在城外放了一把火。大火從城西的滸墅關燒起，連綿十里，一直燒到閶門城下，三天三夜，火光沖天，把這個水軟風細的「東方威尼斯」燒成了滿目焦土。正在滿城風聲鶴唳之際，人們發現，西城外有一處綠地安然無恙，池水依舊湛藍，高枝照樣連理。後來人們弄清楚了，這是明朝萬曆年間太僕寺少卿徐泰時的故居，後來被清代嘉慶年間的柳州、慶遠知府劉恕買下來，世人稱之為劉園。

這場兵災過去十幾年後，光緒二年（一八七六年）正在武昌鹽法道任上的盛康看中這塊劫餘之地，深賞其風水之勝，斥銀買了下來，「平之，攘之，剔之」，於是「嘉樹榮而佳卉茁，奇石顯而清流通，涼台燠館，風亭月榭，高高下下，迤邐相屬。」因其奇特的「劫餘」經歷，而命名為「留園」。

關於留園的命名，俞曲園（俞樾，當代紅學大師俞平伯的祖父）在〈留園記〉裏說得十分有趣。他與盛康是老朋友，常有詩酒往還。留園修整一新後，盛康請其寫幾句話，不料俞氏酒後才情大發，把留園之「留」意發揮得淋漓盡致。

那〈留園記〉劈頭就寫道：「出閶門外三里而近，有劉氏寒碧莊焉。而問寒碧莊，無知者；問有劉園乎？則皆曰有。蓋是園也，在嘉慶初，為劉君蓉峰所有，故即以其姓姓其園，而曰劉園也。咸豐中余往遊焉，見其泉石之勝，花木之美，亭榭之幽深，誠足為吳中名園之冠。及庚申辛酉間大亂（指太平天國），瑏至吳下名園，半為墟莽，而閶門之外尤甚。曩之闤城溢郭，塵合而雲連者，今則崩榛塞路，荒葛罥途，每一過之，故蹊新木，輒不可辨。而所謂劉園者則巋然獨存。」首先感慨其命運之獨特。

說到留園的命名，俞氏又寫道：「方伯（指盛康）求余文為之記。余曰：仍其舊名乎？抑肇錫以嘉名乎？方伯曰：否！否！寒碧之名至今未熟於口，然則名之易而稱之難也。吾不如從其所稱而稱之，人曰劉園，吾則曰留園，不易其音而易其字，即以其故名而為吾之新名。昔袁子才得隋氏之園而名之曰隨，今吾得劉氏之園而名之曰留，斯二者將毋同？余嘆曰：美矣哉斯名乎！稱其實矣！」這段對白道出了盛康的原意，還是王張取劉園的諧音而「留」之，方便市人稱呼也。

俞曲園不愧為大師手筆，他偏偏於其「長留天地」之「特異功能」一面大加開發——「夫大亂之後，兵燹之餘，高台傾而曲池平，不知凡幾，而此園乃幸而無恙，豈非造物者留此名園以待賢者乎？是故，泉石之勝留以待君之登臨也；花木之美留以待君之攀玩也；亭台之幽深留以待君子遊息也，其所留多矣！豈止如唐人詩所云：『但留風月伴煙蘿』者乎？自此以往，窮勝事而樂清時，吾知留園之名長留於天地之間矣！」這一大段的抒情，可謂對留園之「留」的底蘊，已「開發」盡致了。

老百姓知俞曲園，多因其書唐人張繼詩〈楓橋夜泊〉「月落烏啼霜滿天」而已，繼之以〈留園記〉出，留園與俞曲園更加大行其道。若干年後，劉園之「留」反為人輕，而「長留天地」之「留」反成正宗了。

世傳盛家的這塊風水寶地果真「法力」無邊。盛康買園的第二年（即一八七七年），李鴻章在給朝廷的一份奏摺裏就對其子宣懷大加褒揚，說他「心地忠實，才識宏通，於中外交涉機宜能見其大，其所經歷辦各事皆國家富強要政，心精力果，措置裕如，加以歷練，必能幹濟時艱……」這樣一份出自李鴻章筆下的褒揚話，又是說給朝廷聽的，必然預示了盛宣懷似錦前程。果真沒幾年，盛宣懷就在距蘇州不遠的上海灘，創下了晚清洋務工程的重鎮，接連興辦起具有功勳意義的著名企業，使盛家的功名和業績，真的有如留園一樣，長留於天地之間了。

但無論留園多麼美麗，也無論她給盛氏後人帶來了什麼，盛康這一年畢竟長眠於此。這使盛宣懷從去年（一九〇一年）失去李鴻章之後，再次體會人世的蒼涼，他感到猶如窒息般的痛苦。他要為父親守制，按家規，將父親的靈柩葬入江陰馬鎮的祖墳地，而這要他從繁忙的實業中抽身出來，使得他在北方的對手袁世凱高興得合不攏嘴。

袁世凱和盛宣懷都是李鴻章的得意門生，但李似乎在政治上看重袁世凱，而在經濟上看重盛宣懷，這確實發揮了他們各自的特長。袁世凱確有駕馭北方局勢的本領，但他斂財乏術，而他的小站練兵，培養黨羽，結交勢力，都需要大量的錢財，在這一點上，他極為眼紅盛宣懷手裏的實業，總在伺機設法從盛的鍋裏撈一勺湯。所以兩個人雖然從未正式交鋒過，但各自心中有數，今天你防著我，明天我防著你。這年盛康一死，盛宣懷循例要「守制」三年，給了袁世凱明火執杖的機會。

為使盛宣懷安心「守制」，清廷除去了他所兼各職差，只保留鐵路總公司督辦之職。為替戶部籌餉，清廷擬派北方開平礦務局的督辦張翼，來接辦盛宣懷辦得最有成效的輪船招商局和電報局。張翼在八國聯軍侵華時，經手將開平煤礦主權賣給英國人，此事讓盛宣懷極不放心，怕重蹈開平之覆轍，所以竭力反對由他接辦。當時袁世凱繼李鴻章之後，出任直隸總督兼北洋大臣，盛宣懷寫信給他，希望他能干涉一下此事，函云：「公督辦商務，此為中國已成之局，公既意在維持，願勿令其再蹈開平覆轍，伏乞干持公論。」

誰知此信所述正中袁世凱下懷。他認為與其讓戶部把輪、電二局拿去，還不如歸他袁某掌管更合適。十一月，袁世凱千里迢迢跑來上海，說是來弔唁盛康，實際是與盛宣懷來商量輪、電二局的接辦問題。盛氏原以為歸北洋管，不過像李鴻章時代一樣，只是會委總辦，毫無掣肘。但袁世凱回到北京卻謀諸榮祿，擺足了北洋大臣的大架子，採取豪奪的辦法，首先派出電政大臣接管電報局，同時把輪船招商局由商辦改成官辦，而且不歸還商本。為此，盛宣懷大動肝火，他認為官府如此作為傷天害理，將來還怎麼有臉再去「招商」呢？而商人的利益一旦受到損害，就不再相信政府，他們手裏的股票勢必賣給洋商，如此一來，幾十年來與洋商爭利的苦心，不就全都白廢了嗎？

為了抵制袁世凱，盛宣懷不得已又生一計：既然你要把輪、電二局都拿去，就請把漢陽鐵廠一併拿去算了！盛宣懷原本想以此要挾袁世凱，丟給他一個包袱，因為漢陽鐵廠從張之洞手裏接辦時，就已經虧損了五百萬兩，接辦六年來雖情況已大有好轉，但還實賠一百四十餘萬兩，他認為憑袁世凱的聰明，一定不會接手虧損的鐵廠。但這一步棋盛氏卻看錯了。袁世凱原本官場老滑頭，對人情事理常有入木三分之探，他認定盛宣懷不會放手鐵廠，鐵廠幾成他的命根子，雖屬虧損，但從盛氏採取的一連串措施來看，是下了大本錢、大功夫的，不會意氣用事，貿然放棄，他看出盛氏只不過故意要挾而已，所以將計就計，竟一口答應把漢陽鐵廠也一併「吃」下來。這麼一來，反而弄巧成拙，把盛宣懷弄狼狽了，最後只得再把話圓回來。這使盛宣懷深切體會到項城的厲害，所以事隔九年後辛亥革命爆發，盛宣懷也是極力推薦袁世凱出山的人物之一。

至於輪、電二局到了袁世凱手裏後，果如盛宣懷所預料的那樣，經營上日趨衰落，管理上日趨腐敗。盛的親信鄭觀應在做了詳細調查之後向盛報告說：「輪局北洋大臣所委各會辦多是直隸候補道，用非所學，各懷私意，事權不一」，「官氣日重，虧耗日巨」；而電局「視同公產，干預用人之權，弊端頗多。各局總辦皆係官員，動輒恃勢凌人。雖自譯電碼之報，亦須譯費，且云不能即發，若要即發，須作急電，索費雙倍；不允照加者，嘗見其所發之電，接在電政局信之後，商民莫可如何。」

盛宣懷得知此實情，怒不可遏，雖在「守制」，亦反唇相攻，他說他當初督辦輪局時，所收實在華商資本才兩百萬兩，到交給袁世凱時，所有口岸、碼頭、棧房、輪船及地產及所有銀兩，已達市值兩千萬兩，「交替已逾四載，自應大有進步，但調查情形，不特一無推廣，長江、天津洋商輪船增添不少，而招商局輪船仍未加多，各口岸碼頭棧房並無一處增添。反將上海浦東碼頭、天津塘沽碼頭、南京下關碼頭賣出，」真乃豈有此理！

如此說來，袁世凱實在不適合搞經濟，他的洋務大臣的官帽實乃不稱。而盛宣懷則不是個搞權術的人，他與袁世凱較勁總也較不過他。數年之後，慈禧和光緒皇帝駕崩，朝廷裏奕劻總理朝政。奕劻痛恨袁世凱當年出賣光緒皇帝，變著法子與袁世凱作對，終於找了一個茬兒把袁世凱趕回老家，「洹上釣魚」去了。這下上海的輪船招商局又回到了盛的手裏，此乃後話。

5 魂斷鐵路

買了鐵路再拆掉

盛宣懷第一次辦鐵路是在上海，是經辦中國的第一條鐵路，但不是築鐵路而是拆鐵路，拆那條誕生於中國大地卻是由英國人偷偷造起來的鐵路。那條鐵路是以英國在東亞的洋行之王「怡和洋行」為主造的，要他們拆掉又是件「太上皇頭上動土」的事情。李鴻章見盛氏與洋人打交道挺有辦法，於是將此硬仗交給他打。

為了不至於與英國人鬧翻，李鴻章給他的原則是，先花錢買下來，再把它拆掉。盛宣懷原本不同意拆掉，認為太可惜。後來鑑於朝廷內視鐵路如洪水猛獸，才不得不拆。

這條鐵路就是吳淞鐵路，從蘇州河邊的天后宮到江灣一段，只有十四公里長，於一八七六年六月三十日建成通車，與當時世界上第一條鐵路——利物浦至曼徹斯特鐵路的誕生，相距四十六年，而那時的美國在其東部沿海一帶，已經有三萬英里的鐵路了。

怡和洋行初以販賣鴉片著稱，在中國不曉得幹了多少壞事，但這條短短的鐵路，還是給生性喜好獵奇的上海市民帶來極大的愉快。六節車廂不夠用了就掛九節。每天男女老幼「人多如牆」，尤其是婦女和孩子們，欣喜異常，「遊鐵路」，很快就成了上海市民的旅遊新節目，儘管票價昂貴（一張中等的坐票也要二斗半米的價格），還是客如潮至。當時《申報》曾做了生動的報導：「男女老幼，紛至沓來，大半願坐上中二等車，頃刻之間，車廂已無虛位，竟有買了上中等票仍坐下等的，到了車已開行，而來客仍如潮至……」「鐵路兩旁，觀者雲集，欲搭坐者，已繁雜不可計數……最有趣者，莫如看田內鄉民……是以皆面對鐵路，停工而呆視，或有老婦扶杖而張口延唇者，或有少年倚望而癡立者，或有弱女子觀之而喜笑者……未有一人不面帶喜色。」

中國的朝廷卻不喜歡它，認為外國人擅自在中國築鐵路畢竟侵犯了主權。一些鄉紳士大夫認為，火車打破了傳統秩序的寧靜。而當地一些農民則抱怨，鐵路損壞了田廬，妨礙了風水，乃至驚擾在墳墓中安息的先祖亡靈……這一點，甚至擔任過中國第一任駐德國公使，算是見過西洋大世面的劉錫鴻，也振振有詞地說：「西洋專奉天主耶穌，不知山川之神……我中國名山大川，歷古沿為祀典，明禮既久，神斯憑焉。倘驟加焚鑿，恐驚耳駭目，群視為不祥。山川之靈不安，即旱潦之災易召。」既然政治大員如此仇視鐵路，那麼這第一條鐵路的命運就不會好了，尤其是通車不久有人在軌道上行走，被火車軋死出了人命，事情就更大了。上海道台馮焌光提出「以命償命」，即判處火車司機死刑，而外國人則懷疑死者是受地方官吏唆使……

上海道應付不了這個局面，李鴻章就叫盛宣懷出馬，把鐵路先買下來，然後拆掉了事，免生是非。這個故事至今仍被視為鐵路史上的一大笑話。

買下來，怎麼買？要花多少錢？英方的談判正使梅輝立起初態度蠻橫，既不議價也不肯交出賬冊。盛宣懷到達上海的第二天，他即宣布離滬赴京，有意拖延。盛宣懷自有辦法對付他，一方面扛著李鴻章的名號對他進行安撫，說他「貴公使領會大局，辦理爽直」，另一方面，也正色告訴他：你若去京，那我就先赴鄂辦礦，吳淞鐵路既不能營運，資金就無法周轉，拖下去只是利益受損，你看著辦吧！所以，還是「應請貴正使暫留數日，先看總賬，即可議定總賬，隨即再核細賬，辦事貴持大體，不必過較錙銖」。這麼一說，打掉了梅輝立的囂張氣焰，只得回到談判桌上來了。

十一月二十二日，盛宣懷一行人（包括「公正商人」徐潤）來到外灘外白渡橋下面的英國駐滬領事館查看總賬，怡和洋行出具了表冊，居然索要三十七萬兩銀子。盛宣懷不肯買賬，派出查賬人員到怡和查閱細賬，有重要疑問之處盛氏親自過目。盛在怡和的帳冊上註明了許多問號和「應除」、「應查」等字樣，最後核下來只有二十九萬兩。

英方不肯認賬，聲稱築此路實際用去已有三十萬兩，已賠血本，不情願被中方廉價買去，提出一個「代辦」的方案：「如代辦三十年，不特不索價值，情願貼捐三十萬，即代辦十年亦可遷就。」意思是你們不要買斷，這條鐵路就算是你中國自己造的，由我來「代辦」經營還不行嗎？而亮出的價碼，顯然此路大有利焉。可是清廷不管三七二十一定要買斷，而且要拆掉。這樣一來，大家就在價格問題上打起了「拉鋸戰」。經過多少回的議駁，雙方仍是相持不下。最後，盛宣懷想出一個「折舊」的理由，使英方張口結舌。他說，按照你們泰西人的演算法，那麼我們買下的應是一條新鐵路，而至我們款項付清為止，這鐵路已供你們使用過一年了，按照你們的慣例，理應「折舊」。這麼一來，英方理屈詞窮，不得不做出讓步，最後以二十八・五萬兩買斷。

按照盛宣懷和李鴻章的本意，應是「將洋商所購置鋼鐵木石器料及租地價，由中國照原值買回，另招華商股份承辦」，可是朝廷上下昏庸閉塞，反對修築鐵路的呼聲遠遠高過洋務派，最終還是把它拆掉了。盛宣懷為此心痛地說：「我以鉅資買回了不急之物。」言下之意，這真是何必！後來，這些被拆下來的路軌，在台灣巡撫劉銘傳撫台時，運到了台灣，本擬用於台灣築路，又由於種種人為因素，於一八八三年再運回上海，折騰來折騰去，後來又運往了北方，成為開平煤礦礦區鐵路的一段，材料總算沒有全白費。

可是鐵路畢竟是一個國家現代化的必備之物，上海又是中國第一大通商巨埠，二十一年之後，兩江總督兼南洋通商大臣張之洞，援北洋修築軍用鐵路之例，奏請復築吳淞鐵路，終於獲得清廷的允准，於是在一八九八年，這條多災多難的鐵路終於重被鋪展開來。這時盛宣懷已出任全國鐵路總公司的督辦，辦鐵路已是他份內的事了，吳淞鐵路自然很快得以暢通無阻。

轉眼時間過去了一百年，到了一九九七年，一百歲的吳淞鐵路實在太老了。四月初的一個清晨，幾十位鐵路工人來到這裏，揮鍬舞棒地又一次動手拆除它。這次繼之而起的將是一條橫貫大上海的天上之路——明珠線，是一條嶄新的標誌性風景線。盛老夫子如地下有知，也該欣慰了。

鐵路之難難於上青天

在晚清政壇上，最早、最起勁地鼓吹舉辦鐵路的朝廷大員是李鴻章。他的原始目的是為了加強海防。因為第二次鴉片戰爭之後，中國邊境只是暫時平靜，到了七〇年代，沿海又吃緊，邊疆地區出現了新的危機：北方，沙俄利用「阿古柏事件」出兵強占了新疆伊犁；南方，日本在美國的支援下出兵侵略台灣；英國人又藉口「馬嘉理案」，強迫清廷簽訂〈煙台條約〉，並將勢力滲入遙遠的西南地區……為籌海防，為使南北沿海七省聯為一氣，呼應通聯，共同禦敵，他提議必須興辦鐵路。

一八七四年，李鴻章向朝廷奏呈〈籌議海防摺〉，「火車鐵路，屯兵於旁，聞警馳援，可以一日千數百里，則統帥當不至於誤事……」此摺上去，在朝大臣均不置可否，總理衙門無人敢主持此事，保守派的「鐵路開，山川之靈不安，即旱潦之災易召」等謬論仍大行其道。十年前，那場關於京師同文館是否應設天文算學一科，而展開的激烈爭鬥猶在耳旁，對於洋務一直懵懵懂懂的兩宮皇太后，「亦不訂此大計」，於是採取了最高明的態度：絕口不談。

心急的李鴻章只好求助於總理衙門大臣、恭親王奕訢，也就是幫助慈禧太后發動北京政變的光緒皇帝的六叔。奕訢是滿清王朝袞袞諸公中洋務細胞較活躍的一位，他在很長一段時間內，實際上充當了李鴻章的後盾，他應屬於「睜開眼睛看世界」的傑出人物之列，因主張學習洋務，還獲得了「鬼子六」的雅號。只是「難與運相爭」，他後來在皇室的處境和地位，不容過於張揚，他不得不虛應故事。李鴻章對奕訢「極陳鐵路利益，請先試造清江至京，以便南北轉輸。」「鬼子六」一臉苦澀，他明知鐵路乃自強要策，心實與李鴻章完全相通，但他不能在朝廷裏樹敵太多，還指望李鴻章等人能夠「自下而上」地「運動」呢。可憐的李鴻章百無良策，又不甘束手待斃。只好「陰奉陽違」，在下面先搞點小動作。於是，先拿唐山的煤鐵礦區試驗，修築一段運煤的鐵路。這一局部鐵路也費了九牛二虎之力。一八七八年，由開平煤鐵礦務總辦唐廷樞出面上奏，要求修築運煤鐵路，由礦務局自己出資，但因遭朝廷大臣諫阻，未能修成。一八八〇年，由唐廷樞再次出面調停，提議從胥各莊至澗河口開一運煤河道，同時於唐山煤井至胥各莊修築一條連接河道的輕便鐵道。為了避免朝臣的非議，聲明該鐵道不設火車機頭，而以驢馬拖載，這才得到「恩准」。

李鴻章當然不會滿足於驢馬拖載的車皮在鐵路上緩行，幾經斡旋，他得寸進尺，於一八八一年六月九日（以後此日就定為中國的「鐵路節」），中國自造的第一條鐵路唐胥鐵路（唐山至胥各莊）終於開始動工興建，全路總共才十公里長，採用每公尺十五公斤的輕型鋼軌，使用由英國工程師金達設計、中國工人自己製造的「龍號」蒸汽機車（火車頭），但這畢竟是中國人的第一條鐵路。就這麼一條短短的運煤鐵路，保守派們也視為洪水猛獸，以「機車直駛，震動東陵，且噴出黑煙，有傷禾稼」為名，下令禁止使用火車頭，運煤車皮再次被驢馬拖曳而取代。直到一八八二年，才恢復使用機車牽引。

一八八〇年底，前直隸提督、當年李鴻章的淮軍名將劉銘傳來到北京，向朝廷呈奏了〈請籌造鐵路摺〉，重提修築鐵路之事。他指出：「中國與外國通商以來，門戶洞開，藩籬盡撤，自古敵國外患未有如此之多且強也……自強之道，練兵、造器固宜次第舉行，然其機括，則在於急造鐵路。鐵路之利於漕務、賑務、商務、礦務、厘捐、行旅者，不可殫述。而於用兵一道，尤為急不可緩之圖。」他主張可舉借外債開造鐵路，具體做法，尤其主張先造清江至北路這段。朝廷大員一看即知，這是在重彈李鴻章六年前的老調，實際上，這也是李鴻章苦心籌劃「自下而上」的「運動」配合。

想不到劉銘傳這一奏摺在清廷內部再次掀起軒然大波，圍繞該不該修造鐵路之事，洋務派與保守派紛紛上奏，各執一詞，針鋒相對，互不相讓。這場波及全國上下的大爭辯，其意義表面在於鐵路，而實質在於開放、引進新技術、新事物，這與一百年之後那場關於「真理標準問題」的大爭論，同樣關係著中國的命運。其中贊同修築鐵路者，主要有直隸總督李鴻章、兩江總督劉坤一、陝甘總督左宗棠、總理海軍事務衙門大臣奕譞等人；反對開造鐵路者，主要有通政使司參議劉錫鴻、內閣學士徐致祥、陝西道監察御史張廷燎、太僕寺少卿延茂等人。前者以清政府封疆大吏為主，後者是以清廷在朝大臣為主。後面這些人整天關在紫禁城內，兩耳不聞城外事，只抱著祖宗章法行文斷事，振振有詞地迷惑皇帝和太后，就連光緒的老師，後來以鼓動「新政」出名的翁同龢老夫子，當時在讀了劉錫鴻反對修築鐵路的奏摺後，在日記中也寫下如此評語：「看劉雲生奏鐵路不可修狀，言言中肯。」

這幫老頑固的存心搗亂，可害苦了洋務派大員。可憐的李鴻章光動口不行，就只好動手了。他終於想出一條「妙計」：讓西太后親眼見識一下火車究竟是啥玩意，讓她親自體驗一下火車神奇的魅力，或許對於推動鐵路的興造有利。

於是他建議在慈禧太后居住的西苑（即北、中、南海）建造一條小鐵路，由法國商人全額贊助，讓皇親國戚們全都感受一下，開開眼界，算是鐵路交通的高層啟蒙教育。一八八八年底（此時距李鴻章的〈籌議海防摺〉已過了十四年），皇宮西苑裏，從中海紫光閣、時應宮、福華門進入北海陽澤門北行，直到極樂世界東轉，抵達鏡心齋，出現了一條長一千五百公尺的微型鐵路。法商還提供了一台機車和六節車廂。這條吐著白煙的黑色巨龍風馳電掣，為皇家園囿首次吹進了現代化的勁風，著實令從未見過火車的皇親大臣們開了眼界。慈禧太后是聰明人，從此悟得這個世界的輪子的確是轉得快了，從而由不置可否的態度轉向明確地支援修鐵路。李鴻章的一番苦心，總算沒有白費。

五個月後，清廷發布第一個關於興辦鐵路的正式文件，內稱鐵路「為自強要策，必應通籌天下全局……但冀有益於國，無損於民，定一至當不易之策，即可毅然興辦。」這一文件發布，等於宣告長達十年的清廷上層關於是否應修鐵路的大論戰結束，以李鴻章為首的洋務派勝利。與此同時，李鴻章業已先斬後奏，以運煤的理由，開造了唐胥鐵路和津沽鐵路。儘管唐胥鐵路才十公里長，後來展修到蘆台，也才四十二・五公里；津沽鐵路亦僅八十七・五公里，都是在清廷的庸昧無知和保守派的不斷攻擊、阻撓下，硬著頭皮苦幹出來的。至於李鴻章精心策劃的那個廣告——中南海裏的小鐵路，後因慈禧太后討厭宮闈大內中火車的聲響，列車不再用火車頭牽引，而改為由太監們拉著在軌道上滑行了。人們可以想像，那是鐵路上一個何等可笑的奇觀！

大清王朝關於禁修鐵路的牙關終於被撬開了。這是值得大書特書的一件事。幾年後，李鴻章因甲午戰敗而失去昔日的輝煌。在全國大規模地營造鐵路的重任，落在盛宣懷的肩上，然而，他的日子並不比李鴻章好過。李鴻章開風氣之先，修造了幾條鐵路，最長的一條僅三四八公里（關東鐵路的一部分），而盛宣懷面對的是幅員遼闊的國土，要修縱貫南北的鐵路大動脈，而且一無資金、二無技術、三無人才，實在是要他充巧媳婦為無米之炊。而且，辦鐵路的初衷是要圖振興與自強，作為臣子，是要維護大清搖搖欲墜的風雨破廬，誰又料想得到，後來卻引出了「保路風潮」，清廷又拿他來問罪，最終竟導致了清廷的覆滅。

「挾官以凌商，挾商以蒙官」

甲午戰敗，清廷在日本人堅船利炮的脅迫下，簽署了屈辱的〈馬關條約〉。李鴻章去簽約時還挨了槍子，最後的談判和簽字，不得不由其長子李經方代其完成。在具體履行條約中割讓台灣的手續時，李經方任商辦割台事件特派全權委員，與美國人科士達同赴台灣，遭到台灣人民的強烈反對。他們一行人不敢登陸，只好匆匆忙忙地，在基隆口外的日本軍艦上畫押交割，此後他們父子盛極轉衰，從「中興之臣」的巔峰，落到了賣國賊、「李二先生是漢奸」的境地……國事日非，眼看清廷這座漏屋也不堪裱糊了，盛宣懷又失去幾十年來最有力的提攜者、支持者，不由得有些心灰意冷，打算告老還鄉了。

然而，清廷不允許他走。此時國內輿論在甲午戰敗的刺激下，變法圖強的呼聲日高，而圖強的首要之策即大舉興辦鐵路。此時的問題已不是要不要辦鐵路的問題了，而是由誰去辦和如何去辦的問題。算是老天有眼，盛宣懷在失去李鴻章這個後台之後，又有了張之洞和王文韶來撐他的腰，他被推到了興辦全國鐵路的前沿。

一八九六年初，湖廣總督張之洞請盛宣懷來湖北，商量接辦漢陽鐵廠的事情，同時談到了興辦鐵路的問題。盛宣懷對於全國大勢及鐵路之事洞若觀火，分析得入情入理，令張之洞深為折服。他在給接任李鴻章位子的北洋領袖王文韶的信中說：「昨招盛道來鄂商辦鐵廠，連日與議盧漢路事，極為透徹。環顧四方，官不通商情；商不顧大局；或知洋務而不明中國政體；或易為洋人所欺；或任事銳而鮮閱歷；或敢為欺謾但圖包攬而不能踐言，皆不足任其事。該道（指盛宣懷）無此六病。若令隨同我兩人總理此局，承上注下，可聯南北，可聯中外，可聯官商。」張之洞對盛宣懷這段精彩的介紹，較之李鴻章更進了一步，是對盛氏二十餘年洋務生涯及其才智的總體評分，總之是一句話，當今之世，總攬全國鐵路要政，非盛某不可。

幾個月後，張之洞與王文韶共同向朝廷奏請，推薦由盛宣懷督辦鐵路事業。張之洞在給朝廷的奏摺中講得更為明確：「中國向來風氣，官不習商業，商不曉官法，即或勤於官，通於商者，又多不諳洋務。惟該員能兼三長，且招商、電報各局卓有成效。今欲招商承辦鐵路，似惟有該員堪以勝任。」

此時的清廷為圖振興正思賢若渴，見重臣張之洞、王文韶聯名具保，兩個月後就有了下文。一八九六年九月，盛宣懷奉召入宮，皇帝召見，向其諮詢南北鐵路事宜，他趁機敷陳大旨，侃侃而談，深得光緒皇帝的讚許。十月，清廷做出「直隸津海關道盛宣懷著開缺，以四品京堂候補督辦鐵路總公司事務」的決定，並授予專摺奏事特權，從此可以直接與皇帝對話。不久，又被授予太常寺少卿銜。王文韶欣喜之餘，寫了一副對子為盛打氣：「豎起脊樑立定腳，拓開眼界放平心，」意思是現在朝廷委你以重任，鐵路大業有待你去大展鴻圖，可以「豎起脊樑」，理直氣壯地上馬了。過去在辦招商局、電報局以及海戰期間的種種委屈、彈劾、辛苦，都可不必計較了。面對振興大業和朝廷的信任，現在應當「放平心」。可知王文韶亦是火眼金睛，他把盛氏的心理揣摩得絲絲入扣，及時給予勤慰和鞭策。盛宣懷原本就是頂天立地敢「做大事」之人，此時此刻，何有不為之為？

平心而論，盛宣懷從此步入一個更加廣闊的實業天地，於輪船、電報之外，又土管了鐵路、鐵廠、礦務，進而又舉辦銀行、新式學堂，而且於賑務、紅十字會亦投入大量心血，這就是李鴻章講的「辦大事」，確乎幾十年如一日，艱苦卓絕，「源遠流長」，人稱「一隻手抓十六只夜明珠」是也。然而，「做高官」倒未必，鐵路總公司存世總共十年，卻有一半時間不讓他過問粵漢等路事宜；那個部長級的官銜（郵傳部尚書）只做了一年不到，清廷就垮台了。他辦事越多，所受的彈劾也就越多，工作的難度也就越大。正如他自己所說：「聰明才智之士，莫不避難就易，避險就夷，皆各思安坐而致尊榮，不肯歷患難而希動業，此尤人心風俗之憂，而為富強大局之弊也。」就在他騎馬上山勘礦、露營野外賑災、咯血不止尚在伏案的時候，那些「思安坐而致尊榮」的人，卻振振有詞地攻擊他「挾官以凌商，挾商以蒙官」。然而他如果無所「挾」、「凌」，南北長達二千五百里的盧漢鐵路，在一無資金、二無技術、三無人才的條件下，如何能一氣貫通，成為造福百年的南北大動脈？他遇到的難處，實不比當年李鴻章少。

一八九六年十一月初，盛宣懷向朝廷呈上他親自撰寫的第一份「直達天聽」的奏摺：〈條陳自強大計摺〉，闡述自己對當今要政的總體設想，認為練兵、理財、育才為三大要政，以及煉鐵、修鐵路、開銀行的相互依存關係。緊接著，他又接連遞上兩摺：〈請設銀行片〉和〈請設學堂片〉，說銀行可流通一國之財，以應上下之求給，現英、法、德、俄、日的銀行早已推行來華，攘我大利，現又要舉辦鐵路，造端宏大，中國非急辦銀行「無以通華商之氣脈，杜洋商之挾持。」同時申請，以他在津海關道任內所辦的北洋大學堂為楷模，在上海籌辦南洋公學。

他拿到「專事奏摺權」後，半個月中向清廷連發「三炮」，把自己對清廷富強大業的整體思考全盤托出。十一月十三日他離開北京，一路南下勘察盧溝橋工及盧漢鐵路的具體走向。結果認為，應直徑取道信陽，不繞襄樊，以免迂折。

一八九七年一月六日，按照盛宣懷的要求，中國鐵路總公司在「天下華商以為會歸」的上海掛牌開張，開始了他的十年築路生涯。

築鐵路，尤其是首先築從北京到漢口的這一長達二千五百里的「中權幹路」，首先的問題自然是資金。清廷正背負著甲午之敗的巨大戰爭賠款，自然無力再出路資。有人主張集「洋股」較容易做到，連李鴻章也認為洋債不容易借，「洋股」則容易集，雖損失部分股權，路卻能造得快。但盛宣懷反對，他認為股權絕不能放給洋人，此口一開，將來終必「因路割地，後患無窮」。他給王文韶寫信，詳抒己見：「所議借洋債與招洋股，大不相同……若借款自造，債是洋債，路是華路，不要海關抵押，並不必作為國債，只須奏明盧漢鐵路招商局准其借用洋款，以路作保，悉由商局承辦。分年招股還本，路利還息，便安。」「若盧漢招洋股，鄂、豫、東、直腹地，原不至遽為所割，但此端一開，俄請築路東三省，英請築路滇、川、西藏，法請築路兩粵，毗連疆域，初則借路攘利，終必因路割地，後患無窮！」

由此可知，若說盛宣懷僅是一洋場商人，真是小看了他，委屈了他。若說他僅知「一隻手拿十六只夜明珠」，更是有眼不識泰山也！招洋股，當然洋人踴躍。因為他們成了股東，控制路權一旦在手，他們何事而不敢為？走一步而看三步，從築鐵路而看到路權的得失，進而預測到沿路地區的主權得失問題，正是盛宣懷「承上注下，可聯南北，可聯中外，可聯官商」，知彼知己的精明過人之處。所以他寧可走艱難的舉借洋債的路，而反對較容易的招募洋股的辦法。為了此事，他多少也得罪了李鴻章。

王文韶和張之洞支持盛宣懷。可是到了集資的時候，突然傳來消息，說是廣東有幾個人，均稱集有股五千萬，他們願意出資興辦盧漢鐵路，請朝廷派出大員管理。信已寄到王文韶和張之洞那裏。兩帥聽說中國人自己有錢造鐵路，自是興奮無比，那不是天大的好事嗎？那不就不用舉借洋債了嗎？可是事情到了盛宣懷那裏，他一眼就看出其中有詐。他聽說是廣東在籍道員許應鏘、廣東商人方培垚、候補知府劉鄂、監生呂慶麟四人而為，尖銳地指出：「豈有一無名望之人能招千萬巨股？」他懷疑這些人的背後是洋人在操縱，因為這幾個人在商界並無大的作為，怎麼會突然有這麼多錢呢？如果確是洋人在操縱，表面上是華商集資，而背後實為洋人握有路股，那路權豈不仍落洋人之手？於是他派出親信明查暗訪，果不出他所料，「許、方、呂三人皆有洋東在其身後……劉則敢為欺謾但思包攬而已。」所謂的華商民間集資，不過一場騙局而已。只是這些人誤判了，以盛宣懷的精明，他們遠遠不是對手。王文韶差點上了「華商」的當，再次發出「盛道實濟時之彥」的感慨。

盛宣懷毫不客氣地斷了這些人的財路，這大概就是「挾官以凌商」的實證吧！類似如此「凌商」的事還有一件，不僅是「凌商」，還「凌」到了李鴻章的頭上。

原來在具體規劃鐵路幹線的時候，清廷內部有兩種意見，一種主張集中財力、物力，先上「中權幹線」即盧漢鐵路，因為盧漢為貫穿南北的腹地大動脈，用盛宣懷的話來說，是「南連湘粵，西通川陝，東達長江。利，則聚天下之全力以保畿輔；不利，亦可聯十餘省之精銳以保中原」，是一可進可退的萬全之策。持這種主張的，以張之洞、王文韶、盛宣懷為主。而另一種意見，是主張先修從清江（或鎮江）到天津的鐵路，持這種意見者，以李鴻章為主，可能是考慮沿海的海防因素。甲午戰爭之後，張、王處於上升時期，說出話來也響亮；李鴻章已是「昨日黃花」，處於劣勢，附和者少。但這位「中興之臣」對朝廷的忠誠至死不渝，他仍認真地堅持己見，並在暗中支援中國最早的留美學生容閎，具體操辦津鎮鐵路。

而盛宣懷明白，中國人所集起來的，或能借到的錢只有那一些，南北運輸的貨量也並非到了非要修兩條南北鐵路的程度。如果津鎮鐵路開工，勢必影響盧漢鐵路的集資和施工，最後的結果，勢必是兩敗俱傷，哪條鐵路都修不好，大局不堪收拾。因此，他力主先建盧漢，而不惜與李鴻章唱起對台戲，反對建津鎮鐵路。而且，他懷疑容閎的款項來源。他在給張之洞和王文韶的信中說：容閎「在總署呈請辦鎮江至津鐵路，有款千萬，請驗」。「先以百萬報效，路成再報效百萬」，這是什麼意思？「若清江別開一路，則東南客貨均為所奪，盧漢將來斷不能集華股還洋債。盧漢一路必致停廢無成……至於報效鉅款，其為洋股可知。」

然而，宮廷大臣眼見容閎那兒有百萬之報效，怎肯放過？於是有一批廷臣也附和著要求先築津鎮鐵路，況且李鴻章也支持。張之洞礙於情面，不願跟李鴻章正面衝突，把皮球又踢給盛宣懷：「頃接京友本日電，容路已探確，事在必行，南海主之（指張蔭桓），合肥（指李鴻章）助之。」他要盛宣懷出面，「設法懇合肥轉圜」。然而，盛宣懷沒有去懇求他，因為李鴻章此時雖有影響力，但決定權在總理衙門，他索性直通總理衙門，大談西路之利與築東路之弊。指出津鎮鐵路的資金實質是洋人的資金，這些資金一旦轉為路股，實際就是洋人奪華商之利，表面上是津鎮鐵奪盧漢鐵之利。同時，他不惜以「摜紗帽」相對抗：「路改東道，即無西轍……如准容（容閎）呈，擬請漢端停工，盧保歸京兆，鐵廠還香帥（張之洞），銷差辭職，事無可為矣！」他願意在辦鐵路的同時，還承辦虧損多年的漢陽鐵廠，原本是為國產鐵路軌道提供製造基地，如果鐵路辦不成，那麼鐵廠也就沒有必要接手了，所以他要「摜紗帽」，不僅是鐵路，把鐵廠也要「摜」了。

他這一招果真靈光。在「凌商」的同時，把官也「凌」住了，這大概就是所謂「挾商以蒙官」。這一回合他又大獲全勝。李鴻章最後向他妥協：「西國幹路，恆數道並行，非必有礙盧漢，何至因此停辦？」又勸說盛宣懷：「仍照舊籌辦（盧漢）為要，」氣魄反而比盛某要寬大得多，這下盛宣懷才算是氣順了些。

最後，清政府先撥了一千萬兩官款交盛氏築路，造成一段，就以路段做抵押，再借洋款續造路，這樣就避免了洋商在借款問題上的要挾。

京漢鐵路從一八九七年動工，至一九〇五年九月南北兩段建成，十一月，黃河大橋（三〇一〇・二公尺）也建造完成，於一九〇六年四月一日全線通車，改稱京漢鐵路，全線長度近二千五百里地，另有六條支線九十六・六公里，這在內外交困、列強日逼的晚清時代，不能不視為一樁驚天動地的壯舉，至今仍是中國南北交通的大動脈。

中國鐵路總公司自成立至一九〇六年裁撤，共經營了十年，在盛宣懷的主持下，除了成功地興建盧漢鐵路，還修築了淞滬（吳淞到上海）鐵路、正太（正定到太原）鐵路、廣三（廣州到三水）鐵路、株萍（株州到萍鄉）、道清（道口到清化）、滬寧（上海到南京）鐵路、汴洛（開封到洛陽）鐵路，這些鐵路對後來的國計民生所發生的深遠影響，人們在九十多年後的今天或許看得更清楚。一九〇三年，清廷改變了鐵路政策，允許各省自辦鐵路，盛宣懷也很知趣，於盧漢鐵路全線勝利通車之後，就自請將鐵路總公司給裁撤了，由商部統領鐵路事宜。

千奇百怪的「密電碼」

這時，鐵路所帶來的大利世人有目共睹，不僅列強紛紛要插手中國鐵路，各地官吏、富紳也都高舉著振興圖強的旗幟，要求自辦鐵路。然而，無論是借款築路還是集華股築路，都是困難重重。就拿粵漢鐵路來說，清廷在決定舉造盧漢鐵路時，很快又允准次第籌辦粵漢鐵路，以期使南北幹路合為一氣。這時，湖南、湖北、廣東三省的紳商認為自己有實力，可以承造粵漢鐵路。可是朝廷認為，他們所謂自籌資金，無非是向外商借款，與其由他們向外商借，還不如官方出面借，還能少一層中間剝削，於是由盛宣懷函請駐美公使伍廷芳，就近與美國紳商籌議借款，並與美國華美合興公司訂立了〈粵漢鐵路借款草合同〉。但合同訂立後，美西戰爭爆發，勘路和訂立正式合同一事被擱置下來，過了一年多才訂立正式合同。合興公司簽了約到時候卻拿不出這麼多錢，於是私下把股票的三分之二轉讓給了比利時資本巨頭，並讓出了七名董事中的六個席位。這一做法就違背了原合同中關於「美國人不能將此合同轉與他國及他國之人」的規定。盛宣懷自然要函囑伍廷芳，將該合同「即應作廢」。這麼一來，到了一九〇三年，湘、鄂、粵三省紳商再次舊事重提，聚議廢約，爭回自辦。而盛宣懷對這些商紳，總有種說不出的不放心，他嫌他們心眼太多。集資興建盧漢鐵路時，他們應者寥寥，而要築粵漢路了，他們一下子變得非常有錢。盛宣懷懷疑他們與洋人串通一氣，以謀大利。與其通過你們去借洋債，還不如我鐵路總公司直接去借，何勞你們「大駕」呢？這是盛宣懷與南方諸省在築路問題上長期以來製造的矛盾。這個矛盾，在某種程度上也引發為「保路運動」的燎原之火，確是盛宣懷始料未及。

粵漢鐵路從籌議舉借美債到收回自辦，歷經八年之久。如果能按當初的合同實施，該鐵路應在五年內造成，到一九〇五年理應通車了。然而，直到贖回時，僅修成廣州石圍塘至佛山的十六・五公里和佛山至三水的三十二・四公里，至於廣州以北千餘公里的鐵路幹線，根本還未開工呢！

更為嚴重的是，南方諸省的商紳原不是好惹的，他們也有著「承上注下、可聯官商」的本事。沒過多久，盛宣懷被朝廷告知，不允許他再過問粵漢鐵路的事情。繼而其他地方也出現了類似的情形。本來清廷是要他統籌全國鐵路，後來各省要求自辦鐵路，清廷也就准許了。於一九〇三年底，實行開放鐵路修築權政策，實際上是逐漸把盛的權力削弱了，各省紛紛設立了自己的鐵路公司。他想來想去，問題出在京城。他光顧著在下面「埋頭拉車」了，沒有抬頭看看朝廷那邊的動靜，「關說責」沒有安排好，於是，派出他的親信，又是他的同鄉人、實業家兼藏書家陶湘（蘭泉）長駐北京，任盧漢鐵路北路養路處機器總廠總辦、盧漢鐵路全路行車副監督，及時為他打探宮中情報。

陶湘不愧為盛氏的心腹幹將，忠心耿耿地履行了職責，一封封密電、密信飛向上海。實在太機密了，就請專人專程赴滬送信，而且為避人耳目，信中涉及的朝廷大員人名，多用古代人名來代替，這令九十多年後的當代人讀起來，直如墜五里霧中。如信中稱李蓮英為「青蓮」，用李白的號青蓮居士；「三藏」是指唐紹儀，用了唐僧玄奘的名字；「臥雪軒」是指袁世凱，用了《後漢書‧袁安傳》中袁安臥雪的典故；「青公爐房」，是指李蓮英開的銀號；「段乾木」是指段芝貴；「喬梓」是指奕劻、載振父子；「貝」指載振；「九公」是瞿鴻禨；「那公」是那桐；「曲江」是指張蔭棠，因唐代詩人唐九齡是曲江人，稱「曲江先生」；「純陽尚書」是指呂海寰，順天大興人，此處用了唐代呂洞賓的號「純陽子」故稱……如此「電報密碼」，用語又隱晦曲折，可見情報之機密的程度。

如今我們看到這些被保留在上海圖書館「盛檔」卷宗裏「密電碼」，已成為晚清腐朽政治的笑柄，因為那裏面充滿了對朝廷大員、軍機大臣和滿清皇族人物言談舉止的描述，及他們對某人某事極為「深奧」的表態方式。還有不少內容，記敘了何人何時如何向皇親國戚們「進呈」何物，如何以高超的手段拍馬屁，阿諛奉承，而位居顯貴之人又是如何對待這些殷勤而忠誠的僚屬。如今看來，直如一幅幅宮廷群醜圖，可悲又可笑，然而在當初，又是何等機密的宮中情報！盛宣懷如不掌握這些「絕招」，如何能「對症下藥」？如何能「以毒攻毒」地直奔主題，進而博取慈聖和皇上的歡心與支援？人家都在進貢，你盛宮保能不進貢嗎？朝野上下對盛某「一隻手抓十六只夜明珠」歷有閒話，御史大史更是捕風捉影，見風就是雨，使得他在披荊斬棘、奮發開創之時，時時還要回擊身後的冷槍暗箭，就是「走後門」孝敬朝廷，也得極其講究時機和「技巧」，因此，陶湘的使命就至關緊要了。

於是，陶湘如實地向他稟報：

「九公（瞿鴻禨，時任軍機大臣、政務大臣、外方部會辦大臣兼尚書）對您的看法最為不能理解。關於粵漢鐵路的廢約和收回自辦問題，他總以為您在其中有什麼密切之利益。後有某人力言，說您除公費之外絲毫無染，而且無從染指，九公卻笑而不言，但又說：『如僅公費，盛非糊塗之人，何必戀此而受眾人唾罵？此中特別，非汝等所知！』其實九公對於您辦事還是很佩服的，只有一種情形下例外，即您處在眾矢之的的時候，他也不論是非曲直了，他絕不會執中而干物議，此種思想已深入腦筋！

「日前您來電，叫我代您請病假十五天，九公閱電後即大聲呼曰：『彼何人斯？且丁憂人員動輒奏請？』……那公（那桐，葉赫那拉氏，滿洲鑲黃旗人，時為體仁閣大學士，外務部會辦大臣）見此電，即云：『盛公有其倦耶？予則深盼其暫息也。』

「日前談及對您的看法，那公又云：『某公（指盛宣懷）詳審細密，亦眾為人所推。

惟此時不知何故，意如稽大不理於眾口。鄙見某公果能及時告退，群疑即息。朝廷需才汲汲，絕不能容彼久居林下，轉瞬東山再起，聲光必以韜晦而愈明，豈不大妙！

「粵漢事發端於湘紳，鼓動於商部，後來商部知難而止。

「川督（指錫良，蒙古鑲藍旗人，四川總督，奏請設立川漢鐵路公司）奏請辦理川漢鐵路。商部覆電，力主招洋股，萬不可借洋債。外部則力主借洋款，萬不可招洋股。川督請示，振公（載振）云：『何外部如此矛盾？』人告之爺（其父）之主意，振云：『且回家再說！』

「天津某商欲與東洋人合股運辦蘆鹽，先許大均先生（指載振，清初詩人屈大均，字介子。介為貝類，載振為貝子，故稱『大均先生』）以空股，即由北洋（袁世凱，時任直隸總督兼北洋通商大臣）咨報外、商部，戶部竟未咨。群稱：『北洋一介武夫，此等事真瞶瞶。外部接報以後竟不贊一詞而轉戶部。商部則不滿三日即行核准照行。戶部卻大加批駁，嚴詞咨詰商部，於是作罷，然而，商部的批文已經發出了。汪都轉（汪端高，時任長蘆鹽運使）因此而聲名敗壞。』」

關於為慈禧祝壽而進貢的情況，陶湘刺探得也極清楚：

「本年慶典原不舉辦，嗣因向來恭逢萬壽，近臣均有進獻，於是相率以進，兩宮深為嘉納。始而督撫中不過袁（袁世凱）、岑（岑春煊）、端（端方）三帥，旋即有周玉帥（周馥，山東巡撫，調署兩江總督）、陸春帥（陸之升，湖南巡撫）。如呂大臣（呂海寰，時任工部尚書），莫不爭先恐後……聞世中堂（指世續，滿洲正黃旗人，時任協辦大學士、吏部尚書）在內室言云：『此次貢物，無逾於某，為物不多，而件件精緻，最難者，宋元名人字畫，京中不易購，惜乎未得先見；至於佛赤如意，使上見之，具徵實在不苟，故聖心深許，而將書畫另藏，以便幾暇一覽……』當時賞銀百兩。據說京中最貴者之貢，回賞止二十兩。此百兩僅與岑、袁兩處，共止三分焉。那尚書太夫人壽禮居然全收……

「世中堂於正貢之外加貢，頗得慈歡，以為必係奇貨異珍，殊不知竟可啞然失笑者。據說，寫了一萬兩零星銀票，約數百張，用黃封封呈。奏云：『此乃奴才代爺（指慈禧）預備零賞之需。』

「午帥（端方）在外洋購來新式機器電光影戲（電影放映機），擬進貢內庭。日前在寓內試演，因電門未曾弄好，電氣炸裂，將在旁觀看之姚廣順及北洋委員何朝樺均轟斃，並轟傷家丁及工匠共四人。於是謠傳即謂炸彈等事，其實並非。實為工匠不在行，未將機器裝好。幸而是先行試演，若到宮內再出此事，則大不了矣。」

陶湘還將宮中皇親近臣的生日摸得清清楚楚，提醒盛宣懷不要忘記該送禮的要送禮：

「王中堂十一月二十三日生辰（唱戲三天，已定局），可送可不送。胡雲楣今年慶九（係六十九歲），唱戲三天（正日在臘月十六，今提前一月做壽）。雖與鈞處相熟，既不在京，不送亦無緊要，惟邸堂（慶親王奕劻）二月二十九日生日，振貝子三月初四日生辰，此二禮必須豐送。」

盛宣懷人在上海，能有陶湘從北京不斷發來「齊東野語」，對朝廷內府的動態已瞭如指掌，甚至買通了慈禧身邊的心腹太監李蓮英、王長泰（原為慈禧親信太監，後被慈禧下令杖斃）、崔福（亦為慈禧親近的太監，為賞穿貂褂的三太監之一），情報就更加準確無誤。於是，在慶親王奕劻生日時，盛不失時機地呈上日本金幣二萬。李蓮英處，則特地訂製了大小水碗十二只，著人送去。載振三十正壽，理當應酬，但正遇上鐵路查賬事件，送現款太顯眼，後通過適當之人，仍及時遞上禮盒。陶湘在完成諸項機密任務之後，彙報前往慶王府送壽金的一節最為精彩：

「……承澤（慶親王）此次並無不收禮之說。二十二慈聖（慈禧）賜壽，有六十抬之多，據說值數十萬。當日回貢八抬，亦巨萬。二十七上（光緒）賜壽。二十八、九接待外客。某（陶湘）備薄儀前往，見一切情形甚為華壯。傳聞城北二萬，東魯、泗州尤巨。梨園至初六止……府中賀客盈門，諸多不便，初七日前往投信，約兩刻之久，傳諭初八一點鐘來見。屆時前往，至一點半傳進，在一小客廳，承澤便衣而出……其時詞色和藹，儼然春風大雅矣。即將紅壽麵一手捋鬚，一手接過，即向袖內縮入，立起云：『如此厚賜，我當有信。』」

現在，盛宣懷送壽金的信與慶親王收到後的覆信，都完整地收藏在上海圖書館的「盛檔」中，後人可知盛氏當初之苦心也。從時間上看，正是一九〇七年初，盛宣懷的鐵路總公司被裁撤，他心力交疲，正在上海養病，而且為漢冶萍之事費盡心力之時，他需要朝廷的支援，不得不去巴結這些權貴，以求他們高抬貴手。他所經辦的各項「富強要政」基本都是官商合辦。為此用心走「上層路線」，能說全是為自己的「夜明珠」嗎？

不僅如此，還花了十二萬兩銀子，委託上海德國商人的榮華商行，把紫禁城內和頤和園都安裝上了電燈。此舉與李鴻章當初在西苑鋪築小鐵路，真是有異曲同工之妙，無非是請皇上和兩宮皇太后親自感受洋務的魅力，以取得更多的支援。此舉果真大獲青睞，而且使光緒皇帝對洋玩意的興趣大增，不僅指使太監在皇宮內各處貼黃色標籤，下令凡是有標籤處都要安裝電燈，更有甚者，還吩咐在宮內裝「德律風」（電話），只是因太后反對，才沒裝成。

「鐵路國有」引發天下大亂

後來的事實證明，清廷一九〇三年下放築路權的做法，是有諸多弊病的。因各省的情況不一，不僅是集資情況、技術水準和施工質量都存在很多差異，更要命的是，一些地方自辦的鐵路，往往各自為政，如滇越鐵路、南潯鐵路、粵漢鐵路粵段、湘段、廣東潮汕、新寧、福建漳廈及其他鐵路，省界分明，互不相聯，這就難以形成南北和沿海各大骨幹線路的貫通，全國也沒有統一的規劃，勢必給西方列強滲透之機，這就更加造成路政的混亂。

這種情況維持了幾年，清廷看看不行，又想收回築路權了。為了有根有據地說服地方，以期自圓其說，於是有了商部一九〇六年五月的〈統籌全局鐵路摺〉，有了全國鐵路的統一規劃工作，由該年成立的郵傳部最後完成。該部根據各省繪製的官商鐵路圖，彙成總圖，初步確定了全國鐵路幹線和各支線的走向，這有助於改變各省自辦鐵路、各自為政、互不相統的局面。在這個過程中，清廷確也抓到了地方的把柄，認為地方商紳集資辦的鐵路，大都無甚起色，說是集資自辦，收回路權，實際上收效甚少，於是板起面孔教訓起來，放出空氣，要把下放的路權再收回來。

一九〇八年三月，光緒向盛宣懷問政，關於鐵路問題，盛氏滿腹經綸，講得頭頭是道，於是被任命為郵傳部右侍郎，即交通部副部長。郵傳部主管路、電、航、郵四政，而四政之中有三項是盛宣懷首創的，做起來自然得心應手。他正準備大展身手時，卻「令下三日，仍以商約差，諭令返滬」。盛宣懷被弄得莫名其妙。

一九〇八年六月，清廷發布上諭，說是「近年各省官辦鐵路，皆能克期竣工，成效昭著。而紳商集股，請設各公司，奏辦有年，多無起色，坐失大利，尤礙交通」，因此命郵傳部「妥擬辦法，嚴定限期」，如果「集股不敷尚巨，或各存意見，推諉誤工，以致未能依限完竣……」那就要「查照商部歷次奏案，分別撤銷。」意思很明確，各地商人集資申辦的鐵路，要抓緊查一下，不能按時完工的，就收回築路權，改商辦為官辦。

這樣一來，明擺著要讓地方商紳們坐失大利，那怎麼可以？於是，全國輿論譁然。

清廷在當時忽視了中國的國情，尤其是地方商民成分極微妙的變化，即商民們由經濟實力的增長所帶來的政治上的參政意識。他們已不是幾十年前，對朝廷俯首帖耳的「順民」，他們慢慢滋長起來的「保護意識」、「立憲意識」、「民主意識」，其潛在的能量和號召力，遠比太平天國大得多。況且，這道「上諭」下達後沒幾個月，光緒和慈禧太后「崩駕」了，新上任的皇帝才三歲，而攝政王載灃本也沒什麼人把他放在眼裡，商紳們又少了一層「觸犯龍顏」的障礙，那鬱積的情緒一旦被觸發起來，還能不形成洪水滔天之勢嗎？

光緒和慈禧去世的時候，盛宣懷正在日本治病。他那動不動就連咳帶喘的毛病，是當年在北方賑災時留下的。那年在山西賑災，挨家挨戶地調查民情，統計數字，露宿田頭，以致夜間受涼，積勞成疾。又有一年在山東賑災，乘一小船渡海，不料風急浪高，連人帶船均被打翻，經水手營救方才上岸。於是留下病根，一到天氣轉涼或略一受寒就要發病，據盛氏子孫所記載的症狀，可能是現代人講的肺氣腫。此病在國內久醫無效，便於一九〇八年九月間請假二月帶上了隨員福開森（美國人）、盛萍蓀、妻子莊夫人、外甥孫周成和幾個兒女，赴日求醫，順便考察日本的鋼鐵、鐵路、製造諸業，誰知病情未見大好，考察也僅略走了幾處，就傳來皇帝和慈禧駕崩、國事由攝政王載灃主持的消息。君死臣子是不宜久居海外的，盛只好打道回府，回到上海。

盛宣懷回到國內，正是清廷中央與地方為鐵路路權問題，吵得不可開交的時候。郵傳部先是因河南、陝西及江蘇鐵路公司集股不多、迄未開工為由，將官股滲入其中，使隴海鐵路各線段由商辦變為官商合辦。又查出同蒲鐵路有限公司集款困難，無告成之望，於是奏請予以撤銷。但官方辦的鐵路，沒錢即可借貸外債，一個個舉借外債的合同紛紛簽訂，而商紳辦鐵路就不許舉借外債……這些，都使得中央與地方的矛盾、官與商的矛盾空前緊張起來。

不曉得具體是為什麼，攝政王載灃（溥儀的父親醇親王）在這個多事之秋，竟又看中了盛宣懷，於一九一〇年八月，命盛宣懷赴郵傳部右侍郎本任，又於一九一一年一月六日，任命盛宣懷為郵傳部尚書（五月八日改稱郵傳大臣）。也許載灃看到目前這樣亂烘烘的局面，還不如當年盛氏出掌全國鐵路總局督辦時的情況，或許因為盛氏是袁世凱的對立面，因而受到重用也說不定，因為載灃不喜歡袁世凱，一來討厭他壞心眼太多，二來恨他當年出賣了光緒。既然當年他連光緒皇帝都敢出賣，就難保他有朝一日不出賣到自己頭上。於是，乾脆打發他回老家釣魚去！於是，盛宣懷又成了得寵的人物，他的地位恰好與袁世凱互換，一下子又有了出頭之日。

關於這一點，盛宣懷似乎頗有感觸，他曾對人說：想不到他袁某也會有今日！其實這句話反過來說就成了：想不到我盛某也能有今日！恰好這一年他又喜得一孫子，即莊夫人生的兒子盛恩頤（盛老四）喜得貴子，老太爺高興得親自為孫子取名盛毓郵，小名傳寶，把這個新到手的官職「郵傳」二字，全都嵌進去了，這很能說明當時其志滿意得的心情。

此時的盛宣懷有些受寵若驚，沒有想到十個月後，這個官職所給他帶來的厄運，甚至沒來得及細想，腳下的這塊土地，與十六年前他出任全國鐵路總公司督辦時的中國，有了多麼巨大的變化！這期間中國已經歷了戊戌變法、庚子之亂、丁未政潮、光緒和慈禧駕崩等重大事件和社會動蕩，當年他們眼裏的「商紳」、「商民」，在不知不覺之中已慢慢長大了，大得可以聯為一體，形成了一個階級，可以不聽朝廷使喚，還要變「載舟」為「覆舟」。而且，朝廷裏已沒有了曾、左、李（曾國藩、左宗棠、李鴻章），老百姓簡直要翻天了！盛宣懷過去一向是以「顧及商情」為旗幟的，一旦烏紗帽帶在了頭上，不知不覺之中，就站到商民的對立面去了。

他一上任，就積極配合朝廷，策劃關於「鐵路收回國有」的種種辦法。孰不知以他老馬識途之身，在此多事之秋，理應萬分小心才是，畢竟眾怒難犯呀！或許是那傳統的「士為知己者死」的信條主導了他，使他把其父盛康為他制訂的「宜退不宜進」方略忘記了。

這年五月四日，負有建言、進諫之責的給事中石長信上奏朝廷：「將全國關係重要之區，定為幹線，悉歸國有。」尤其指出：「粵漢直貫桂、滇，川、漢遠控西藏，實為國家應有之兩大幹路……斷非民間零星湊集之款所能圖成」，並且在摺中指責廣東紳士爭權，辦路甚少，湖南、湖北又集款無著，徒糜局費，四川紳士樹黨，各懷意見，以致粵漢、川漢鐵路「潰敗延誤」。清廷遂將此摺轉交郵傳部議奏。不曉得事情是否湊巧，石長信在摺中拚命講四川、廣東商紳的壞話，告他們辦不成事，但後來卻是這兩個省鬧「保路」最凶，當然事情由鐵路而起，發展到後來也由不得商紳們作主，而是革命軍當主角了。

五月九日，郵傳部大臣盛宣懷奏覆，極力附和石長信，請朝廷「明降諭旨，曉示天下」。

就在這時，清廷向全國宣布：「幹路均歸國有，定為政策」，命將以前各省公司集股商辦的鐵路幹線，從此由國家收回；從前批准興辦的鐵路幹線各案，從此一律取消，並聲稱：「如有不顧大局，故意擾亂路政，煽惑抵抗者，即照違制論！」由此改變了自一九〇三年以來實行的開放築路政策。

清廷宣布了鐵路幹線國有政策之後，於五月十八日，任命原兩江總督端方為督辦粵漢、川漢鐵路大臣；五月二十日，由盛宣懷本人在北京，與英、德、法、美四國銀行團（匯豐銀行、東方匯理銀行、德華銀行等）簽訂了〈湖北、湖南兩省境內粵漢鐵路、湖北境內川漢鐵路的借款合同〉（又稱〈湖廣鐵路借款合同〉），借款六百萬英鎊，由四國均分承辦，年息五厘，期限四十年，以兩湖厘金及鹽厘稅捐做抵押……由此，把剛收回來的路權，改為由官方借款、官方承辦的「國有化」，這種做法，即刻被地方商紳和革命黨抓住小辮子，認定是出賣路權、出賣國家的賣國行為，由此在全國振臂高呼，與鐵路有無關係的人均群起而攻之，終而釀成全國性的軒然大波。

全國各地的「乾柴」，就被這「鐵路國有」之「火」點著了。湖北、湖南、四川、廣東，下至百姓，上至官紳，互通聲息，互為聯絡，辦報紙，搞集會，街頭講演，罷市罷課，紛紛抗議朝廷「鐵路國有，失信天下」，提出「流血爭路，路亡流血；路存國存，存路救國」的主張。長沙各界萬人集會，一致主張湘段鐵路「完全商辦」，並呈請湖南巡撫楊文鼎電奏朝廷，將發布的「諭令」「收回成命，如不得請……定即集全力抵抗！」廣東的粵漢鐵路有限公司股東千餘人集會，提出「路亡國亡，政府雖欲賣國，我粵人斷不能賣路！」後來成立了廣東保路會。

四川是保路運動發展最迅速、最激烈的地區。六月十八日，川路股東四千餘人在成都開會成立四川保路同志會，確定了「破約保路」的宗旨，一方面派講演團赴各地講演，宣傳發動群眾，聯絡其他團體，另一方面選派代表進京請願，力圖迫使清廷解除與四國的借款合同，恢復商辦鐵路。

盛宣懷怎麼也想不到，僅僅是個鐵路政策的變化就引來了漫天大火。當年修築盧漢鐵路（即京漢鐵路）不也是向外國（比利時）借款修築的嗎？那二千五百里的南北大動脈不是有目共睹地為民造福嗎？為什麼現在仍按舊法，借錢修路，就變成了「賣國」呢？他認為此中一定是有「亂民造反」，借題發揮，他力促朝廷不能姑息慫恿，應當果斷處理。

朝廷自然也不「俯順輿情」，誣指保路運動是「藉端滋鬧」，將赴京代表押回四川，又命川督趙爾豐「多派員弁，實力彈壓」。八月二十四日，川漢鐵路召開股東大會，認為「政府已不認川民了」，於是決定全蜀股東，不完捐稅，不納丁糧，商民停止貿易，學堂一律停辦……後來，趙爾豐下令開槍，製造了「成都血案」，這樣天下更加反了，四川保路運動迅速向反清起義發展，中國同盟會的革命黨人與資產階級立憲派聯合鬥爭，終於導致辛亥革命爆發。

盛宣懷一心只想著鐵路問題，哪裏明白經濟與政治微妙的關係呢？過去朝廷裏的政事如帝黨、后黨之爭，他一向不願介入，然而，他一不小心，卻成了一場政治鬥爭的導火線，這大概是他到死也沒想明白的事吧。

辛亥大逃亡

政治運動的發展一向是不以人的意志而轉移的，清廷既然沒有新的「曾、左、李」，那麼等待他們的就必然是滅頂之災。

四川的保路運動很快形成了燎原之火，並促成武昌新軍起義。一九一一年十月十日夜，武昌湖廣總督府門前槍聲大作，湖北新軍工程第八營首當其衝，武昌城內各標各營的革命志士群起回應，分別占領了鳳凰山、蛇山等制高點，八路兵馬裏應外合，經過三次激烈的猛攻，到第二天早晨七時許，終於攻下了總督府。湖廣總督瑞澂破牆而逃，狼狽地爬上長江邊的楚豫艦；鎮守武昌的第八鎮統制張彪也慌忙出逃，逃到漢口張家廟避難；不到十二個小時，起義軍便占領了武昌，開始討論成立軍政府。革命黨人自感資望太淺，遂推舉湖北新軍第二十一混成旅協統黎元洪為軍政府的大都督。黎元洪原是水師學堂畢業生，後應張之洞之召，隨德國教官訓練湖北新軍，由管帶、統帶升上了協統。他本是清廷的武官，在武昌起義的前一天，還在那裏懲辦起義士兵，想不到第二天就被擁立為「造反派」的頭頭。他是被起義士兵從他躲藏處搜出來，強拉到會場被迫就任的。如果說當年袁世凱練新軍，練出了一幫北洋軍閥，那麼張之洞練新軍，卻練出了辛亥革命！

清廷這下死到臨頭，真的慌了手腳，驚呼：「各地伏莽聞風附和，後患不堪設想！」他們一會兒下令拆毀鐵路，以免叛軍北上；一會兒又下令「沿途鐵道不可委行拆斷」，以免阻礙官軍南下；一會兒又要把火車拖到武勝關內，怕被革命軍繳獲；一會兒又徵調輪船從東北運兵南下，妄圖水陸合剿起義軍……朝令夕改，自相矛盾，充分暴露了攝政王及其周邊文武的一片混亂……

身為郵傳部大臣的「肇事者」盛宣懷，此時倒比那些滿人們鎮靜得多。事發當天他就致電湖廣總督瑞澂，主張對起義軍實行鎮壓，提醒當局對此事「全在神速」，建議清廷「速派可靠隊伍扼要駐紮，防護橋路，尤須日夜梭巡，以免橋路損傷」，「是為至要」。十月二十日一天之內，他竟代載澤擬了三個節略，主要意思就是堅決主張用軍事力量剷平革命軍，要像曾國藩、李鴻章鎮壓太平天國一樣，把「匪勢」鎮壓下去。十月十四日他還急電招商局：「速備大輪船五隻，需要船身寬大，吃水稍淺，能由秦皇島直達漢口……必須能裝四、五千人，馬七百匹，炮十二尊，火車七十一輛……秦皇島一十八、九人馬輜重一氣登舟……」語氣裏全是當年跟隨李鴻章剿捻時的殺氣騰騰。

可是，此時清廷的局面，早已不是李鴻章剿捻時的陣腳，而革命形勢竟一日千里，銳不可擋。盛宣懷看看朝中實在無人，就於十月二十三日，親自遞上奏摺，為他的宿敵袁世凱鳴鑼開道，指望清廷起用袁世凱，穩住大清江山。

盛宣懷與袁世凱原是清廷內部爭權奪利的冤家，曾經互相傾軋，主要原因是一九〇三年袁世凱出任直隸總督兼北洋大臣以後，先後從盛宣懷手裏接收了電報局、輪船招商局，儘管盛氏竭力反抗，在招商局保住了較大的勢力，但電報局則完全喪失，而且後來鐵路總公司也被裁撤，由袁世凱的親信唐紹儀接管了滬寧鐵路，從此在兩人間播下交惡的種子。

但當辛亥革命直接危及清王朝的統治時，盛宣懷又毅然捐棄了「宿怨」，一會兒親上奏摺，一會兒又急電袁世凱，以老朋友的身分電請袁氏出山，力挽危局。

這回輪到袁世凱擺架子了：清廷當初不是要我回家「養疴」嗎？現在正是「衰病侵

尋，入秋尤劇。俟見電鈔，擬請另簡賢能吧！」盛宣懷著急了，他極為懇切地請求袁氏，就差沒給他跪下了：「此亂蓄之已久，若不早平，恐各省回應。公出處關係中原治亂，並請默念此身負環球重望，豈能久安綠野。與其遲一日，不如早一日。萬勿遲疑！」他還允以各種所需條件：「軍人乘車及軍用的運輸執照各兩百張，即日呈送應用」，「此役可勝不可敗，中外望公如歲，撥餉募兵，無不照准」，盡可能滿足了袁世凱鎮壓革命軍的物質需要。

不料，正當盛宣懷極力舉薦袁世凱出山「滅火」，處心積慮地調兵遣將，欲與清廷共死生的時候，清廷卻把他當作代罪羔羊抬了出來。十月二十六日那天，盛宣懷還在北京寓所伏案疾書，繼續為朝廷出謀劃策，起草濟世奏摺，摺子尚未寫完，門外傳來清廷將他「宣布革職，永不敘用」的消息。他頓時如挨當頭一棍，摺子再也寫不下去了，扔筆作罷，這張未寫完意味深長的「最後的奏摺」，現在完好地收藏在上海圖書館的「盛檔」中，可以窺見此一清廷忠臣在最危急時刻的心跡。

可是，那時他只顧設法應付南方的戰火，孰不知「戰火」已燒到他的衣襟——先是御史王寶田奏疏：「此時鄂事決裂，實由川民之變。其致變之由，由於收回鐵路國有之政策。而主持此事者，則郵傳部尚書盛宣懷也！」繼而御史史履晉也參他一本：「竊自鐵路國有政策宣布以來，全國譁然，民心盡失，以致四川糜爛，湖北逆趁機起事。趙爾豐之激變，瑞澂之潛逃，固罪無可逭，而罪魁禍首，則為盛宣懷！……迨事變猝起，復主持嚴辦，壓力愈大，反動力亦愈大，革黨土匪遂趁機煽惑，釀成大亂。盛宣懷之肉，豈足食乎？」接著御史范之傑又參：「……一己之私圖，激萬民之公憤，敢為禍首，不恤人言，神奸巨蠹，橫絕今古，推厥罪魁，蓋莫如郵傳部尚書盛宣懷者！」……眾口一詞，眾矢一的，這時沒有一個人能為盛宣懷講話，朝廷上下內外，一片喊殺聲，直到這時盛宣懷才驚心地看到，自己原本是多麼孤立啊！

由各省代表議員集中的資政院，更成了從輿論上圍攻盛宣懷的批判陣地，各種罪狀集中到一起成了主要四項：一、違憲之罪；二、變亂成法之罪；三、激成兵變之罪；四、侵奪君上大權之罪。總之，是盛宣懷激怒民變，以致動搖了清朝的統治，所以一致呼請：「宜絞」、「當絞」、「非誅盛宣懷不足以謝天下」！

誅殺盛宣懷成了上下一致的呼聲，事已到此，攝政王載灃又能有什麼辦法呢？正好盛宣懷本人亦奏請重新起用袁世凱，正好，攝政王好像左手右手各抓著一個人頭，一個是盛宣懷，一個是袁世凱。先前是提拔盛宣懷把袁世凱打下去，而現在把戰略倒過來，要一手把盛宣懷打下去，另一手把袁世凱拔起來。

袁世凱很快就被起用，率軍與革命軍對壘了，而盛宣懷則慘了。十月二十六日，攝政王面奉隆裕皇太后諭旨：「資政院奏，部臣違法侵權，激生變亂，據實糾參一摺，據稱禍亂之源，皆郵傳大臣盛宣懷欺蒙朝廷，違法斂怨，有以致之……怨苦鬱結，上下爭持，川亂既作，人心浮動，革黨叛軍趁機竊發，該大臣實為誤國首惡等語。盛宣懷受國厚恩，竟敢違法行私，貽誤大局，實屬辜恩溺職。盛宣懷著即革職，永不敘用！」此諭旨一下，盛宣懷不僅從此仕途到此為止，而且為人落井下石，欲拿他的人頭來謝天下者大有人在，嚇得他不敢在京久留，於二十八日逃出京城，先到青島避風頭，後來看看還是不行，就避走大連，再從大連轉去日本。在日本避難一避就是一年。但跑得了和尚跑不了廟，他在常州、蘇州、上海的大批家產，就被國民政府抄沒了。

百喻經 — 癡華鬘

壹拾貳輯 — 雜喻等輯

6 重闈深處

豪門閨秀董夫人

現代人常說，一個成功的男人背後，總是有一個賢慧的女人。按照這個說法，盛宣懷的福分可就大了，因為他的背後有「一群」賢慧而能幹的女人。

在這一點上，他和舊時官場上的達官貴人是一樣的：妻妾成群。他共討過七房太太。原配夫人董婉貞是常州同鄉，而且是青果巷裏的大戶人家的小姐，其父董蓉初（似谷）曾任江西糧道，是道光戊戌年翰林。後來在中國現代史上暴得大名的司法界名人董康，即是董夫人的本家堂弟，盛家「毓」字輩後代喚他舅公。董康一生做過很多事，曾在上海跟梁啟超辦《時務報》，又與趙元益創辦譯書公會，致力於西洋實用類書籍的翻譯，還出任過法律學校的校長，也是著名的藏書家。他曾不惜重金，從日本買回一批國內早已失傳了的珍籍秘本。可惜他晚節不保，出任了敵偽時期的司法部長，抗戰勝利後被國民黨逮捕入獄，最後死在獄中。

董康老母的墓誌銘不知何故，當年未曾入土，記下了些許董家的事，現仍存常州青果巷一一五弄一號董家的老房子裏，從中可知其父董介貴，為縣學生員，在董康未及週歲時就去世了，孩子都由母親拉拔成人；又可知其祖父原官山東觀城知縣，因隨僧格林沁剿捻有功，保升為知州。董家之所以能居青果巷，又與巷中大戶唐家（唐荊川家）和盛家攀親，自是有其門當戶對的道理。

董夫人自嫁到盛家來，共生了三個兒子（昌頤、和頤、同頤）和三個女兒，可是她並未過上多少好日子，因為他們夫妻生活十六年，有一半時間是在動蕩之中，他們結婚時，太平天國尚未被清廷「平」掉，盛家老小常避難在外，盛宣懷還未「出道」。他們結婚八年後，已是三個兒子的爸爸的盛宣懷，才得以機會西入陝北，投入李鴻章的幕府。後來盛又跟李到天津，辦理軍中軍械諸事，還去北方賑災，後來到上海辦理輪船招商局，但那時局面尚未打開，處處受人掣肘，不久又去湖北找礦，風餐野食於高山巨川之間……若論榮華富貴，還遠遠談不上，因那還是創業時期。待在常州老屋裏的董夫人和孩子們，只能吃吃盛氏祖父和父親掙來的老本。等到丈夫可以賺大錢了，董氏已一病不起，所以說，董夫人運氣不能算太好，是個勞碌命的夫人。

不知是不是有遺傳的原因，董夫人生的幾個兒子都不長壽，老大昌頤和老三同頤均四十來歲就去世了，老二和頤過繼給了宣懷的二弟雋懷，也是早夭；三個女兒也不甚健康，有的還患有潔癖之類的精神疾病，說不定什麼時候就要「發瘋」的，有的還遺傳給下一代，一受刺激就要「發瘋」。但是董夫人為人很善良，知書達理，尤其心胸豁達，這主要表現在對待刁夫人的態度上。

一封信氣死刁夫人

盛家人都說，刁夫人是最受老爺寵愛的太太，但她死得卻很特殊。

刁夫人名刁玉蓉。盛宣懷七個太太中，能在盛家宗譜裏列有專傳僅她一個，連盛的原配夫人董夫人也沒有專傳，可見其地位之重要。她和董夫人一樣，是享有進入盛宣懷墓地主穴的二位夫人之一，冥冥之中，仍在伴隨著丈夫。盛家宗譜上如此記載，而江陰馬鎮老暘岐村的村長也是如此說。因為他們親眼看到一九五八年盛氏墓穴被盜時，盜墓者從墓中掘出三具棺材，一男兩女，按其宗譜所述，兩女就是董夫人和刁夫人。據昌頤的孫子、毓常的兒子盛承憲講，當年莊夫人曾向毓常提出過，能否在她身後與董夫人的墓中位置換一下，倒是沒有提與刁夫人換一下，毓常雖未同意，但也足以說明董夫人墓是可以動一動的，而刁夫人的地位不容動搖。

盛氏宗譜中講到的這位傳奇女性，極盡贊美之詞，說她從十八歲開始服侍盛氏，娘家是安徽合肥望族門戶，後經離亂流離失所，故「不能詳其系」了。而盛家後代人卻說，刁夫人原係青樓中人，為盛氏贖出，在董夫人去世前四年就已來到盛家了。她聰明伶俐，十分能幹，對長輩和董夫人均非常有禮，於是在盛府上下很得人緣，董夫人竟也不吃醋，以妹妹視之。至於兩人的「分工」，似乎董夫人是押寨夫人，坐鎮盛府，生兒育女，而刁夫人則跟隨盛氏走南闖北，朝夕服侍在側，倒是像個「外勤夫人」。

有一年盛宣懷奉旨北上賑災，日夕馳驅風日之中，勞累過度又夜間露宿受寒，哮喘病大發，以至於不能平臥床上，躺下就喘不過氣來。刁夫人服侍在旁，旦夕不貽，衣帶不解，終日為之按摩，以致臂痛不能抬舉。有一段時間，盛宣懷和他的父親盛康恰巧都在河北、山東一帶做官，刁夫人問安視膳，曲盡婦道，「公深嘉其孝」。每到晚上「斗宿值辰」，她都要焚香露禱，一為公公祈禱長壽；二為盛宣懷祈禱卻病……十幾年如一日。

董夫人眼見刁夫人聰明賢慧，又深得丈夫的寵愛，不僅不吃醋，而且在臨去世前對丈夫說：「刁氏賢，我死，請即升其為繼室吧！」盛氏亦不置可否。可見刁氏在盛氏心目中的地位。

董夫人去世後十餘年間，盛宣懷果真未再續娶，大家庭裏裏外外均由刁氏操持，親戚、鄰里往來也極周到。但盛宣懷始終沒有把她「扶正」，到底是為什麼，誰也講不清楚，是不是由於她的「出身」問題呢？無論如何，不「扶正」，後來就釀成了大禍。

刁夫人生了一個女兒，排行四小姐，名盛樨蕙。這個名字起得也與其他孩子不同。

按說孩子們都是「頤」字輩，不論男女，名字中都應嵌入一個「頤」字，而四小姐卻不是，此人特殊。

其實刁夫人不僅擅長「內政」，於「外交」上亦極有魄力。盛宣懷到山東賑災時，自己帶頭捐款捐物，刁夫人在旁看在眼裏，亦掏出私蓄千金不吝。先是為山東賑銀一千五百兩，後又為江蘇賑銀一千兩。兩地巡撫聞知此事甚為感動，都上報朝廷為其請功，結果奉旨賞給她「樂善好施」以旌表建坊。

一八七八年，整個北方連續兩年大旱（史稱「丁戊奇荒」），死人無算，慈禧、慈安帶著年僅六歲的光緒連夜祈雨，所以北京「三座門」外有一大高殿牌坊，就是當年祈雨的紀念物）。盛宣懷又奉命北上賑災，刁夫人亦隨之往。盛氏見災情嚴重，首倡捐款捐物，費金鉅萬，刁夫人亦不示弱，再次拿出一筆私蓄，授衣周食，拯救無依兒童數以百計。所以盛宣懷一生為賑災事多次受到朝廷的嘉獎，裏頭應有她的一半。

也許因他們肯出錢出力，所以賑災也出了名，每遇各地大的災情，朝廷常會想到盛氏，盛氏也在所不辭，盡力為之。而那些一天到晚叨叨不休的御史們，不知為什麼看不到盛的這一面，整天一見他手中有錢，就想盡辦法來彈劾。

刁夫人撫恤孤獨也出了名，「寒者衣之，飢者食之，無依者周之，歷久不倦。」以致在她去世舉殯之日，「東海貧民以至於乞丐，皆跪塞途痛哭失聲，蓋感之深者。」

盛氏宗譜中又說道：「觀察（盛宣懷）有幹濟才，傅相李公委辦招商，開礦事物，銀巨百端，有齮齕之者，中以蜚語，幾至坐困。夫人佐觀察清理重累，舉生平所蓄，悉出以償不足，斥衣飾以濟之，而慰勸敦勉，不欲方伯公（盛康）憂，蓋夫人躬自儉約而濟人以寬，居常和易而慮事甚密。觀察之處困而亨卒得行其志，以繫中外之望者，維持始事，則夫人之力居多。方伯公嘗謂觀察：刁氏十餘年內助之功，足為吾家賢婦，汝善視之！」

這是一段很高的評價！如此說來，不僅盛氏的其他五位妻妾無法相比，就連整個盛氏大家族的所有夫人、太夫人，均無法望其項背，她幾乎成了盛氏創業之初的依靠，一有問題，只要刁夫人一出面，即可「人到事解」。

但問題來了，刁夫人如此闊綽，她哪來這麼多錢？如果真是「流離失所」之人，又何來如此金錢和魄力？如果是盛氏給她的錢，盛氏自己已於「坐困」之時，又能給她多少？所以，盛家至今一位九十老翁仍說，刁夫人出自青樓，不僅私蓄甚多，而且見多識廣，在與外國人周旋的場合，也常有刁夫人助之，碰到事有繁難之處，常有刁夫人為盛氏出謀劃策……由此看來，刁夫人的身世應該不會有大錯。但真正讓世人震驚的，還是刁夫人之死。

刁夫人與盛氏共同生活了十五年，如上所述，對盛家已是情周意至，無可挑剔，但不知為什麼，她的身分始終未被「扶正」。礙於自尊，如盛氏宗譜中說，她也從未「干嫡正之禮」，但是她在盛家人心目中究竟什麼地位，還是極為敏感的。終於有一天，她看到一個孩子寫來的家信，在信中稱她「姨娘」……這下她明白了，她在人們心目中竟是個「姨娘」！於是自覺無趣，把心一橫，竟然「自掛東南枝」了！

這下可苦了盛宣懷了！他後悔自己只忙於實業，在外面大舉進攻，卻沒注意到重闈深處的細微變化；自己在困難的時候得到刁夫人鼎力相助，功成之後卻沒顧及到她的自尊心，起碼在孩子面前，沒有教育好孩子如何尊重刁氏……他痛心疾首，天地不應，自覺非常對不住她。既然在她生前未能「扶正」，只好死後「追認」了。於是以繼室夫人的禮儀予以安葬。後人亦遵之囑，在盛氏本人下世之後，將刁氏與董氏，共同安葬盛氏身側，而刁氏只能在陰間裏享受正式夫人的地位了。

莊夫人的大千世界

刁夫人去世之後，盛宣懷日食無味，夜不能寐，精神恍惚了很長一段時間。但是男子漢畢竟要做事情，尤其盛氏始終是以「辦大事，做高官」為奮鬥目標，他仍要走南闖北，家裏就不能沒有個賢內助。然而續娶也難，直到兩年之後，才有了莊夫人的「來歸」。

盛宣懷不愧是個有福人，在人生的幾個關鍵上，都有賢人相助。首先是他的父親盛康，步步指引他的人生道路，教之「以經世致用之學為本」，勿圖那些科舉空名，這麼他後來從事洋務，大辦實業，奠定了良好的思想基礎；繼之有楊宗濂薦他入李鴻章幕，獲得了官商結合的特殊身分，實踐了實業救國的理想；再繼之是有刁夫人的智慧和幫助，使之在最初創業的上海灘，逐步立穩了腳根。現在失去了刁夫人，又來了一個莊夫人幫他。莊夫人大概命中注定是「幫夫運」，她來到盛家後，盛宣懷步步高升，一路順風，官越做越大，鈔票也越積越多，至辛亥革命之前，過了足足二十年的風光日子。

莊夫人名德華，字畹玉，亦是盛氏常州同鄉，是狀元的後代。她的娘家亦是常州一大戶，府邸在常州城馬山埠，人稱「狀元第」，是個有數百間房間的大莊園。她的父親莊靜甫（毓堂）曾獲二品封典，任候選訓導。她的祖先，還是清末著名的學術流派「常州學派」的創始人。

後來，莊氏家族的男性成員，幾乎組成了常州學派的主幹，走的都是科舉與經世之學相結合的道路。諸如莊廷臣、莊應期、莊應會、莊柱、莊楷、莊存與、莊培因、莊述祖、莊通敏、莊受祺、莊綬甲、莊有可等等，還有一個莊家的外戚，名叫劉逢祿。

他們的學術主張與傳統的程朱理學截然不同。所倡導的經世之學，不僅是關於世界觀的學說，還包括天文、水利、軍事、繪圖等等學科，是一套自然科學和經濟學科的專門學問。而其實質，就是倡導學習那些對國計民生有實際助益的學問，反對空談政治，以及玄而又玄的程朱理學。這大概也是一種「實業救國」的先聲吧。作為物產富庶，素稱「中吳要鋪、八邑名都」的常州，滋生、發展這種務實的學說，一點也不奇怪。

同時，這個家族在科舉場上亦頗能呼風喚雨。明代莊家共出了九名進士，到清代又出了二十九名進士。從清初到乾隆末年，常州一地共有三十四人入仕翰林院，有九人就出自莊家。其中莊培因是乾隆十九年的狀元，授修撰等職，官至侍講學士，時常隨乾隆出巡塞外，於行帳中錄章奏事。他能手執一匣，肘不據案，而可疾書工整如常。可惜人不長壽，於一七五九年因奔父喪，哀毀不食，到家僅一日即隨其父去矣，年僅三十七歲。他的哥哥莊存與亦是科場好手，位居「榜眼」。

常州學派到了十八世紀末十九世紀初，主要代表人物是莊存與的外孫劉逢祿。劉逢祿是莊存與的次女莊太恭和常州另一大姓劉家的公子劉召揚的兒子。他把莊述祖、莊有可和莊綬甲的公羊學研究及考據方法結合起來，完成了兩者的一體化。結果，在他的學生中就冒出兩個著名人物，即龔自珍和魏源。龔、魏二人繼承了劉逢祿的學說，並發展了這學派的陣容，從常州傳到蘇州和揚州，影響了大名鼎鼎的阮元、凌曙、陳立等揚州學派的代表人物。後來又經過王闓運、皮錫瑞、廖平的承傳，傳到了康有為而集之大成，並以常州學派的今文經學為理論基礎，領導了轟轟烈烈的維新變法運動，在中國近代史上，留下了深深的印轍。

莊夫人出自於這樣一個科舉加「經世」的智慧之家，其思想之開通與見識之廣博，與盛宣懷一拍即合，成為盛氏的又一位賢內助。在她的帶動下，莊家有許多子姪輩陸續來到上海灘，大都在盛宣懷主辦的企業裏做事。如她的親弟弟莊亮華、堂弟莊清華等，均在招商局、電報局任職。

莊夫人生了三個孩子：兒子恩頤、泰頤，女兒愛頤。恩頤即後來揚名上海灘的花花公子盛老四；泰頤早夭；愛頤則是讓宋子文愛得心急火燎的盛七小姐，亦是上海灘山名的人物。

莊夫人為人有兩大特點：一是信佛，二是精於持家。盛家在上海靜安寺路（南京西路）上的老公館裏，常年雇傭十幾個裁縫和繡工，為自家做衣服倒在其次，主要是為上海、蘇州和常州的寺廟裏製作繡品，如椅披、枱布、帳幔、坐墊、門簾等等，究竟做了多少，誰也數不清。據上海玉佛寺裏的僧人們說，該寺現在用的繡品，仍是當年莊夫人送的。據常州天寧寺的寺誌記載，莊夫人對該寺有多次捐獻，最主要的有兩次，一次捐了八根頂樑大柱，一次在常熟買下一座私人園林，捐給天寧寺作為「下院」（即分寺）。看來他們夫妻對於佛教的虔誠倒是一致的。不知莊夫人如何，但盛宣懷去世後，是帶著佛珠、穿著佛衣入殮的。

莊夫人的臥室旁邊就是香堂，每天要唸上四小時佛經。同時也大做善事，夏天施茶、冬天施棉衣，每逢過年就在老公館後面的自家藥房向窮人散錢，藥房則長年向窮人施藥。每逢過年散錢時，藥房前人頭攢動，等待著莊夫人的到來。莊夫人給每人發一份紅包，有求必應。後來她發現，有的乞丐排了一次隊領了一個紅包，再去排隊再領一份，於是想出辦法，凡是領過紅包的人，手上劃一紅道為標記，以示不能再領。

莊夫人管家理財亦有過人的才能。盛家老公館方圓十多畝地，前門在靜安寺路，後門在北京西路，西部到現在的新華電影院，東部達現在的成都路以東。現在的成都路原本沒有路，是盛公館的一部分，當年工部局要求從盛家花園中闢出一條南北通道，以此為條件，才允許盛家在盛宣懷大出喪時，整條南京路為之開綠燈，並維持交通秩序，才有了這條成都路。

在這偌大的盛公館中，盛家、莊家的人自不待說，僅傭人就有二百七十七個，因每個孩子都有一個保姆，每一房都有管事、跟班、賬房，每個太太、少奶奶又都有自己的一班隨從。在莊夫人「來歸」前後，盛宣懷因在北京、武漢做事，需要人隨時照顧，又討了三位夫人，即劉夫人、柳夫人和蕭夫人。蕭夫人原是莊夫人身邊的丫鬟，被老爺看中，遂「收房」為恭人。後來劉夫人生下五公子盛重頤、五小姐盛關頤；柳夫人生下六小姐盛靜頤、七公子盛昇頤；蕭夫人生下八小姐盛方頤。而長子盛昌頤也有了孫子盛毓常、孫女盛佩玉、盛毓菊……姨太太也有好幾個。所以這個大公館整天車水馬龍、冠蓋如雲，公子小姐們蜂來擁去，成了一個小社會。而盛宣懷北京、上海、武漢，來去匆匆，莊夫人就成了公館內外的最高領袖。

她平日不苟言笑，斷事嚴肅得很。她的賬房叫「太記賬房」。總賬房宋德宜為盛家老臣，忠心得很，筆筆賬目都有交代，莊夫人得以有時間和精力做佛事，做善事。但一遇到家庭的重要問題，她就親自出馬。她為盛家做的最重要的有兩件大事，一是辛亥革命時盛宣懷逃亡日本十個月，上海大亂，一切內外應酬、料理，全靠莊夫人支撐；二是盛宣懷去世之後，莊夫人仍在世十一年。這十一年中的世態滄桑、人情炎涼，以及盛氏產業上的驚濤駭浪，亦全賴莊夫人運籌帷幄，從容鎮定地安排全局。所以到她去世時（一九二七年），盛家除不動產外，僅愚齋義莊的現款，就還有數百萬兩銀子。

當然她也有失策的地方，一來沒有教育好兒子盛老四，金山銀山養了一個紈袴子弟；二來沒有同意把七小姐盛愛頤嫁給宋子文，以致當年漢冶萍的小秘書宋子文一朝登天後，給盛家帶來沒完沒了的麻煩。

莊夫人歿後葬蘇州七子山，墓園占地五畝，層層而上的台階和欄杆上，雕有一百隻小石獅，甚為壯觀，有照片為證。想必盛氏當年江陰馬鎮的祖墳，三代人的墓園，更該氣勢軒昂，可惜目前只有六個黃土堆，雜草已齊腰，連一塊墓碑也不剩了。

7 豪門聯姻

盛宣懷有八個兒子、八個女兒，除了兩個因病早夭外，其餘後來都成了上海灘、十里洋場的風雲人物。

有這麼多孩子，也就有許多親家。十幾對夫妻，再加上側室、外室、如夫人、女朋友以及她們所生的孩子，就形成了上百個孫子、孫女、外孫——浩浩蕩蕩的盛家子弟兵。孫子輩亦是盛家了不得的心肝寶貝，雖說到了他們這一代，盛家已家道中落，但畢竟「瘦死的駱駝比馬大」，內中儘管日見「空曠」，外面的架子還是要撐起來，於是，又吹吹打打地招來一大幫門戶相當的孫子輩親家……如此裙帶蜿蜒，豪門聯姻，枝枝蔓蔓，風光千里，盛家的親戚上從京官大吏，下至江南巨富，使得盛氏這個原已夠龐大的家族，更加不可阻擋地膨脹起來了。

於是，小姐們一個個從這一處豪門深院，陸續步入另一座豪門深院；公子哥兒們，則在自家庭院百輛迎歸那些美若天仙的富家千金。至於他們婚後生活是否開心，感情生活有無默契，則是另外一回事。公子哥兒們如果不開心，還能有補救的辦法，即另找姨太太，開小公館，在外生孩子；而小姐們一旦婚姻不幸福，那可就麻煩了，生出許多盛氏家族「女門低」的故事來。這是大家難言的隱痛。

董夫人生的三兒三女，親家都是江浙一帶的地方豪富；莊夫人生的盛老四恩頤，娶了民國時國務總理孫寶琦的大女兒孫用慧；盛老五重頤娶了蘇州豪紳彭谷孫家的女兒；盛老七昇頤則娶了清末外交界的「大腕」，曾任外務部尚書、工部尚書、兵部尚書的呂海寰的八小姐。小姐們當中，盛四小姐盛樨蕙，嫁給上海道道台邵友濂的二公子邵恆；五小姐盛關頤，嫁給常州人，後來成了台灣富豪的林本源的後代林熊徵；六小姐盛靜頤，嫁浙江南潯「四象」之一（家財在一千萬以上者，當地人譽為「大象」）劉綿藻家族的公子劉儼庭。只有七小姐和八小姐是自由戀愛結婚的，但也是極顯赫的門第：七小姐盛愛頤嫁常州世家、莊夫人的內姪莊鑄九；八小姐盛方頤嫁江西鹽商、號稱清末咸同年間的江南首富周扶九的外孫彭震鳴。孫子、孫女輩中，有的嫁給李鴻章的姪孫，有的嫁台灣銀行的買辦，有的嫁漢冶萍公司萍鄉礦長之子，有的則娶回了「江南一枝花」……

如此「強強聯姻」，富上加富，金枝玉葉，盛氏家族的氣焰安能不熏天乎？如此金山銀山，山堆海積，盛家的子孫後代，還需要明白「創業」二字為何物嗎？

邵府子孫兩代娶回盛家女

盛家四小姐盛樨蕙大概是最受盛宣懷寵愛的女兒，因她是刁夫人所生。刁夫人一氣之下上吊自盡之後，遺下一個女兒又天生嬌弱，自然就成了老爺的一塊心病。盛氏自覺對不起刁夫人，按正式夫人的禮儀厚葬之後，在四小姐的婚事上也頗費心思，力求對她們母女補償。

四小姐非常秀麗，櫻桃小嘴旁有一對淺淺的酒窩，舉止大方，顧盼有儀，進出派頭頗似其母，使得上海灘有名有姓的公子哥兒們，無不對其垂涎三尺。

於是盛宣懷為她做了最保險的安排，把她嫁到上海灘最高的地方官、上海道道台的家裏，配的是道台邵友濂的二公子邵恆。

作為道台之家的斜橋邵府，在上海灘的地位自不用說，地址恰在靜安寺路斜橋對面，與盛府隔牆可望。四小姐出了婆家即可到達娘家，來回走動十分方便。老太爺若要見女兒，亦可得一呼即應之便。邵家老太爺更是喜不自勝，他一共兩個兒子，大兒子邵頤娶的是李鴻章的姪女（李昭慶的女兒），二兒子邵恆又娶來盛宮保的小姐，兩個親家，不是一品大員即是太子少保，邵府門庭之顯赫自不在話下。

四小姐大概命中注定有享不完的福分，出嫁時嫁妝是盛家小姐之冠，據說僅銀元就一百萬塊，其他金銀首飾無數。嫁到邵府後，公婆對其寵愛有加，百般呵護。據邵家子孫說，她搓起麻將來，手邊常放一只精緻的景泰藍小罐子，裏面全是金鋼鑽，輸了時就從小罐裏往外倒金鋼鑽。夫婿邵恆對太太亦是一往情深，別人家的少爺總是三妻六妾，而邵恆有了盛四小姐，此生似已足矣，不再旁視，所以進進出出總是雙雙對對，形影不離。遇有外面應酬，要吃夫妻一塊兒去吃，要玩夫妻一起去玩，丈夫搓麻將連戰通宵，夫人亦樂而陪之；回到家要抽鴉片，亦是一人一根大煙槍，夫妻對「呼」……邵恆一生雖無多大建樹，金山銀山堆得太高了，似也無人求其建樹，然而對妻子忠誠不渝的，直到四小姐去世後，才又討了一房馬立斯（指住的地方。舊上海常把老爺在外面的小公館以地名稱之，亦指小公館裏的女主人），真名叫吳沁梅，做續弦。吳女士無後，就把四小姐生的最小的兒子（老六邵雲驤）領作自己的兒子。可惜四小姐年歲不壽，婚後差不多隔一兩年就生一個孩子，一連生了六個兒子、一個女兒，也許是生育過密，體力大虧，年僅三十來歲就去世了。

邵家原本北方大戶，翻開邵氏宗譜，可知早在北宋年間，邵家就出了一個「象數學家」，世稱康節先生，名邵雍，他專研中國傳統學術典籍之一的《易經》，並把《易經》與道家思想相結合，建立了自己的學術體系，叫「先天之學」。他還會透過一個人的筆跡，洞察一個人的品性。他說：「言，心聲也；字，心畫也」，經他辨認過筆跡的人，無不嘆服他的神來之算。後來名氣越來越大，朝廷幾次有意請他出山，他均堅辭不就，寧可在自己的「安樂窩」耕讀自給。他的「安樂窩」本義是取「安貧樂道」的意思，與後來人們所熟知的「安樂」二字截然相反。邵友濂作為邵氏之後，非常敬佩這位先祖，時引以為榮，他得發之後，曾在南渡後的邵氏祖居浙江餘姚創辦一所小學，就以這位老祖宗的謚號「康節」為校名，以彰其祖德之不沒。

嘉慶、道光年間，邵家又出了一位才人，名邵燦。邵燦三考正途出身，咸豐年間官至漕運總督。歷來漕官均為肥缺，邵氏家族遂更加顯赫起來。如果說邵家在邵燦手裏尚未發展到頂峰，那麼到了兒子邵友濂一代，可真正達到了百姓們所期望的榮宗耀祖、俯仰無愧的程度。

邵燦有三個兒子，長子邵曰濂，官至太常寺卿，除外放一任地方學政（學台）外，基本是個京官；次子早殤；三兒即是邵友濂。

邵友濂（一八四〇～一九〇一）原名維埏，字小村，又字筱村。一八六五年補行鄉試舉人，同治年間由監生捐資出任工部員外郎，光緒初年為總理各國事務衙門章京，一八七八年冬，以道員充頭等參贊，隨欽差大臣崇厚出使俄國，交涉歸還新疆伊犁問題。一八八二年至一八八六年任蘇松太道。中法戰爭爆發後，奉命襄辦台灣防務，後又協助全權大臣曾國荃與法國談判和約。邵家在上海靜安寺路上的邵府（靜安寺路四〇〇號，上海電視台對面，現已拆），正是他在蘇松太道任上所建。一八八六年以後，隨著時局動蕩，尤其是中日戰爭爆發，邵友濂格外忙碌起來。一八八六年補授河南按察使，次年遷台灣布政使，一八八九年晉湖南巡撫，一八九一年調台灣巡撫，一八九四年中日戰爭爆發後，奉命部署台灣防務，同年秋，又調署湖南巡撫……

邵友濂在外交生涯中的一樁豪舉，是揭發使俄欽差大臣、皇室權貴崇厚的受賄行為。一八七九年，崇厚在中俄伊犁問題的談判過程中，收受對方賄賂，擅自與俄簽訂了喪權辱國的〈里瓦幾亞條約〉，以及〈瑷琿專條〉和〈兵費及恤款專條〉，俄方要求在嘉峪關、烏魯木齊、哈密、吐魯番、古城、科布林等地設立七處領事，同時要中國賠償兵費五百萬盧布……此條約草本到達清廷時，國內輿論譁然，紛紛指責崇厚誤國，朝廷也認為「所議約章，流弊甚大」，但崇厚仍在鼓動三寸不爛之舌，力勸清廷簽字。就在這時，邵友濂將崇厚受賄之事全盤托出，清廷恍然大悟，遂將崇厚革職治罪，另派駐英、駐法公使曾紀澤兼任駐俄公使，再次赴俄議約。此時，邵友濂得到了曾國荃的絕對信任，一同赴俄，經過艱苦的談判，於一八八一年終於簽訂了〈中俄改訂條約〉，即〈中俄伊犁條約〉，爭回前所劃失的伊犁南境特克斯河流域。由於弱國無外交，在沙皇列強的脅迫下，仍劃失了北疆的部分地區，但較之前約前進了一大步。崇厚被捕入獄後，定斬監候，後捐白銀三十萬兩贖罪，方獲釋放，後病死。從此邵友濂在外交界聲譽鵲起，更加受到朝廷信賴，他能出任湖南巡撫，以致辦理台灣防務，並在一八九一年出任已是火藥庫般的台灣省巡撫，事關中日外交大局，大權在握，充分說明朝廷對他的倚重。

邵友濂在仕途上，走的是曾國荃「體系」，與他的另一親家李鴻章辦中日外交的方法，在台灣巡撫任內，還殺過七個日本不法商人，對日本人始終採取強硬的態度，因而遭日本官方忌恨。及至一八九四年中日甲午戰敗，他與張蔭桓奉命赴日議和時，竟遭到日本方面拒絕，聲稱非要李鴻章前來不行。結果李鴻章去了，簽訂〈馬關條約〉，將台灣全島割讓給日本。李議和回來後，兩親家從此翻臉，互不往來，結果沒幾年，兩人居然在同一年（一九〇一）相繼去世。

邵友濂的大兒子邵頤，娶李鴻章的姪女為妻，可惜李夫人壽不長，生下一個女兒取名邵畹香，沒幾年就病逝了。女兒後來嫁滬上蒯家（合肥人，蒯光典之後）。人稱蒯太太。邵頤在李夫人去世後又娶北方一世家女兒史氏為妻，可惜邵頤亦不年壽，中年去世，拋下史氏獨守空房。邵友濂顧念長媳守節無後，生前即立下遺囑，命二兒邵恆將婚後出生的第一個兒子，過繼給大房，後來這個被過繼的男孩，就是三、四〇年代中國文壇大名鼎鼎的邵洵美。

邵頤去世時，弟弟邵恆才七歲，哥哥一死，他成了單根獨苗，須承祧邵家一脈香火。而邵恆夫婦也很爭氣，一連生下六個兒子，即邵雲龍、邵雲鵬、邵雲駿、邵雲麒、邵雲麟、邵雲驤，還有一個女兒邵雲芝（現已九十一高齡，居台灣），但是邵恆畢竟太受寵愛了，其父去世時他才十五、六歲，位居一家之尊，其母柴太夫人、嫂子史夫人，以及他十七歲時迎進家門的四小姐，三個女人以及一大幫男女傭人，整天圍著他轉，他什麼腦筋也無須動，反正有的是錢，久而久之，養成了吃喝玩樂、不思經營的脾性，結果是顯而易見的，家中的金山任憑日見消耗，最後終於到了賣房子賣地捉襟見肘的境地。加上家裏的總管是柴太夫人的胞弟（即邵恆的舅舅），精明過人，又擅長弄權，仗著姊姊對他的信任，明裏暗裏中飽私囊，更加速了邵氏產業的「冰消瓦解」。

邵恆還有一個綽號，大概六十歲以上的老上海們都知道，叫「楊慶和小開」，這包含著一個豪門難以啟齒，而路人視為笑料的故事。

說是在一九三五年冬，位於南京路五福弄口的楊慶和銀樓（久記）突然宣布倒閉，在上海灘闊人圈裏引起一場軒然大波。因這家銀樓自清末以來，一直位居上海灘「第一大銀樓」，擁有百萬資本，不僅大量吸收的存款多為闊太太、少奶奶們的私房錢，而且該店的金銀首飾，一直是上海貴婦的首選首飾。況且大家都知道，這家銀樓的真正老闆是上海道道台邵府，繼邵友濂之後就是邵恆。那麼這麼一個龐然大物，竟一下子轟然倒下了。

原來，還是要怪邵恆自己私心太重。

當年邵老太爺去世後，邵家兩房一直沒分家，但是產業的利潤、出息或賣掉一宗產業的所得，向來是兩房平分的。然而，邵恆在接手家業時，卻向大房隱瞞楊慶和銀樓一項，變成他個人的私產，而且保密工作做得很好，邵府裏的人都以為這個銀樓早已歸諸他人了。而他本人平時根本不管銀樓裏的業務，全權放給下面的經理、賬房去辦。下面的人久而久之摸透了「楊慶和小開」的脾氣，也就肆無忌憚地做手腳，欺上瞞下，謀取私利。邵恆只管一件事，即每到大年初一的上午，要在客廳裏等候一位客人，即楊慶和銀樓的經理。經理一到，兩人寒暄幾句，客人就會走到供著香火的邵家祖宗喜神位前，拜上幾拜，然後從包裹摸出一個大紅封袋，雙手捧送到供桌上，隨即起身告辭。主人從不挽留多坐一會兒，心中只掛念那只大紅封袋。原來袋中裝的就是楊慶和銀樓一年來的利潤。這種大年初一上午的「例行公事」延續多年，一直未出破綻。但到了一九三五年，紙終於包不住火了。

這一天，有位蒯太太因家裏有急用，一早來到銀樓提取存款，張口要提現金三萬元。誰知這年銀樓很不景氣，加上管理混亂，資金周轉不靈，偌大個銀樓一時竟拿不出三萬現金。銀樓經理只好請求這位太太緩期幾天，商定三天為限，後來三天仍拿不出來，再改為七天為限。眼看七天期限已到，經理急得像熱鍋上的螞蟻，只好跑去向邵老闆告急，請其出面，迅速調撥現款付兌。邵恆平時花錢如流水，從來不知道如何應付突發事件，但也急中生智，叫銀樓經理去找自己的大兒子邵洵美解決，因為邵洵美繼承了大房的產業，手中有錢，這一點為人父者邵恆心裏清楚。但這麼一來，「大紅封袋」的祕密就不得不公開了。

父親有難，做兒子的能坐視不管嗎？邵洵美無奈，只好嚥下這枚苦果，設法調集現金。

但人間事沒有不透風的牆，邵家忙於調集現金的事傳到了一些儲戶的耳朵裏，一下子訛言四起，說楊慶和銀樓虧了本，連儲戶的存款也蝕光了，結果一傳十，十傳百，儲戶慌作一團，紛紛哄到銀樓來提款。這下子邵恆更是亂了陣腳，但他仍是躲在家裏不出場，一切叫大兒子邵洵美去收拾，害得邵洵美叫苦不已。最後只好關門了事，請律師董氏盤店清理，處理善後。

董氏是當年上海灘的大律師，邵家與他還有點世誼。清理結果，情況尚可，邵家不須再拿出錢來補漏洞，除了兌付全部存款以及支付所有欠款外，尚餘六萬元。本來事情到此可以打住，息事寧人，但董氏這個大律師又動了壞腦筋。他將清查結果隱瞞起來，故意到《申報》上去發表一項「聲明」，叫儲戶前來登記。儲戶們前來登記時，就謊稱清查結果不可預料，動員人家將存款以三折賣給律師事務所，聲稱假如清查下來銀樓根本無餘款的話，手中的存款單將一文不值。不少人經不起誘導，只得忍痛以三折賣了存款單，現交現討。而那位「肇事者」蒯太太卻沒有動心，一直靜候清查結果出來。清查結果終於出來了，銀樓不僅完全可以償付所有存款，而且還剩六萬餘元。那些被「三折」的誤導而出讓存款單的儲戶們，自然是氣得破口大罵「強盜律師」，恨不能一口咬死他們。

事情到此尚未完全結束。一年後一九三六年的大年初三，邵洵美家裏（現臨潼路徐園四號）來了位貴婦，即邵頤的第一位妻子、李夫人所生的女兒邵畹香，是邵洵美的堂姊。她是前來拜年的，洵美在與她聊天時，就談到了楊慶和銀樓倒閉的這齣「全本」故事。誰知她聽後驚呆了，帶著懊惱又愧疚的神情脫口而出：「洵美，這個蒯太太就是我呀！我怎麼不知道楊慶和銀樓竟是我們邵家的呢？」邵洵美聽之亦一怔，事情怎麼會是這樣呢？這不是自家人亂了自家人嗎？怪來怪去，這都是老太爺的「秘密產業」作的祟。

後來，「楊慶和小開」成為「專有名詞」，載入上海地方熟語語庫。

邵畹香人長得極標致，隨丈夫和公公旅居英國時，英國人稱其為「竹竿美人」。她生有兩兒兩女：蒯卓英、蒯卓倫、蒯世元、蒯世京。現在孫子輩已移居美國和澳洲。

有趣的是，邵恆的大兒子邵洵美與其父一樣，也娶了盛家的女兒為妻，按理說還是親戚，即盛家老大哥盛昌頤的五小姐盛佩玉，他們應該是表兄妹。

一等好親家孫寶琦

民國初期曾兩度出任國務總理的孫寶琦（一八六七～一九三一，字慕韓）也是盛家的親家，而且是一門「雙份」的親家。

一份是盛家最得寵的四公子盛恩頤，娶了孫寶琦的大女兒孫用慧；另一份是孫家的四公子孫用岱（字蔚青），娶了盛宣懷的親姪女盛範頤（盛宣懷的四弟盛善懷的獨生女兒，兩位至今都還在世）。兩家都是累世為官的大家庭，而且都曾在北京做官，又都是南方人，生活習慣相近，於是親上加親，裙帶繚繞，大小女眷們來來往往熱鬧非凡。

盛家子女多，八兒八女，孫家更有過之而無不及，有八個兒子，十六個女兒，小姐超過盛家一倍。公子哥兒和小姐太太們，出門吃宴請或是上戲園看戲，一招就是一大群人，動輒車馬成堆。衣香鬢影之中，差點又「惹」出第三份親家來，即盛四小姐盛樨蕙的三公子邵雲駿，看上了孫家大女兒孫用慧的大女兒盛毓青（即冠雲小姐，她的名字以留園裏的假山冠雲峰為名）。這對年輕人很快就熟了。誰知後來邵家與盛家打起官司（據說是為盛四小姐繼承財產的份額一事）。大人們不開心，孩子們的交往也就受到限制了。後來官司又給撤了，據邵家後人說，是「盛家人買通了我們的幾個叔叔」，可是官司不打也就罷了，這對戀人卻給他們毀了，這只能算是流產的姻緣吧。然「流產」歸「流產」，兩個年輕人時有通信往來。前些年邵雲駿在滬去世，盛四家的大小姐還去傷心憑弔過。

孫家這門親家對於盛家來說，非同小可。過太平日子時大家只曉得榮華富貴，光宗耀祖，風光一時，到了倒楣的時候，親家之間就有了特殊意義。危難見人心，孫老人爺就成了盛家向大總統耳邊「迂迴前進」的重要管道。

盛宣懷與袁世凱雖說都是李鴻章的親信，但一個在南方，一個在北方；一個抓槍桿子練兵，一個辦實業弄鈔票，但槍桿子畢竟需要鈔票支援，所以在李鴻章去世之後，他們就成了一對冤家，為招商局和電報局的事情你爭我鬥，雙方各有高下。光緒和慈禧去世之後，盛氏更獲高升，位至尚書，而袁世凱大概因抓權心太切，反而觸怒了攝政王，把他趕回河南彰德老家，在洹河上釣魚去了。而辛亥革命事起，天下大亂，清廷的軍隊被北上的革命軍打得落花流水，飢不擇食之日，只好重新起用袁世凱，就連當年的對頭盛宣懷也連發電報，認為挽此危局，非袁氏莫屬。果真，袁氏扔掉了釣魚竿，跑到北京去收拾殘局，而盛宣懷卻被當成代罪羔羊，下令革職被通緝，只好亡命日本。短短十幾天即乾坤大變，人世遭逢，誰能預料？

這回輪到盛宣懷回家釣魚了，但他比袁某更慘，有家而不能回，跑到日本去釣魚了（他在日本主要靠浙江富商吳錦堂庇護，吳錦堂居神戶海邊，那房子距明石海峽僅兩百公尺，現在是日本惟一一座孫中山紀念館，因孫中山先生在日本也住在他家。盛宣懷居此時，「釣魚」也是有可能的，但主要大概是「觀山」，因後來住在神戶鹽屋山），這個吳錦堂居然又是邵家五公子邵雲麟妻子的外公。雖說那時革命軍並未成功，讓袁世凱當了大總統，但袁大總統是盞省油的燈嗎？會不會還記他的舊仇？他會不會對盛落井下石？因為盛氏的所有財產，包括家族的義莊、義田、園林，都被國民政府查封了，而且他本人遠在日本，對國內只能遙控指揮。但他總要回家，大家族總要過日子呀！所以，他就必須有人替他走近袁世凱，向大總統獻殷勤。

在此緊要關頭，孫寶琦實在是拯救盛家的好親家，他竭盡全力地拉了親家一把。

原來孫寶琦與袁世凱也是兒女親家，而且也是「雙份」。孫寶琦的五小姐嫁給袁世凱的七公子袁克齊，十幾歲就訂了婚；袁世凱的六小姐袁籙禎又嫁給了孫寶琦的一個姪子為妻。孫寶琦與袁世凱還是換帖兄弟，說起話來自是投機。

孫家不僅與袁大總統是兒女親家，跟許多皇朝貴族、京卿大吏也是兒女親家。他的二小姐孫用智嫁給慶親王奕劻的五公子載倫；三小姐嫁大學士、總理衙門大臣王文韶的孫子；四小姐孫用履被皇室近臣寶熙看中了，成了大甜水井胡同寶大人家的媳婦；五小姐嫁袁世凱的七公子；七小姐孫用蕃，成了張愛玲的後母，即張佩綸的兒子張廷重的妻子；八小姐嫁天津國華銀行的經理崔氏……孫家大少爺娶的是皇室近臣旗人的女兒、三少爺娶的是馮國璋的女兒、四少爺娶的是盛宣懷的姪女……豪門「串」豪門，所以，要論在北京通「路子」，孫寶琦的本事比盛氏要大得多了。

孫寶琦是有名的清官，當年慶親王奕劻主動向孫家提親，把孫寶琦嚇得要死，他說：「我怎敢把女兒嫁給您？我辦不起嫁妝呀！」奕劻說：「別著急！別著急！到時候我派人把東西晚上送到府上，新媳婦過門時再帶過來即是。」所以孫家二小姐出嫁時所帶的嫁妝，原本就是夫家的，只不過先拿來做做樣子，撐足門面罷了。三小姐嫁到王文韶家，更是一件趣事。因孫寶琦與王文韶既是同官又是杭州同鄉，為人處事、品行也相仿，於是兩人話說到投機處，便將子孫後代來了個指腹為婚。時值孫寶琦的太太有孕在身，王文韶就說：「只要你夫人生下的這個孩子是女的，那就是我的孫媳婦！」結果孩子生下來果然是個女的，是孫家三小姐，於是命中注定成了王家的媳婦。還好這位王家子弟還算爭氣，後來在漢冶萍公司的北京辦事處任職，做了不少具體的事情。五小姐嫁袁克齊也是老太爺們「玩」的「把戲」，兩人拜過把兄弟，話說到投機處，也是拿孩子做「抵押」，所以五小姐十五歲時就訂了婚，後來嫁給袁家七公子。

孫家是杭州人，之所以在京城裏這麼神通廣大，還得助於先人。孫家原本就是老資格的京官，而且門風清廉，官場內外口碑極好。

孫寶琦的祖父孫人鳳，是杭州城裏知名的教書先生。他的父親孫詒經，是光緒皇帝的老師，在咸豐十年考取進士，曾入值南書房、毓慶宮，遷任侍講，又任戶部侍郎、佐度支部達十年，幾十年京官生涯，有清廉剛正之譽。《清史稿》傳其事跡：「……會左宗棠請修畿輔水利，乃疏薦張之洞、張佩綸資治理。」可知由於他的推薦，張之洞、張佩綸才得以為朝廷重用。又云：「詒經持躬清正，思以儒術救時敝。不阿權要，為同列所忌，卒不得行其志。先後數司文柄，深惡末學骫骳積習，擯之惟恐不遑，所得多知名士。生平論學不分漢、宋，謂：『經學即理學』，又曰：『學所以勵行也，博學而薄行，學奚足尚？』」一時為學者宗。他祖籍杭州，一輩子在皇宮裏做官（曾短期外放福建學政），竟未為自己老境做打算，所以杭州老家除了幾進祖傳老屋外，並無甚家產，可知《清史稿》對他並不過譽。他去世後，朝廷追贈其諡號曰文愨。愨，是誠實、謹慎的意思，意在表彰他的道德品行，可知朝廷亦深知其人也。

孫詒經大人有兩個兒子，八個女兒，大兒即是孫寶琦，老二是孫寶瑄，曾任寧波海關監督；最小的女兒嫁給後任外交總長的顏惠慶，亦是近現代史上的大腕人物。

孫寶琦的父親對朝廷有功，孫寶琦本人對朝廷的功勞也不小。他最初是由父功而蔭任主事，十九歲就當上直隸道台，督辦銅元局。時海禁初開，他不僅本人積極學習各國語言文學，還先後創辦北洋育才館和開平武備學校，當時吳佩孚、蕭安國和陶雲鵬等人，都是他的學生。一九〇〇年八國聯軍入侵北京，他作為隨員，護駕慈禧和光緒向西安逃命。因他天生記憶力驚人，讀書可過目不忘，又精通英文、法文，所以臨時竟充當了朝廷的譯電員，無論何方來電，他無須翻密碼本，隨手可譯，再緊急的電報到了他那兒絕不誤事。於是慶親王奕劻大賞其才，極力保薦他入軍機處專司電報職，由此也引出了兒女婚嫁之事。

在與八國聯軍談判議和時，京陝與全國各地的電報日夜不斷，時常達數萬言，全賴孫寶琦執掌電報通訊，收發譯繕，使各種資訊暢達不誤。他的這些功績，朝廷全看在眼裏。和議告成之後，為酬勞他，第二年即派他為大清帝國駐德國和西班牙的欽差大臣（即大使）。

民國後袁世凱當了大總統，因與袁是老朋友，又是兒女親家，自當對他大為重用，先是任考察日本的實業專使，前去日本考察和聯絡，回京後即任命為外交總長兼國務總理，任內還簽訂了關於蒙古事件的中俄蒙協定。處於這樣的背景和地位，自然可以跟大總統對話，大總統也得對他另眼看待。盛宣懷有這樣一位親家，真可謂是老天助之也！

一九一一年十月武昌起義成功後，朝廷拿盛宣懷開刀，盛星夜逃離北京，躲入青島德國租界，時孫寶琦正在山東巡撫任上，盛即與他取得了聯繫。孫寶琦趕緊從濟南電發膠州，叫膠州都督設法保護，回頭又連發兩電，對親家進行勸慰，通報情況，又安排盛的姪子盛我襲（即盛春頤）火速趕赴青島，從中幫忙照應，隨時聽從使喚。

孫寶琦原本是同情革命的，武昌起義成功的消息傳來時，曾率先發表通電表示支援，並宣布山東省獨立，後來迫於北方清廷舊勢力的壓力，不久又宣布取消，自己也設法先躲起來，但對親家這一清廷舊僚還是百般呵護。

他給親家發電：「千萬勿赴滬，頃電託膠督。照料滬寓，雇印捕為宜。」他知道上海已成風聲鶴唳之地，華捕亦未必可靠，所以勸他千萬不要回滬，保護老公館，還是「紅頭阿三」可靠些。隔幾日又發電，告訴親家，項城（袁世凱）已經打了勝仗，「即到京，亂事可想結果」，於是勸親家還是暫住青島觀望，「尊體亦宜，至禱」，如果一定要南行，那麼由我電膠州都督派衛隊護送你，然而衛隊遠行，易招耳目也。最好還是繼續觀望一段再議下程吧。

盛宣懷流亡日本的時候，當然牽掛他的家產，因大清帝國已無可牽掛了，所謂「國破主滅」是也。平心而論，他更為牽掛的則是他的心肝寶貝漢冶萍公司，那可是他十數年來的心血，也可以說是他畢生為之奮鬥的事業。

武昌起義後，湖北成了革命軍的天下，而漢冶萍是大清官僚們辦的實業，自然也成了革命的目標。加上戰火的影響，煤運不過來，船駁被徵用，即使改用民船運來煤，也無法卸貨上岸，岸上已大亂，碼頭上已屯兵。況且戰事一起，市場也大亂，人們紛紛拋售鈔票而擠兌銀元。漢冶萍要維持正常開業，必須拿出大量銀元來支付，連工人職工也都拒領鈔票而要銀元。漢冶萍經理、盛宣懷的心腹李維格連忙向上海求援，要求緊急調撥銀元，上海卻哄傳漢冶萍早被鄂軍占領，人已星散，因而銀元久無著落。百無出路之際，李維格又動出腦筋，去央告洋行商借，總算臨時借到十萬銀元以解燃眉。然而炮火連天，交通阻斷，漢口張家廟車站也被新軍占領，漢冶萍鐵礦、煤碳無法供應，只能熄火停工了。李維格貼出公告，將洋技師們送回上海，將工人們先打發回家暫避……但到此仍不算完，國民政府還要查封，並揚言要沒收盛宣懷在漢冶萍公司的股票。

盛宣懷此時遠在日本，隔海觀火，鞭長莫及，心裏的焦慮自是難以言喻，他只有一個辦法，叫老親家為之說項，並且鼓吹老部下保住漢冶萍。

孫寶琦找到袁世凱，對他說，漢冶萍是股份公司，根本不是盛某的私人財產，如果強行收為國有，那不是打擊一大批工商業者嗎?漢冶萍的股東都是江南豪富，他們在輪船招商局、電報局等企業均有股份，收了漢冶萍會牽一髮而動全身，還會影響其他企業，更何況該企業目前也困難重重，還欠著官款，如果把它收為國有，所欠官款日後向誰要?不如仍舊「官商合辦」，於大局並無礙。關於股票一事，漢冶萍業已停工，經此戰火股票已大跌，值不了幾個錢，政府又何必為區區小利去沾個「奪民之利」的惡名呢?……袁世凱聽了認為很有道理，便不再動漢冶萍的腦筋了。

漢冶萍地處湖北、江西一帶，民國後是軍閥吳佩孚和蕭安國的地盤，這兩個人是當年開平武備學校的學生，孫寶琦是他們的校長。他們見孫校長出面來管漢冶萍的事，也不敢存心搗亂，反而用心加以維護。但盛宣懷仍舊不放心，為長遠計，他料定自己心力已大衰，即便將來回國，也不可能事必躬親地管理漢冶萍，不如讓老親家打理去，反正是自家人，現在各方面都買他的賬。所以，盛宣懷就把漢冶萍董事長的位子讓給孫寶琦，由他出面擔當一切，而在北京設立一個漢冶萍的辦事處，具體的工作讓孫的三女婿，即王文韶的孫子去跑腿。孫寶琦手裏一點漢冶萍的股票也沒有，就當上了董事長，這是那個特殊時代的特殊故事。

盛宣懷第二年回國時元氣已大傷，漢冶萍雖說保住了，但自家的家產尚未發還，他必須繼續靠親家跟大總統「對話」。

一九一二年六月初，盛宣懷還在日本的時候就聽說，大總統有意要租用他在北京的住宅，即府學胡同的那幢大花園洋房。原來袁世凱見大局已定，實權在握，便將家眷從河南彰德遷來北京。他們先住在陸軍部，但袁氏家族亦是中國數一數二的大家族，他有十三房太太、姨太太，生下十七個兒子和十五個女兒，加上男傭女僕，浩浩蕩蕩，足有幾百個人住在陸軍部進進出出有諸多不便，於是派人四處覓房，想把家眷安頓出去。想不到覓房之人，竟看中了盛家的房子。真是老天長眼，盛氏得知後，趕緊打電報問孫寶琦可有此事？孫寶琦回電是的，是有這麼回事。盛宣懷即刻大喜，決心在房子問題上動足腦筋，或許能討大總統的歡心。

府學胡同的這幢房子，原是李鴻章的孫子李國傑（偉侯）的房子，二層樓花園洋房。一九一〇年李國傑出洋，任駐比利時欽差大臣，就將此屋抵押在德華銀行，押銀七萬五千兩。盛宣懷到北京做官後將其贖出，並轉押在正金銀行，仍是七萬五千兩銀。後來盛又添造了前後兩屋。用銀三萬數千兩，所以在正金銀行的押款亦增至十萬五千兩。剛開始袁世凱的人來看房子，聽說此價認為太貴，後來又提出可否租住。盛宣懷知道詳情後，立即函知北京正金銀行的總辦實相寺君，再邀當日初次來問屋之人洽談，請其轉告盛宣懷的意思。那意思即是：「鄙見可請大總統或家眷先行居住，如果合適，只須照李偉侯原押七萬五千兩付還正金銀行，所有契據二張即由正金交呈，亦不必拘定付款日期，其未付款之前，押息七厘，仍由敝處付與正金銀行可也。除抄函知照正金銀行總辦實相寺貞彥君責照外，茲特專遣家丁呂素到京，所有屋內原購陳設器具悉數點交，惟親友寄存各件，即由該家丁帶回……」

此信是寫給孫寶琦的，請其在北京代為周旋此事。「洋式樓房兩重，雖不華麗，確是爽朗，住眷最宜，洋式家具均備，稍有花木，並有熱水管，如果合用，祈即轉達，盡可即日收用。候示，當即函致正金銀行，所有押款，當由敝處認還該行，項城總統可無庸過問也。」如此熱心地把房子讓給袁大總統住，當總統的該不會無動於衷吧！當然，也得給親家一點好處，所以另一信的末尾就有：「尚有馬車一輛，青馬兩匹，送交尊處備用可也。」盛氏考慮事情向來滴水不漏，亦是他多次能轉危為安的一大訣竅。

後來，袁世凱果真承其好意，把龐大的家屬隊伍安置進去，大約住了半年多時間，又遷去中南海了。此屋後來由段祺瑞接住。可知其幾十年間，進出的全是大人物。

作為親家，孫寶琦對盛氏已盡力了。但他做人也有自己的原則，後來很快又跟袁世凱鬧翻了。他於一九一三年至一九一四年三月，連任熊希齡、徐世昌內閣的外交總長，民國三年任國務總理。後來日本人見袁世凱想當皇帝，恢復帝制，需要日本人幫助，恰逢第一次世界大戰爆發，西方列強無暇顧及中國的事情，日本人就趁機提出企圖滅亡中國的「二十一條」，強迫中國承認。袁世凱原則上要認可，而孫寶琦堅決反對，力爭不得而於國是無望，便自動引退了。

後來復出，歷任稅務處督辦、審計院院長、財政總長兼鹽務署督辦、經濟調查局總裁、全國賑災處處長等職，這期間，曾因反對中國銀行和交通銀行停止兌現一事，再次跟袁世凱翻臉，遂憤而辭職，袁世凱拿他也沒辦法。

一九一八年第一次世界大戰結束，中國將參加華盛頓會議，孫寶琦乃組織外交後援會，發表要求廢除不平等條約的宣言，要求收回治外法權及租界，列強各國應歸還在太平洋地區的殖民地等等，受到全國上下一致擁護，出任華盛頓會議外交問題研究會副會長。一九二四年一月，他再次被推為國務總理，兼外交委員會委員長，未幾年，因反對向法國借款的「金法郎案」，力爭不得，再次拂袖而去。

孫寶琦原本就清廉剛正，不刻意積蓄私產，加上民國後多次辭官，家口又多，後來經濟上常捉襟見肘。每次辭官離京，都是由他的朋友和舊屬為之操辦路費和行李，最後一次辭官南歸，由於杭州的祖宅已年久失修不能居住了，就只好暫借住上海哈同花園。哈同仰慕他的名聲，幾十口子人一併住進，也毫無他言。後來他年邁病重，就移居盛公祠後面的漢冶萍公司俱樂部（北京西路萬航渡路路口交通銀行的後面，現為警備區老幹部活動室和醫療室），直至去世。他全家離開北京的時候，連付房東的房租都付不出來，而房東是建造北海的工程師，因仰慕孫公的為人，就說：「算了，算了！」而孫公內心過意不去，就把從法國帶回來供女兒學習的兩架鋼琴，吩咐人送了過去，算是略表謝意。

他去世的時候，人們來憑弔時送的輓聯，也大都讚美他廉潔清正的品格。其中，當年的大總統徐世昌送的輓聯是：「門多歇浦三千客，家少成都八百桑」，橫批是：「舊雨星辰」。一方面感嘆老朋友越來越少，少得像清晨的殘星一樣，另一方面則讚揚他的為人和清廉。先是拿諸葛亮相比，說諸葛亮作為一代丞相，一身廉潔無私，身後別無長物，家中只有八百棵桑樹，而他孫寶琦連八百棵桑樹也沒有，故曰「家少」；又說他像戰國時期楚國的春申君黃歇一樣好客，養了三千門客，所以又說「門多」。

孫寶琦還有一件今人知之不多的壯舉，就是在法國曾暗助孫中山先生脫險。孫寶琦當年出使法國時，適逢孫中山先生倫敦蒙難後來到巴黎。有一天，湖南籍留學生湯薌銘及王某三人，得知孫中山先生的行蹤後，就合謀以問學為由，將中山先生騙出寓所，到一咖啡館喝咖啡，中途湯薌銘悄悄退出，潛入中山先生的住所，將其行李及文件一併偷出，送至公使館向孫寶琦邀功。時孫寶琦已看出大清帝國的末路，對革命黨極為同情，於是把東西收下來敷衍湯薌銘，暗中又囑託李石曾，將這些東西送回給中山先生，並送上一筆旅費，勸其趕快轉移，中山先生由此得以解脫。有人說，假如中山先生當時碰到的不是孫寶琦，而是其他什麼封疆大吏，後來的民國史大概就要改寫了。此話看來有一定的道理。

8 鄉關何處

莊夫人被困老公館

辛亥革命的濤天巨浪，迅速掀翻了大清王朝的帝國大廈，作為前朝臣子，若不參加或依附革命，別人就要革你的命。況且中國歷有抄家、株連等舊習，於是，那些前清忠臣們的家業就很難保全了。李鴻章、陳夔龍、胡雪巖、張勳等人在各地的財產，均被革命黨查封或抄沒，作為「鐵路國有」的肇事者，又是「一隻手拿十六只夜明珠」的闊佬盛宣懷，能不遭滅頂之災嗎？

在江蘇「光復」的第二天，都督府即派人來到盛氏於蘇州的留園，宣布查封，並查封盛氏在蘇州的所有典當、義莊、祠堂、義田和房地產。當時盛宣懷之父盛康的遺妾許氏、盛宣懷的弟弟盛善懷、弟媳張鍾秀以及許多盛家親戚均在蘇州，國民革命軍正缺糧餉，令他們出錢充餉，若不答應，立置死地，將家屬驅出，財產一律充公。

當時盛宣懷正逃亡在途，尚未去日本，在上海「留守」的莊夫人，只好連連向他告急：「留園四位師爺幾被革軍看守，中市師爺（盛康之妾許氏所住處的管事）關閉三日，苦不勝言。玉麟因姓盛，立要看守，幸經多人懇求保出。而革軍令該師爺等赴申勒捐我們鉅款，限五日回覆。如能捐助，蘇地產業即全數退還並為保護。中市（許氏）處亦勒捐一萬二千元，許氏已允一萬元，革軍仍不滿意，尚未了結……革軍捐餉一層，現由王翼廷出來擔任，刻尚未議妥。據戴福廷（原為盛康的幕僚）說，蘇州捐款只能將蘇州產業退出，滬地不在內。我意擬捐助一次，無論蘇、滬、常、浙，只要是我們的產業，統要退出、保護，方肯出錢。即使出錢，亦要除去『助餉』二字，只能附中華銀行股份……」

剛開始莊夫人還想與「革軍」討價還價，提出種種要求，尚不明白天下大勢早已逆轉，不是盛家張嘴說話的時候了。各地的壞消息不斷傳來，自家的親戚和過去的朋友也有落井下石者，甚至盛家的長房長孫盛毓常竟在滬被人綁票，莊夫人本人也差點被綁去，只好東藏西躲。

盛家的家臣欽其寶、顧泳銓也不斷報來怵目驚心的消息：「頃閱《民主報》載要聞一則，言某某陰謀敗露，將漢冶萍廠礦密與小田切商酌，售於日本，並載公（指盛宣懷）旅寓甚詳，觀之駭然……現革黨將富戶極意搜刮，蘇州自莊思緘（莊蘊寬，莊夫人的娘家親戚，一九一一年十一月曾代程德全任江蘇省都督，在盛家財產問題上不肯幫盛家忙）

到任後，各富戶咸有戒心。聞前日將有田者查明註冊，勒捐鉅款，如不遵者，一律充公……昨有京友回南，言土老（袁世凱）異常跋扈，思及公（盛宣懷）財，欲捐鉅款，又擬將廠礦抵於洋人……留園仍有革據，並欲賣錢以貼軍用。戴福庭（原為盛康的幕僚）欲謀經理，日與革黨要好。鄭道生（亦原盛康幕僚）異常艱窘，首飾已盡，仍住丹陽碼頭，與革不連，總算稍有骨氣。王迪人（盛宣懷的幕僚，蘇州留園管事）之子，時常斷炊，屢託人來說項，將年內薪水照付……至家產罄盡，大概皆然，付之於命可也！」

又云：「本月（一九一二年一月）十四日係招商局開股東會，到場者均為革黨，其宗旨要在招商局借銀一千萬兩；其次將公（指盛宣懷）所有股票悉數充公……計算兵費，每月需洋一千餘萬元，而所捐之餉，不及十分之一，是以到處用強硬手段，搜刮各富戶財產……現在各處鄉間，盜賊蜂起，吳江羅墟鎮，前月下旬搶劫一空，革黨亦無一兵一卒前去查看，於是鹽梟流氓從此無忌矣……今顧泳銓（盛氏老公館的管家）亦不能出場，寶亦為革黨所知，如到中國地界，必為革黨擒去，調換泳銓，以致寸步難移，奈何！奈何！……」（欽其寶）

不久，又傳來消息，盛家設在蘇州、常州、無錫、江陰、常熟、嘉定、揚子、南京、武漢、杭州等地的房產、地產及典當十所、義田、義莊、祠堂，均告「失守」矣！僅餘上海和北京兩地的自家住房尚在手中，大概是北京的府學胡同的房產已抵押在正金銀行，而上海的靜安寺老公館地處租界內，華人尚不便貿然「進攻」的原因吧。但莊夫人仍四面楚歌，驚恐萬狀。

先是蘇州的親戚為人勒令捐餉所迫，前來找莊夫人要錢，因蘇州的產業均被查封，店鋪和典當均無法營業，而勒捐甚急，只好向莊夫人告急。盛宣懷的弟媳張鍾秀（蘇州拙政園主人張月阶的小姐）被迫跑來索要三十萬兩，莊夫人因無法應付，只好逃出家門，避而不見。但逃到各處親戚們均不敢收留，怕禍及己身，只好逃到老管家顧泳銓家裏，不巧又被盛宣懷的堂姪海頤的妻子程氏撞見，莊夫人恐怕連累顧氏，只得再逃。最後在盛宣懷的洋顧問、美國人福開森的幫助下，住進了英國人開的格哩飯店，暫避風頭。誰知該飯店樓下住的淨是廣東革命黨人，他們很快就偵知了樓上的這位闊太太，即是前清郵傳部尚書盛宮保的太太，於是揚言進門抓人。莊夫人從侍從處得知後，只好再逃回老公館，躲在內室，將前後門關閉，不見生人。後來張氏說：「先給我五萬吧，我好回家交賬，否則我恐怕也要逃避在外，回不了家了！」

莊夫人住在格哩飯店時，「革黨」大概礙於在租界裏抓人，恐被巡捕房干涉，所以設法在華界見機行事，於是暗中囑咐馬夫，如能將莊氏拉至華界，即刻酬銀一萬兩。倘若敢通信與主人，則立刻槍斃！好在馬夫亦盛家多年的老馬車夫，幾代人均服務於盛家，不忍陷害女主人，莊夫人才算撿了一條命。然而躲到家中仍不太平，「外邊情形如此，家中又有張氏（張鍾秀）、柳氏（盛宣懷的柳夫人）、富氏（盛康的遺妾）合通革黨，擬謀我命，竟令我寸步難移！長此坐守家中，如何了局？……直至今日，大有逃不出之勢。若竟不走，至年底約非兩萬不得開交。故我仍擬伺隙逃至長崎。現在張氏雖縮至五萬。然萬不能允許。若能將張氏退去，則各親戚可不至再來索詐矣……」

關於上海陳其美部的勒令捐餉，莊夫人派朱志堯與其調和。朱志堯答應捐款十萬，「彼黨未允」，朱回來報告說，看來至少需要二十萬才能過關。莊夫人只得為此東調西挪，以保全身家性命。

至於靜安寺路上的老公館，乃盛家的大本營，幾成惟一的立足之地，必須牢牢守住。莊夫人萬般無奈之時，只好商請日本人前來「借住」，尤其是靠路邊（靜安寺路、成都路路口，解放以後曾作為中國人民銀行靜安分行，現已拆）的一幢大花園洋房，常有陌生人前來窺探，為防萬一，莊夫人致函時在大連的盛宣懷，趕快託人請洋人多住進來些人，省得被革軍拿去。盛宣懷到了日本後繼續遙控指揮上海的一切，安排好了花園洋房再安排其他房子。他在給管家欽其寶的信中吩咐道：「斜橋西首亭式洋房已經租出，而從前漢冶萍公司辦事之老洋房，尚未有租戶。鄙意此處毗連自己的住宅，最好借與領事官做住宅，不論何國，不收房租；惟樓下須空出兩間，留一大餐間與他，鄙人回滬後，若有意外煩惱，即到此間暫避。此意務先期講明，並可訂期半年。彼既免費，又省搬動，或可易於招徠，請即商之熟識西人代為紹介，以速為貴，因東京天氣驟涼，不宜久居也。」為了保證房子的安全，幾乎是在求洋人來住了。

這期間，盛宣懷父親盛康的姨太太許氏被革軍盯得吃不消了，也跑到上海向莊夫人要錢解圍。莊夫人自身不保，驚恐萬狀，為籌上海方面的二十萬「捐餉」尚不得安寧，何來鈔票應付蘇州方面。於是只能避而不見，於是許氏大怒，寫信給盛宣懷告狀，講了很多莊夫人的壞話，信中又哭又罵又有威脅：「憶自去年九月十五日省垣光復，十六日都督府派兵來予家看管。予因復頣聯姻陸姓，選吉十八日迎娶，自被騷擾，出入不通，乃入贅陸姓，草草了事。至二十三日晚，革軍毀門入室，刀槍林立，凶焰逼人，為首者向予索銀充餉，設如不允，立置死地，將家屬驅出，財產一律充公。予忍死抵拒，相持既久，逡巡散去。自後每日派巡警營兵，晝夜防守，勒令不許出門，一月有餘，內外隔絕，維時進無所依，退不自保……繼思莊氏太太現在上海，何不與之商量，詎到府後，莊氏拒絕不見，無一些家庭骨肉之情。後請賬房將當貼月總代押五萬，乃顧泳銓（管家）奉女主命，仍不通情。嗚呼！世態炎涼本無足怪，乃至骨肉至親亦視同陌路……有是理乎？……被封各店已盤抵關，幾處當鋪均止當矣。一生心血悉數傾盡，尚負累數十萬，予實不能理處……奈我未亡人，孤苦伶仃，囊空如洗，負累至數十萬，破產至十數處，依然不能相抵，傷哉！予也何辜，遭此牽累？……惟懇拔九牛之一毛，救我涸轍……」

這些婦道人家哪裏知道，盛宣懷的日子比她們更不好過，不僅家事不堪，需他逐一想法子買通關節，盡力而為之，同時國民政府亦找他有事，讓他代為向日本人借錢，因為國民政府確實是庫無餉銀，軍隊竟有譁變之虞，弄錢實為當務之急。而日本人亦不放過他，有人日夜「陪同」在側，纏著他，要求將漢冶萍公司「中日合辦」，因為日本工業正發展迅猛，鋼鐵需求量極大，而日本又沒有鐵礦，於是視漢冶萍為至寶，想方設法要脅盛宣懷就範。而他本人身處異國，遙控極不靈便，況且當年諸多舊友，多已翻臉不認人了……這些哪是許氏、張氏、柳氏所能夠體會的？她們的哭訴，給落難中的盛宣懷增添了無窮的煩惱。

流亡日本

盛宣懷被清廷宣布革職，並且「永不敘用」兩天之後，就在他的日本顧問高木陸郎陪同下，經天津去青島，十二月十四日由青島到大連，十二月三十一日，再從大連去日本，這次還帶上了四兒恩頤和五兒重頤。到日本後，在浙江富商、旅日華僑商會會長吳作鏌（字錦堂）的幫助下，先住在神戶鹽屋山東方旅店，後來則租住當地民屋。

神戶一地依山傍水，與明石市毗連，寬闊的明石海峽，終年風清月朗，類似中國的青島。可是這一次來日本不比上次來治病，他無心欣賞皓月長風，能使驚心甫定已不錯了，況且國內來的消息，無不是些「抄沒、查封、勒捐」之類的壞消息，這使他在窮愁潦倒之際，身體狀況也每況愈下，自覺老境已至矣。

他不得不接連向國內發電發信，除了部署一些細節，主要是請一些洋朋友，在此危難時能出來幫兄弟一把，出面保護盛家的財產。受其委託的人主要有：日本人森恪（三井洋行職員）、英國人達拉斯（英國通和洋行經理）、美國人福開森（字茂生，曾任盛氏的家庭總教習，盛本人的洋顧問、南洋公學的總教習、又由盛氏保薦為大清郵傳部的洋文秘書）、日本人高木陸朗等。他接連簽署「委任狀」，委任森恪：「所有別表目錄記述一切財產，原來歸盛氏獨產及其股份之私有者，現次為森恪君代表盛氏，所有以上一切財產交付森恪君。故茲言明：森恪君有一切全權（隨時電商）。特給為據。」又與高木陸郎訂立由朝日商會出面保護盛氏財產的合同，合同規定：「所有盛杏記蘇州、南京、杭州、湖北各地基並江蘇各典當以及各市房，委託朝日商會保護。」在此之前，曾將一份在日本正金銀行上海分行的五十萬兩銀的押據，過戶於福開森的名下，又請福開森幫忙管理一部分房產，還透過達拉斯，辦理招商局各碼頭在匯豐銀行抵押銀一百四十五萬兩……

這些洋朋友礙於舊情，都是肯幫忙的，問題是革命浪潮到來的時候，洋人的身價也跌了，尤其是日本人，有時日本人出面更糟，基層革軍根本不買賬，越是依靠日本人就越是說明你賣國！於是他的三兒子盛同頤趕緊給父親去電報：「還產無公令，驟由日人出面，無論有效與否，恐群起反對，內地尤慮生枝節。萬一決裂，幾無立足之地，乞詳酌再辦。」盛的親信李維格（漢冶萍公司漢陽鐵廠經理）亦來電報說：「察看情形，公若借外力，不但財產不保，尚恐激成他變。朝日商會事亦萬不可行。只有靜候風漸過去，再籌保金，押股人極疑慮。」

這樣一來，簡直就無計可施，只好束手待變，等待命運的發落了。還好，總算盼來一點好消息，長房長孫盛毓常前被浙江軍政府拘捕，後由上海軍政府都督陳其美以「盛氏罪狀未定」為由，給放出來了。盛宣懷連忙打電報問管家顧泳銓：「常放（毓常被放回），誰之力？朝日商會罷。」看來日本人還是有用的，於是又恢復一些信心。

果真，高木陸郎二月份的來信，終於帶來更重要的好消息，說是關於保護盛氏所有的財產事，昨天晚上接到森恪從南京的來電，說是經過各方走動，已跟國民政府說妥，國民政府將照宮保所擬草稿辦理，可知照各省都督府，完全保護等等，望祈放念為荷。然而關於「報效」（即捐餉）一節，原先已許諾三十萬圓，森恪已向國民政府說過，現在已不好再改口了，仍出原議三十萬為安。並且告訴盛氏，他原擬請三井洋行先行為之墊款，早日付款，產業問題早得解脫，但三井董事會不肯，無奈何。只好再商之山本條太郎（原為井上馨秘書，時兼三井洋行上海分行經理）。山本故與宮保交誼深厚，慨然允諾……

這真是天大的好事！這麼說來，不僅是國民政府同意保護盛家的財產了，「助餉」的錢也解決了。沒幾天，北京方面有消息來，說是袁世凱也主張保護盛氏財產。但盛宣懷還是有些不放心，立即打電報給管家顧泳銓，要他設法與森恪聯繫，索要國民政府的還產命令看看，他要看到真正的公文。估計這個公文還是有的，只是各地執行起來卻極不情願，竟拖至兩年之後才算真正解決，這期間亦不知花去多少「捐餉」和人情。

但隨之而來的是另一令盛氏頭大的問題，即南京政府要盛宣懷出面向日本借款，以及日本提出關於中日合辦漢冶萍的問題。國民政府在這個問題上前後說法不一，一會兒要合辦，一會兒又要「愛國」，不合辦了，而盛宣懷為中間人，再次嘗到了裏外不是人的滋味。

原先，被漢冶萍這個中國惟一的鋼鐵工業弄得疲憊不堪的盛宣懷，為了擺脫困境，主要是解決資金問題，在日本人的慫恿下，曾動過中日合辦的腦筋。作為漢冶萍的總經理，他事先與日方做過一些可行性的探討，本來也無可厚非，只是懾於國內的革命浪潮，不敢明目張膽地動作，只能悄悄進行。所以，當盛宣懷還隱居青島的時候，日本的小田切萬壽之助就曾發一密電，請他到大連來，密商一切。這個小田切萬壽之助，當年曾任日本駐上海總領事。一九〇六年任日本正金銀行董事，次年兼北京分行經理。在關於中日合辦漢冶萍的談判過程中，他是日本東京財團的代表。他邀請盛宣懷北上密談，說明問題已進行到實質內容的討論了。

巧的是剛剛建立的中華民國臨時政府，在面臨財政極其窘迫的時候，也想到了日本人，並想透過盛宣懷向日本借款。因為臨時政府窮得連軍餉都發不出了，軍隊日有譁潰之虞，而要鞏固新生的政權，沒有一支鞏固的軍隊是不可想像的。於是，南京臨時政府派出代表何天炯（字曉柳，廣東梅縣人，時任廣東軍政府顧問、南京臨時政府在日借款代表）與盛聯繫，能否請他以漢冶萍公司的名義向日本借款。

盛宣懷當即回答，這是我義不容辭的事情。但他太明白日本人的想法，所以直截了當地告訴臨時政府的代表：「目前即以產業加借押款，無人肯借。或如來電云，華日合辦，或可籌措；或由新政府將公司產業股款、欠款接認，即由政府與日合辦，股東只要股款、欠款皆有著落，必允。否則，或由公司與日商合辦，均可。惟合辦以嚴定年限、許可權等最要，免蹈開平覆轍。」

儘管盛宣懷明白，僅以漢冶萍的資產作為抵押，向日本借款已不大可能，但他還是在答覆南京政府的當天，給小田切萬壽之助發了一封商借款項的信，果然小田切不予接受。小田切三天之後覆信說：「煩展來函，商借鉅款日幣五百萬元，查貴公司前借敝行款項為數已鉅，向來借款均有貨價指抵。現值貴國內亂，敝製造所等處訂購貴公司貨物不能如期交貨，目前貴公司能否開工，實無把握。前欠尚無著落，斷難再行添借，特此奉覆。」

小田切講的都是實情，漢冶萍本已借正金銀行鉅萬，目前國內正亂，廠已停工，舊欠何時能還尚不得知，怎能再借新款？人家有錢不肯借，你盛宣懷又有什麼辦法？

按孫中山的意思，「民國於盛並無惡感情，若肯籌款，自是有功，外間輿論過激，可代為解釋。惟所擬中日合辦，恐有流弊。由政府接任，亦嫌非妥當辦法，不若公司自借鉅款，由政府擔保，先將各欠款清償，留一、二百萬做重新開辦費，再多借款百萬轉借民國。」關於盛氏的國內財產一節，孫的答覆是：「動產已用去者，恐難追回；不動產可承認發還。若回華，可任保護……」

對此，盛宣懷只有苦笑。他何嘗不想多借點錢，一來工廠可以重新啟動，二來又可上新廠，三來又可以轉借給國民政府一部分，漢冶萍可做二老闆，更何況如此之功勞，可換回他的財產得到發還和保護，何樂而不為？問題是孫中山先生並不了解漢冶萍負債累累，日本人認為已無產業可抵押了，非中日合辦就不借錢。

這時，南京政府陸軍部總長黃興又直接電盛宣懷，大概是軍隊內部的情況已經十分緊急，軍餉問題已刻不容緩了。電報云：「前由何天炯轉達尊意，承允助力民國，由漢冶萍公司擔借日金五百萬元，歸國民政府借用。見義勇為，毋任欽佩。茲特請三井洋行與尊處接洽，商訂條約，即日簽押交銀，公私兩益，是所切盼，並覆。」

盛宣懷被逼得沒辦法，第二天只好厚著臉皮再給小田切萬壽之助發函，進一步說明情況，並派出專員到東京面陳一切，「不得不再行專函切商。務祈設法玉成，以濟要需。特再函懇，翹盼覆音。」盛宣懷與洋人打交道幾十年來，還從來沒有如此窩囊苦惱過，這次真的是豁出老臉皮了，但日本方面還是通不過，小田切第二天就覆信：「敝行囚貴公司無貨可抵，按照敝行章程斷難再行通融。惟聞三井曾有華日合辦之說，弟一再籌思，除此實亦別無辦法。」

又是當頭一棒！

但這樣磨磨蹭蹭信來電往，南京的陸軍總長黃興沈不住氣了，來電質問並威脅道：

「前電諒悉，至今未得確切回答，必執事不誠心贊助民國。茲已電授全權於三井洋行直接與執事交涉，請勿觀望，即日將借款辦妥，庶公私兩益，否則，國民政府對於執事之財產將發沒收命令也！其早圖之，盼覆。」

後來國民政府讓步，同意漢冶萍中日合辦，並於一九一二年一月二十六日，在南京簽訂了關於「合辦」的草約，一月二十九日，盛宣懷、李維格也與小田切在神戶簽署了「合辦」草約。但這僅僅是政府與總經理方面和日本方面的簽約，日本人提出，漢冶萍是股份公司，關於「合辦」之事，還應有所有董事的批准及股東證實才行。但考慮到國民政府用款甚急，「為了盡速向您提供借款，已洽妥以漢陽鐵礦為抵押，先籌借二百至三百萬日元……」（上海三井物產會社致孫中山函，一九一二年二月一日，上海）

但中日合辦事一經傳出，輿論界譁然，董事們、股東們也反對，武漢方面尤其言詞激烈。這樣一來，事情又呈危險狀態。南京政府深恐事情有變，借款成泡影，遂一日三電，催款至急，「云如再不付款，前議全翻。」「今晚不簽，事即決裂！」二月九日深夜高木陸郎致盛宣懷電云：「委任狀三份速照簽定，無時再改。速電示，再遲，事決裂，所有宮保各事，弟無力再能代辦，愛莫能助，祈諒，切勿自誤，言盡於此！」

果真，三折騰兩折騰，由於輿論大力反對，「合辦」這事也「吹」了，借款之事就更沒門了。但盛宣懷的罪惡卻又加一等：盛氏以借款事為藉口要挾政府「合辦」漢冶萍。漢冶萍股東們也反對盛宣懷：漢冶萍要與日合辦，為什麼不召開股東大會？於是，盛宣懷再回過頭去忙「廢約」的事。似乎這一切的一切，都是他盛氏的陰謀！

爭回家產鬢已白

既然中日合辦漢冶萍的事情辦不成了，那麼以此為前提的五百萬日元的借款自然也就「吹」了。既然你盛某沒有為國民政府借成款，那麼國民政府有何必要保護你的財產呢？況且你本來就是革命的目標嘛，剩下來僅僅「捐餉」三十萬兩，區區小數，杯水車薪，何足掛齒，連國民軍的一個月的餉銀都不夠呢！

於是，國民政府不再理會他。很快地，孫中山先生也辭去了大總統職而讓位給袁世凱，在此之前曾致信盛宣懷：

杏蓀先生大鑑：森君（指森恪）轉來手翰，具見飢溺為懷，紉佩奚似。惟弟將次解職，義款之濟可直交華洋義賑會，一路哀鴻，自沾仁澤也。再覆，即頌大安。孫文叩。十九日（一九一二年三月十九日，南京）

連一向仁慈為懷的中山先生也把盛氏要求復產的事忘在一邊了，僅僅記住他要捐款的事，其他人更做何說！

盛宣懷心裏好苦，白白為你們忙好幾個月不說，還弄得裏外不是人，末了連最初的允諾也忘記了。不過這也難怪，革命嘛，總要革掉一些東西，如果樣樣都保留，那革命還有什麼意義？誰讓你是清廷的舊臣呢？誰讓你策劃什麼「鐵路國有」呢？這一切不都是活該倒楣嗎？

幸好這時袁世凱在北方又得勢了。三月十日，袁世凱在北京就任臨時大總統，孫中山於四月一日正式辭去臨時大總統職，一切又輪到袁世凱說了算數，盛宣懷忙不迭地再去懇求老親家孫寶琦，請他再助兄弟一臂之力。他一再寫信說明情況，孫寶琦接信後即往袁大總統處走動，終於盼來一點好消息，孫在信中講：「總統談及，南來諸人尚多不滿意於慶、澤、那、盛（指慶親王、載澤、那桐、盛宣懷）總統力辟之，始息。目前不如暫在日本，所有財產，允為盡力保護」等等。然而盛氏心裏明白，僅此輕描淡寫一句話怎麼行呢？得命令下去，叫下面的人把查封了的田產、房屋、園林等啟封、發還才行啊！

因此他再次寫信：「近聞蕪湖李氏財產均已發還，即如江西瓷業公司，有瑞莘儒股份，經瑞以股東名義呈請發還，亦經贛都督批准照辦。近報又載，前山東藩司志森，呈請總統飭還杭州胡慶餘藥鋪私產，亦奉批交國務院咨行浙都督辦理。批中亦有：『自應查照原呈發還，俾得自行經理，以彰大公』等語。」說明人家財產都發還了，為什麼盛家的還不還？於是又說：「大總統在公面前既有此言，可否即乞代為切實面懇？如蒙俯諾，即當遞呈，務求大總統批行湖北、江蘇都督，發還產業（家產可發還，則股份自無收沒之理），俾得趁此餘年，將經手未了各事清釐完結。若有餘剩，尚擬酌助慈善之舉，此亦天性所樂為也。」孫寶琦自是為親家奔走不迭。

後來雖由袁世凱下令各地發還，但各地執行起來總有折扣，且故意拖延，如江蘇一地，都督程德全仍咬定要捐款才能舊物發還。於是盛宣懷再忙不迭地給程寫信，表示願意捐款：「擬將本人名下典當股款銀六萬二千餘兩、錢十九萬九千餘串、洋二千元，俟飭各歸原業收管後，查明若干，自願盡數捐助江皖義賑。」「茲籌具現洋票十五萬元、漢冶萍公司股票一千七百股，約計批示轉行，委員派定，即可先交現洋十萬元，餘五萬元另具一月期票，到期續交股票，俟各處產業交割清楚，即可全數交訖，不致延緩……再，漢冶萍公司股票一千七百股，計股本洋八萬五千元，因現款難籌，暫以作抵，俟周轉靈通，並請准其以五萬元贖回，以重實業。」

歷盡曲折，總之，從一九一一年底至一九一四年底，盛宣懷花了整整三年時間，才把自家的家業又「討」了回來，前後「捐餉」五十萬兩以上。然而，「除義莊、田房、公產之外，尚有典當九處，聞已浸漁過半，即使收回，亦無實際，僅免沒收惡名耳。」

而這些產業收回之時，已是一九一四年底了，距他去世僅有一年半之遙。盛宣懷一生興辦實業，萬萬沒有想到，自己的最後幾年像叫花子在到處乞求中度過。正如他自己所說，他要在最後的幾年中，把未了結的事情交代清楚。把家產該討回的討回，起碼對子孫後代和龐大的盛氏家族，有個交代，因為這些家產，並非他盛宣懷一房的，還包括了盛康創辦的義田、義莊、典當舖。也才可以乘鶴西去。最後幾年窮困潦倒和種種火急攻心的世事，使他喪失了健康與生活的樂趣。或許他認為，此生該做的事都已做完了。

舉城爭睹大出喪

一九一六年四月二十七日，盛宣懷在自家靜安寺路老公館（一一〇號），吐出生平最後一口氣，結束了他疲憊、焦慮但光彩四射的一生。招商局下半旗三日致哀、《民國日報》評論說，他是中國最大的富翁，創辦的漢冶萍公司，資產已達二千萬元，他在全國一片「倒袁」（反對袁世凱）的呼聲中逝去（這對冤家居然在同一年去世），他創辦了輪船、電報、鋼鐵等一系列的富強要政，「盛固一世之雄也」！

永遠深愛著丈夫的莊夫人，決定為丈夫舉行厚葬。他一輩子走南闖北，辛辛苦苦，為朝廷和家族做了這麼多事，沒過過一天好日子，他是活活累死的。因此要讓他走得風風光光。於是，接連做出重要決定：他既然是為大清帝國而累死的，那麼就得讓皇帝的抬扛班子來抬棺；他既然大半生是在上海度過，那麼出喪隊伍一定要走最繁華的馬路南京路；弔喪隊伍三人一輛馬車，有多少人就雇多少馬車……反正這些家當都是老頭子掙來的，在他身上無論花多少都是應該的。

在盛宣懷的喪事上，莊夫人——這位盛公館的女主人，再次展現了作為女強人的魄力與執拗，因為這是她最後一次傾注對丈夫的愛。

按照家鄉的風俗，盛宣懷的靈柩在老公館停放一年半後，到第二年冬至（一九一七年十一月十八日）才舉辦出殯儀式，這也就是老上海們至今仍津津樂道的「盛杏蓀大出喪」——一次不是國葬而勝似國葬、僅次於袁世凱葬儀的盛典。

第二天的《申報》和《民國日報》，均以版面報導這次盛典，《民國日報》還以「大出喪見聞瑣記」為題，做了一週的追蹤報導，還刊出署名「楚傖」（可能是葉楚傖）的短評：〈不哭盛宣懷而哭民國〉，文中講一個月前的民國紀念日搞得冷冷清清，如今盛宣懷出喪卻舉城空巷，萬頭攢動，途為之塞，不知這是怎麼回事，為什麼國民竟「輕視國慶而重視一人之喪如此」！其實，這個問題就是拿到現在，人們也未必能講得清楚。

報載那天午後一點，出殯隊伍從盛家老公館出發，先是儀仗，中為靈柩，後為送葬。靈柩先由十六人夾扛將之從靈堂裏抬出，到了大馬路門前換成六十四人大扛，吹吹打打，負而前驅。

整個隊伍從靜安寺路、南京路折入廣西路、福州路，直達外灘，蜿蜒三里地之遙。據當年參加過葬儀的盛承業先生（盛宣懷的曾姪孫，今年九十歲）說，先頭隊伍已經抵達外灘了，而老公館裏的後續隊伍還未出完呢，的確是三人乘一輛馬車，除了自家親戚朋友，還有招商局、漢冶萍、電報局、慈善機構的隊伍，浩浩蕩蕩，走了整整一下午。

報載整個隊伍的序例非常詳細：開頭是印度巡捕（紅頭阿三）馬隊開道，接著是紙紮的「開路神」兩對，那「開路神」各高兩丈餘，頭如斗大，披甲戴盔，如怒目金剛，足下安有木輪，用人推以行進；繼以洋號旗槍（旗幟高揚，鼓號齊鳴）、雕有虎頭圖案的渾金「肅靜」、「迴避」牌各一對，由扮作清代府役的執事肩扛而行；接下來「銘旌亭」，係掛幡長亭，其幡紅綢金字，上書盛宣懷的名號、官銜，總高三丈二尺，由三十二名杠夫肩扛而行，是為出殯隊伍中招魂的旗幟；洋號一班，小步號四十九把，橫排豎排各七人，組成一個方隊，均穿藍白制服，戴將軍帽；香亭一座，八夫抬行；鑾駕全副；馬上清音一班；黃亭即御賞亭十座，內供前清皇帝御賜的誥命、福字、佩玉、匾額、暑藥、茶果等等，每亭由八人一抬，每亭前有黃雲緞曲柄大傘一柄；西樂一班，九十六人；遺客一座，八人抬行；紅黃牌：紅色金字的官銜牌、功名牌數十對；衛隊百餘名；執事一班；招商局、南機工役百餘人執香步送；招商局各輪船所送素色奠幛數十幅；七彩虹橋一座；花汽車一輛，內供盛氏靈牌；洋鼓洋號全班四十八名；花花亭：人物、獅子、象、麒麟、松樹、仙鶴、神鹿等數十對；「祝文亭」一座；漢陽鐵廠送的「紀念石」一座，十六人抬行；德政牌數十對；漢陽鐵廠、大冶鐵礦送的多色錦旗，名「萬名旗」、「萬名傘」數十事；清音鑼鼓一班；萍鄉煤礦送的各式錦旗、錦標、銀盾、銀鼎、銀爐數十件；紫禁城騎馬肖像亭一座，八人抬行；全豬、全羊兩亭；謀得利音樂全班；彩飾花火車頭一輛；執事全幅，分為三組；普益習藝所送的盛公頭像一尊，八人抬行；天津鑼鼓一班；白雲觀道士一隊；各界所送輓聯、輓幛數百軸；留雲寺僧兩百餘人執香相送；玉佛寺僧一百人擊法器相送；上海孤兒院學生百餘人，列隊相送；閘北惠兒院師生全體列隊相送；龍華寺僧兩百人，搭衣持香相送；中國救濟婦孺會數十人列隊相送；留義孤兒院男女全體執香相送；茅山道院道士約數十人，道服步行相送；八人抬綠呢領魂轎一乘，內供盛氏主牌；軍樂全班，由淞滬警察廳廳長徐國梁所送；盛氏靈柩，靈柩上蓋著紅緞繡花大棺罩，上綴合金頂，杠夫六十四名，均從北京雇來，步伐極齊整；送殯的馬車、暖轎、肩輿百餘乘，俱紮素彩，緩緩而行……

出殯隊伍所路過的街道，沿途各界均設有路祭棚、路祭桌、茶桌、看台等。所到之處，無不人山人海，萬人空巷，熱鬧非凡。上海人原本就喜歡軋熱鬧，愛獵奇，這下來了如此聲勢浩大的盛典，豈能白白放過，所以不僅市區、近郊，還有從杭州、蘇州等附近趕來的人，也為數不少。沿途馬路旁邊的旅館、茶肆、飯店和一般的店鋪、遊樂場所，更是趁機大做生意、排好座位，收取座位票，那些沒有位子而願意在街上擠來擠去的可就慘了，人擁車擠不說，還要挨巡捕的棒槌，被擠掉鞋子的不計其數，至於呼妻喚子、尋哥找弟的失散者，更不知凡幾。

《民國日報》居然還不厭其煩地一一列舉了當天沿途市肆的「座位」牌價：遊戲場、新世界售八角，電梯九角；菜券及美大贈券均照加價；繡雲天售四角，電梯五角；天外天距離稍遠，而至其屋頂觀者極多；先施公司入門仍售兌貨券兩角，而沿陽台除女股東們列座外，概不許開窗；酒家菜館，西餐館有售一元半、二元、三元者，中餐以包桌居多，即使是小飯館，亦皆包出；菜館則停止賣菜，專售坐位券，有八角者，亦有一元者。戲館方面：丹桂第一台雖仍開日場，但無甚看客，旋即停鑼；其餘各舞台日場僅售數十人。各種車輛，九、十點鐘時，坐汽車兜圈子的人還很多，十一點之後，則人力車也不能通行了。各處巡捕，面對人潮洶湧，無不極力彈壓，但人多勢湧，「打亦不退」，而四馬路（福州路）上的總巡捕房（現為市公安局），卻破例獨出一招，居然將二層樓臨街的窗戶打開，以此招待了數十位衣冠考究的貴婦……

受傷的事故也不少：派克路路口看台因人上得太多而坍塌，大馬路看台亦塌一處，外灘則坍三處；福州路河南路路口，有一婦女被擠跌倒受傷，血流不止；浙江路路口一少女被擠跌跤折足，痛極暈倒；其餘沿馬路店鋪，無不人滿為患，人氣如雲；甚至送葬隊伍走過後，馬路邊上留下人們擠落的鞋子無數，行人皆拾起亂扔一氣，人云「飛鞋」……十一月二十日的《民國日報》還說：盛杏蓀出喪，柩行過處，一般商戶莫不利市三倍。直到十一月二十五日，該報還在津津樂道那些「見聞」和「瑣談」，可見聲勢之感人，莊夫人的目的成倍地達到了。

十一月十八日的「出喪」，現在看來大概像是遊行式典禮，因為靈柩並未於當日上船，而是在幾天後的十一月二十四日，才用船送至蘇州。在盤門的蘇倫紗廠的碼頭上，搭有巨大的蘆棚，早晨七、八點鐘，閶胥一帶已人山人海，至十一時，各城門已阻斷不通。盛氏的靈柩移入蘇州留園的盛氏祠堂內，從碼頭到留園，又是一番大出喪情景，前面為警廳騎巡隊十六匹馬開路，次為開導……靈柩杠夫仍舊六十四名，而路邊市肆，一律停止交易，每間貼費二元，均由盛府付給。

不知是出於什麼舊俗，盛氏的靈柩在留園一放又是好幾年，直到一九二〇年農曆二月二十一日，才由一支龐大的船隊，載到江蘇江陰馬鎮，一個叫老暘岐的盛氏祖墳墓園安葬。

老暘岐的這塊盛氏墓園占地八十畝，是盛宣懷之父盛康早年買下的，據說是塊風水寶地，一來因為太平天國的時候，盛宣懷曾隨父親來此避難，二來這兒一曠平地而三面臨水，水通運河，而運河通海，因此盛家有三代人先後安葬於此：盛隆、盛康、盛宣懷，還有他一個叔叔樸人公及馮宜人、王恭人，共六座大墓。盛家人購地後曾在四周築起籬笆牆，有石級鋪成通道，又在園內植上名貴松樹，在西側還造有雕龍畫鳳的饗堂，在當地雇傭「墳親」，照看祖墳。

現任江陰市政協文史辦公室主任的趙雪芬女士，十年前曾到老暘岐實地採訪，那時有不少目睹盛宣懷下葬的老人還活著，盛家的「墳親」也還有一老人在世。趙雪芬在〈盛宣懷的葬儀〉一文中，記錄了當年採訪所得的實情：

盛宣懷的靈柩運來之前，提前十天就派員到老晹岐墓地布置，在墓園周圍的籬笆上都掛上白色的燈籠，將整個墓園照得黑夜如同白晝。在墓地前方（南方）搭起一里多長直通到大河邊的天棚，天棚兩旁都有欄杆扶手，欄杆扶手上都纏著白布，棚內地上都鋪滿蘆蓆，蘆蓆上面再鋪上紅色的地毯。這樣從墓地至河邊可以腳不沾地，即使雨天也不濕身。

在墓地周邊的三里路的地方，等距離地紮起了十餘座牌樓。牌樓都用蒼松翠柏和各種花朵紮成，牌樓上飄揚著用真絲綢做的素絹，遠遠就可相望。

農曆二月二十一日下午三、四點鐘左右。裝有靈柩的船隊從無錫方向開來，數百艘各種船隻前後相接，將四里路長的水面擠得滿滿的。其中有的是小兵艦，有的是輪船，還有裝有槍、炮和站立衛士的船間隔守衛其中。盛宣懷的靈柩放在第一艘大輪船上，船上掛滿了白色的燈籠、輓聯、輓幛。陸上沿岸有武裝警察巡邏守衛，同時還砌起供燒水用的野灶頭數十個。

在農曆二月二十五日夜正式舉行入葬儀式。先由當地小學生組成的合唱隊，站在河邊向靈柩高唱含有讚美之詞的輓歌，後禮炮齊鳴，響徹雲霄，儀仗隊伍做先導，靈柩隨後，接著是高舉行牌、旗幡、旗旄、魂亭、神轎和抬著豬、羊、魚等祭品的送葬隊伍，其中還有僧侶、道士，他們邊走邊誦著佛經。還有執佛的親戚家人。隊伍前後長達數里。

靈柩用楠木做成，個子不大的盛宣懷頭戴一頂黑色的鴨舌帽，帽上有一個三角形的帽徽。腳穿兩隻靴子，靴內各放一只金元寶，內穿一身白色絲綢的衣褲，外穿黃色的棉襖棉褲，胸口掛一只黃包，黃包內存放著一撮頭髮及玉軸、玉蝴蝶各一副，還有一隻刻有「常雲寶」三字的金線烏龜。身旁放有一件黑色的長袍，袍上繡有二條龍。用白布包的絲綿墊身，絲綿下面是蓆，蓆下面是炭屑，整個靈柩內充滿了香氣。

入葬時先將靈柩四周用白麻纏好，後再用生漆膠牢。入葬後用陶瓷碗底與生漆拌後澆成二寸多厚的混合物封閉。最後請地方群衆挑土堆埋，墳的高度為四米，直徑達十米。三面植樹，南方築路通向大道，墳旁蓋起木結構的墳堂屋，雇用專人住在屋內負責看墳。

事後給村人發償錢，每家五塊銀元，對挑泥墊墳的人發給五個銅板一擔泥的報酬。

盛宣懷的葬儀轟動四周鄉里，觀看的百姓達數萬人，人稱這是地方上的一大壯舉。

讀了這篇文章後，人們也許會問，作為當年的老人，目睹盛氏下葬的儀式是可能的，但怎麼會看到盛氏棺材內部的情形呢？尤其是盛氏穿什麼衣服，胸前有個小黃包，連小黃包裏面的東西也看得清清楚楚，這怎麼可能呢？

筆者去年曾在陳吉龍、池銀合的幫助下到江陰拜訪過趙雪芬老師，在她的指點下，筆者不僅親臨老暘岐，參觀了盛氏今天的「墓園」，也揭開了如何看得小黃包的秘密。

原來，盛家的墓地在一九五八年曾經被盜過，盜墓人共有六人，都是村民，事後被村幹部發現，收繳了他們手上的墓葬品，對其為首者還繩之以法。趙老師去的時候，這幾位盜墓者均在世，她就是從這些盜墓人的嘴裏，了解到如上情形。並且證實墓中的確是一男二女，女的就是董夫人和刁夫人，男的即是盛宣懷，穿和服。墓造得堅實無比，盜墓人花了好幾個晚上才弄開……

去年（一九九九年）當筆者來到老暘岐時，滿目已是荒草萋萋，飄搖過膝了。六個墳堆，墳前無一塊石碑，只有當年墳親的兒子（已七十幾歲）還講得清哪個墳堆的墓主是誰。一條泥路將盛宣懷的墳與其他五座分開來，墳堆的西頭，是一組房頂朝天了的祠堂，大概就是當年的饗堂，裏面除了雜草就是積水，還有鳥雀啾啾，大概在造巢呢……當年墳親的兒子，熱情地向我講述他所知道的一切。他的一家至今仍住在墳堆旁側，西側一步之隔即是「饗堂」，東側一箭之遙即是墳頭。他的房子造得很好，水泥結構，像他的身體一樣硬朗。

那天陪同我去的，還有常州市政協文史辦公室的領導陳吉龍主任和池銀合女士，望著盛宣懷那座沒有墓碑的孤墳，緬懷他一生給人民、給國家帶來的種種好處和建樹，不禁湧起幾分莫名的淒楚——他的命，究竟是好還是不好？人們為什麼要這樣對待他？如果早知如今，當年還會那麼拚命嗎？八十畝地的墓園只剩六座長草的小土堆了，這幾個小土堆又能存在多久呢？

9 公子天下

盛家旭人公盛康共有六房太太，生下四兒四女；長子盛宣懷則討了七房太太（董氏、刁氏、莊氏、劉氏、柳氏、秦氏、蕭氏），生下八兒八女，算是多了一倍；到了其孫盛老四（盛恩頤）一房，就更「進步」了，先後正式「登記在冊」的就有七位太太（孫氏、賈氏姊妹、奚氏、金氏、余氏、殷氏），女朋友尚不在此數，生下的孩子竟有二十七個之多。

按說，這在封建大官僚、大富商的家庭裏，也不稀奇，孩子成筐成簍多得是。盛家的親家孫寶琦家就有八個兒子、十六個女兒；而孫寶琦的親家「洪憲皇帝」袁世凱，則有十三房太太，生下十七個兒子和十五個女兒；李鴻章的大哥，湖廣總督李瀚章，討了六房太太，生有十一個兒子、十個女兒；上海新客站附近過去有一富商朱幼鴻，是中國第一代私營棉紡業老闆，人稱「叉袋角朱家」，這家的「爺兒們」排隊從朱一可以排到朱三十二，女兒尚不算在內，那最小的一個所謂朱三十二，就是當代著名作曲家（〈唱支山歌給黨聽〉、〈接過雷鋒的槍〉的作曲者）、著名音樂家朱踐耳先生。

「人丁興旺」，本是那個時代人們傳統心理的企盼，並不為過，問題是這些豪門貴府裏的公子哥兒們，大都不太爭氣，人們視為花花公子，因為他們太有錢，條件太優越，肚子吃得太飽，手頭又太闊綽……俗話說：「溫飽生閒事」，幾乎每個朱門之內，都被市民們「偵察」出許多花邊新聞來，這也就給他們本身帶來無窮的麻煩。

就盛家公子來說，老上海們認為他們第一錢多，第二女人多，第三皆好賭而又不善賭……這麼一來，他們手中從老太爺那兒繼承來的遺產，就有了最好的去處。三十年間（從盛宣懷去世到一九四五年抗戰勝利），老太爺千辛萬苦掙來的家業，差不多全部跑到別人家口袋裏去了。

十里南京路，一個盛老四

盛老四是莊夫人的親生兒子。莊夫人本來生有兩兒一女，兒子不幸早夭一個，剩下一個盛老四，自然就成了盛府上下命根子一樣的人物。他從小席豐履厚，備受寵愛，逐漸養成了揮霍無度、奢侈成性的習慣。偏巧他又有一張極清秀的臉龐，和一副人人稱「帥」的體魄，不僅人長得棒，性情又非常溫和，人家說他耳根子軟，親戚朋友中無論男女老幼，有急事相求，總是有求必應，所以在大家族中，除了他母親莊夫人罵他不務正業之外，跟其他人都相處得很好。尤其那些酒肉朋友們知道他的特點，就都找他搓麻將。搓起麻將來，明知那些搗蛋朋友在「抬」他的「轎子」（即聯檔一起，叫他輸錢），別人提醒他不要上當，他卻說：「哎，乘乘『轎子』也蠻開心嘛！」這麼一來，這頭漂亮、溫順而又富有的「羊」（老四屬羊），自然就成了十里南京路上，妖姬靚女們「圍獵」的目標了。

盛老四花錢的「豪舉」在上海灘是出了名的。上海灘自從進口德國賓士轎車，第一部賓士就是他買的。為了炫耀財富，他把車把換成銀的，上面刻上自己的名字（第一號汽車牌照的擁有者、寧波籍房地產鉅商周蓮塘的二兒子周純卿，買下奧斯汀的車子後，也把車把和車燈換掉，連牌照牌子也是自己設計的，那時，這是一種有魄力的表現）。他的汽車租界牌照是四四四四，中國牌照是四，與他排行老四相吻合，別人遠遠一望，就知道是盛老四來了。

他有一群酒肉朋友，最要好的是清末揚州大鹽商周扶九的第三個孫子，名叫周孽田，雅號為「周三」。他倆混在一起，世稱「周三盛四」，一對活寶，進出都是一大群人，前呼後擁，風馳電掣，在十里洋場上風光得很。

「周三」十幾歲的時候就瞞著他祖父，向賬房要錢買車，賬房先生有個人目的，就投其所好，要多少給多少，以後無論什麼開支，賬房都開在他的頭上，賬房也就大大地「發」了。周三先後共買了十二輛進口轎車，一個姨太太一部，在跑馬廳養了二十匹馬，整天花錢如流水。而盛四比周三更「厲害」，不僅每個姨太太一部進口轎車，還配一幢花園洋房，外加一群男僕女傭……最「風光」的時候，竟在跑馬場養了七十五匹馬！他在賭場上的「最高紀錄」，是一夜之間把北京路黃河路一帶有一百多幢房子的弄堂整個輸掉，輸給了原浙江總督盧永祥的兒子盧小嘉。其他的好友如陸鼎昌、吳傑民、高鑫寶等等，都是上海灘吃喝嫖賭的小開。

盛老四雖然繼承了父親在漢冶萍公司總經理的職位，但並不認真做事，整天日夜顛倒，晝寢夜出。他的一個兒子曾說他：「爹爹是躺在煙榻上，一邊抽大煙一邊批文件的。」那種情況下批的文件，以及產生的效果就可想而知了。他的一個麻將朋友形容他的生活習慣：「盛老四白天睡大覺，到下午四、五點才起床。起床後一看有事要用錢，而家裏的現錢又不夠，怎麼辦呢？去銀行吧，街上銀行已打烊了，那麼只好拿出盛家的老辦法，反正家裏有的是骨董，隨便拿一件到當鋪裏去當掉，換出錢來，到第二天天亮銀行開門，再派人去取錢，到當鋪把骨董贖回來。當鋪幾乎成了他的第二銀行，這是盛老四家的一大笑話。」

盛老四當年得意的時候或許不會想到，若干年後，子孫後代會如何評論他。那評價既如實又尖苛：他一生兩大嗜好，除了賭就是女人。

按說，盛老四犯不著那麼起勁地拈花惹草。他貴為盛宮保之子，又是民國總理之婿，又曾留英留美，前面三個哥哥（董夫人所生）均不幸早逝，而他就肩負著繼承家族大業的重任，太太孫用慧聰明賢慧，溫柔體貼，他為什麼還要去會樂里尋歡作樂呢？

他的原配夫人是當年民國總理孫寶琦的大女兒孫用慧。孫用慧小時候曾隨其父出使英、法各國，學得一口流利的英語，清朝末年還曾與其三妹應召進宮，當過慈禧太后的口語翻譯。她有才有貌，在眾姊妹中遇事善斷，正直忠厚，性情頗似其父。當初盛宣懷正在北京當官，為找一個能走近袁世凱的捷徑，需要有一門與袁氏說得上話的親家，同時又想送兒子出國讀書，得有一個能幹的、懂英語的太太，於是看中了孫府的大小姐。孫用慧起初不願意，因她年齡大盛老四兩歲，認為找一個不懂事的小夫婿，生活不會幸福，況且是受過西風薰陶、具有現代意識的女性，主張自立和節約，生活上很簡樸，對於那種「女大三，抱金磚」的說法根本不相信，對紈袴子弟、八旗哥兒們一概看不慣。於是對父母講了一個親戚的例子，那個親戚女方比男方大四歲，婚後很不幸福，常年受委屈，說明這門親事不合適，還是回掉吧。但老太爺認為挺好，年齡不是問題，關鍵是門當戶對，所以堅持要女兒嫁過去。封建時代的大家庭，兒女婚嫁還是父母說了算，孫用慧無奈只好服從，想不到婚後生活的事實，竟被她婚前就不幸言中！

他們的婚禮於一九一〇年在北京舉行，孫老太爺因故未能出席，由孫用慧的二叔孫寶瑄主持婚禮。婚後第二年，生下一個男孩。當時正值盛宣懷出任郵傳部尚書（一九一一年），就取名為毓郵，而小名傳寶，把老太爺的官職「郵傳」二字都嵌進去了。過一年又生下大女兒毓青，小名冠雲，就是盛家在蘇州留園的花園裏，高聳的冠雲峰的意思。後來又生了兩個女兒，取名瑞雲和岫雲，也都是留園裏假山上巨峰的名字，傳說那三峰原是三個天上下凡的仙女呀！

不久，他們夫婦在盛家的一個堂房叔叔盛苹蓀（盛宣懷的堂弟）的陪同下，赴歐洲讀書。開始在英國讀商科，沒多久竟撞上第一次世界大戰，亞歐交通中斷，家中對他們接濟不上，孫夫人只好變賣自己的首飾，夫妻艱苦度日。這期間他們在倫敦還生下一個男孩，因在倫敦所生，就取名倫寶。後來在戰時的倫敦實在待不下去了，就跑到美國，在美國又生了一個孩子，因在美國所生，就叫小美，又名瑞雲。可惜這兩個在國外生的孩子，回國後都不幸夭折了。盛家至今還在傳說，有一年留園裏的瑞雲峰突然倒塌了，瑞雲小姐也就突然仙去了。

當他們滯留歐洲時，孫老爺甚為焦急，擔心女兒女婿的安全，曾幾次寫信給親家商量，信中一連好幾個「如何是好？」，可知其肉痛至極。後來，他們夫妻帶著兩個孩子費盡周折安全回來了，全家老小都謝天謝地，但誰知兩個孩子在國外都挺好，回國後反而都夭折了，孫夫人為此傷心極了。

一九二七年莊夫人去世前，大家庭就開始分家了。靜安寺路上的老公館一百多畝地，在賬房的主持下分成五份，即恩頤、重頤、昇頤、毓常（代表大房）、毓郵（因過繼給三房而代表三房）。分家後，相繼搬出了老公館，在老公館的舊址上蓋起了里弄房屋出租（位於路口的盛宣懷住的那幢洋房則保留，解放後作為人民銀行，近十年成都路拓寬時才拆掉），盛老四家就遷往現在延安路富民路路口的一幢花園洋房（英商電車公司馬路對面），孫夫人母親的六十大壽，還是孫夫人在此為其母親操辦的。後來又搬到極斯菲爾路（現萬航渡口四五〇號，現為大中華橡膠廠的療養院）一處更大的花園洋房。孫夫人習性很洋派，很喜歡過小家庭的庭院生活，常常親自下廚房做奶油蛋糕，還養了小狗和小貓。

可惜，花園雖大，洋房雖好，兒女也不算少（後來又生了老五毓珠和老六毓綏），卻拴不住丈夫的心！

盛老四後來發展到長年不回家，一年當中僅過年幾天回家來幾天，長年在外面住「小公館」，養姨太太，使得已經失去兩個孩子的孫夫人，又增添了失去丈夫的失落感。當年孫府的大小姐，心理上無論如何也接受不了。逐漸地，人們發現她的性情變了，從心情鬱悶、沈默寡言，發展到脾氣有些古怪，不再喜歡孩子們，身體狀況也越來越糟，患了肺結核，對孩子們的態度也益發嚴厲。

她曾經於萬般無奈之際，請人為丈夫算命，結果說盛老四的「桃花運」要交到老，什麼時候他人死了，「桃花運」也就結束了。孫夫人徹底失望，無心再跟他計較，一切都是命，她只好怪自己命不好。

一九四二年正月初八，孫夫人接到朋友電話到朋友家去打牌，打著打著，突然牌上的字型大小她看不見了，抬起頭來眼前什麼都模糊了。於是趕緊找醫生看。醫生說是腎炎，而且已經非常嚴重了。在此之前，雖然她已發現身體有些異樣，是水腫，她還以為是胖了呢，並不在意，因為其他並無什麼不適，誰知這是病兆，正月初八病情惡化，無法挽救，二十天後，到了正月二十八日人就去世了，年僅五十三歲，落葬虹橋公墓。

孫夫人去世後，朋友們談起孫家小姐，常有些善意的議論，說是孫家小姐「德比才高」，這表面上是恭維，實際上也包含了一種無奈的挖苦，說孫家小姐太老實了，沒想辦法「自救」。其實在那個社會裏，孫家是世代書香門第。曾老太爺孫詒經是兩朝帝師，正宗的讀書人；祖父孫人鳳又是多年的京兆學台，曾外放福建，門下眾多學生，到了孫寶琦一輩，兄弟兩個一個是洋務派，主張君主立憲；另一個是孫寶瑄，革命黨，反對蓄髮、纏足，曾任寧波海關監督，與同盟會一直有聯繫，是這個大家庭的反叛分子。孫寶琦一生廉潔奉公，卸任後連住的房子都沒有，在上海一直借房子住，最後死在漢冶萍公司的俱樂部裏。孫家小姐們從小生活在這樣「讀書種子」的傳統氛圍裏，何來「自救」之妙方？

不幸的是，孫夫人幾個大些的妹妹，婚姻也都十分不幸，表面上看嫁得很輝煌，其實外強中乾，江河日下，備受磨難。大妹妹孫用智嫁的是皇親國戚，嫁給慶親王奕劻的五少爺載倫，是光緒皇帝的堂弟。偌大的慶王府，生活習慣上全是旗人那套，二小姐很不習慣，但她性格內向，又不願對娘家人說，自己默默忍受。況且，她嫁過去的時候，載倫在外面已有女人了，歡寵輪不到她的頭上。後來，隨著清王朝傾覆，公子王孫的生活也朝不保夕，丈夫死後，她只得與娘家妹妹一起生活。

孫家三小姐還未出世時就被指腹為婚，嫁給前清軍機大臣王文韶的孫子，王文韶的兒媳婦是孫寶琦的表姊。孫家四小姐也嫁了旗人貴族，嫁給王室貴族寶熙的兒子。五小姐嫁給袁世凱的第七個兒子袁克齊。六小姐早夭。七小姐孫用蕃，聰明伶俐，口才極好，嫁給張佩綸的兒子為繼室，即張愛玲的後母。八小姐嫁天津一崔姓銀行家。小姐們出嫁後大都名不副實，丈夫在外尋花問柳，太太在家獨守空閨，孫寶琦見此情景，只能仰天長嘆：「以後兒女的婚姻，我再也不管了！」所以從第十二個孩子開始，孫家實行自由戀愛結婚了。可是，前面幾位小姐活到了文化大革命的就更慘了，有好幾個被鬥、挨打、抄家，有的甚至被人揪住剃了陰陽頭，常年在里弄掃街……都是受夫家的牽連，尤其是袁世凱家族的牽連，吃的苦頭簡直說不完。

盛老四要養的家口也太多，後來給孫夫人的錢越來越少，孫夫人有時還不得不動用大兒子盛毓郵的錢。因為毓郵過繼給三房盛同頤，同頤無子而英年早逝，毓郵就繼承了三房的家產。當時毓郵赴英國留學，錢存在母親處，母親不得已時還要移作「頭寸」。

盛老四的其他太太中，知名度最高的是鑑冰老八。她本姓金，住在靜安寺東廟弄弄堂口一幢三層洋房裏，五四運動時期曾大展身手。那時她正值亭亭玉立的妙齡，在會樂里一帶極有名氣，出於愛國熱情，曾積極參加組織「青樓救國團」，用各種方式聲援愛國學生。為了要求北洋軍閥政府釋放被捕學生，收回山東青島主權，廢除一切不平等條約，懲辦曹（汝霖）、陸（宗輿）、章（宗祥），上海各界於五月七日召開市民大會，海上名妓亦一致回應。當時「北里」名花由資深名妓林黛玉領銜，會同正值妙齡的鑑冰、笑意、花娟娟等紅倌人，首先倡議：「五月九日停止歌宴」，倡議一出，上海灘福州路、汕頭路一帶林立的妓院，果真「偃兵息鼓」了，可見其號召力。那天夜裏，適逢北方總代表（後來在抗戰中當了漢奸）安徽人王揖唐，來滬主持南北和議，假座南京東路東亞酒樓，廣宴賓客，燈紅酒綠之餘，飛箋召妓。誰知上海的「長三堂子」與北京的八大胡同不一樣，個中人才濟濟，熱心國事者大有人在，在情況非常複雜的時期，還充當了一種特種諜報機構。這時妓女們不僅拒不出局，還在局票後面簽上「國事多難，無心應召」八個大字。代表們見字，面面相愕，不得不為之刮目相看。這在世界「紅燈區」歷史上恐怕也是少有的奇觀。

六月五日起，上海各界紛紛行動起來，不僅學生罷課，商店罷市，會樂里一帶的「長三」妓院也停歌罷宴，收進芳標，以示對北京愛國學生的聲援。這時鑑冰家門前貼了一張紙條，上寫「謝徵救國」四個字，以示不出堂差，罷市了，以至於今日尚在的當年跌宕花叢者，回憶起來猶覺怵目驚心。在鑑冰、笑意、妙蓮諸人的帶動下，次日上海所有的「長三堂子」一律除牌。此外，她們還發起組織了「青樓救國團」，印發了兩千張傳單，傳單中有「我們花界，斯業雖賤，愛國則一。願我同胞抱定宗旨堅持到底。國賊弗除，學生不放，誓死不休」等語。與此同時，鑑冰等人又在福州路二三〇號「倚紅樓」茶館隔壁，設學生飲茶休息所。門前貼一張大紙，上寫：「青島問題發生，各業一致罷歇。學生為國熱忱，各界不忍坐息。敬備簞食壺漿，為君充飢解熱，並非沽名釣譽，不過稍盡棉力。妓界泣告。」各妓院門前此時也多貼出了長八、九寸、寬兩寸左右的小傳單，楷書：「君亦中華之國民乎？」本欲上門的豪客，見之不得不掉轉車頭。

鑑冰等人在那場鬥爭中，確實堅持到被捕學生全部獲釋，曹汝霖被明令撤職、北洋政府接受國民大會所提條件之後，才逐漸復業。由此可知，年輕時的鑑冰，還是位血氣方剛的女中豪傑呢！她嫁盛老四之後，生有四兒一女，後來因故與老四離婚去香港定居，一九八〇年去世，骨灰帶到上海龍華開追悼會時，她的好友富春老六還特意從香港趕來參加追悼會。會後葬在蘇州，神主牌位放在上海玉佛寺。

盛老四的其他幾房太太，也多為海上名流。紅芳館老大賈翠華和紅芳館老二賈鳳藻是兩姊妹，姊妹倆都沒生孩子。余女士生了八個孩子；奚儀貞女士生了四個孩子；殷四珍女士生了一個。余女士與殷四珍女士尚在世，都是年逾古稀之老人，談起五、六十年前的事，直有「白頭宮女說乾隆」之感。

抗戰期間，盛老四待在上海，雖說仍舊聲色犬馬，但家中光景畢竟大不如前，到抗戰勝利，老太爺留給他的那部分家業，差不多已吃空了，有時竟到了捉襟見肘的地步。他的大兒子盛毓郵曾說，最怕爸爸請吃飯，吃完飯就張嘴要錢。常常是小數目還不行，因他起碼要維持三十幾口人的大家庭生活，還有眾多的親戚朋友之間的來往。大家庭雖然內部已經敗落了，但外表上架子一時還放不下來，只得想辦法搞錢了。除了向大兒子要一點（因毓郵繼承了三房的家業）之外，他必須頻頻坐上賭台，但手氣並不是每次都好，到了一九四九年後，盛老四已經榮華褪盡，成了普通人了。再加上國家實行土地國有政策，一切私人占有的土地，必須交納高額地價稅。盛家原先除了上海，在蘇州、常州等地還有許多祖產，僅蘇州的天庫巷就有九十九間房子。房子越多，要交付的地價稅就越高，最後那些房子都折算成地價稅劃到公家的房產簿上，連蘇州偌大的一個留園，也交給國家了，只剩留園門口幾間作為盛家祠堂的老房子仍屬盛家。初期蘇州的公幹人員還頗有人情味，說是：「收了人家房子，不能收人家的祖宗呀！」所以那四間祭祖宗的祠堂算是保住了，誰知，這竟是盛老四的葬身之地。

盛老四到了晚年已是窮困潦倒。有時他與李鴻章的孫子李厚甫（李經方之子，原住富民路裕華新村），在街上蹓躂，兩人找家大餅油條店吃過早點後，再往前走就是襄陽公園了，想到公園裏坐一會兒，可是兩個人你看我、我看你，誰的口袋裏都摸不出錢來買門票了。

一九五五年秋冬，他已第三次中風，病情十分嚴重，半身癱瘓，整日臥床。半年後，大女兒冠雲、大兒媳任芷芳和兒子毓綬、毓琛商量後，決定送他到蘇州去，因為蘇州留園門口尚有幾間房子可住，生活上可由奚儀貞太太服侍。因他已不能站立和走路，兒子們只好找來一張棕綳，抬著他走。好在上海到蘇州通船，就雇了一隻小船，一路飄搖過去。到了蘇州不過兩、三個月，上海的兒孫們就接到了噩耗。大家族辦喪事還是過去的規矩，排場小了，但人不能少。大熱天，為了等親戚們到齊，屍體下堆了些大冰塊防腐。穿壽衣時，不知是按什麼規矩，必須穿七套衣服，而且要單的、棉的齊全。在壽衣上身之前，還必須一個兒子先穿過一遍，然後再套到老太爺身上。那時毓郵、毓度、毓綬都不在身邊，就輪到盛老四的四子盛毓琛來完成。陰曆七月，盛毓琛大汗淋漓地把一件件壽衣套上，站在兩台電風扇之間，總算是盡了孝道。

盛老四的墓沒有造在江陰祖墳，而是造在蘇州七子山，和母親莊夫人葬在一起。莊夫人左邊是盛老四，右邊是紅芳館老大賈氏。該墓地造得頗考究，石階沿山而上，周遭石欄杆上，雕了一百隻形制不同的石獅子。這組墓地在「文革」中被徹底破壞，幸好墳親講情義，把屍骨收拾在一起，放入一只大瓦罐，並涌知盛家後人來處理。「文革」後期，毓琛、毓鴻、毓瑚兄弟才敢前去認領，並用小卡車載上那些瓦罐，將其移葬到天平山墓地。現在，鑑冰老八的墓亦遷葬該處。前幾年，逢盛老四一百歲冥誕時，他那奔走異鄉的子孫們又聚集到了玉佛寺，為老爸舉行了一次盛大的典禮。

盛老五轉眼巨廈傾

盛老五盛重頤是盛宣懷的第五個兒子。他在兄弟當中，原先是比較持重的一個，早期繼承了其父注重實業的家風，專心辦自己的事業，與官場也少有瓜葛，因此在抗戰前，生意一直很興旺，抗戰時，房地產生意也不斷擴大，其他幾房都敗得差不多時，他還是很有實力，直到四〇年代末才慢慢敗下陣來。

當年盛家有不少人跟在管家宋德宜後面買股票。宋德宜洋朋友比較多，外面的消息也很靈通，所以外國人在大賣類似「橡皮股票」的「野人頭」時，他們也都很起勁地跟著買，花去不少家當。結果大上其當，一敗塗地，包括宋德宜在內，一夜之間也成了窮光蛋。但盛老五很沈得住氣，沒有上外國人的當，守住自己分得的那份家業，還在外灘的台灣銀行大樓上面，開設了「溢中銀公司」，從事金融業。靜安寺老公館西側的鳴玉坊也是他的房地產，原先叫「愚齋坊」，後來他以女兒的名字命名，改為「鳴玉坊」，可是女兒並不長壽，年紀輕輕就病逝了。

盛老五極其重視住宅的豪華，排場極大。他最為得意的豪宅，即是淮海中路上，現在是日本駐滬領事館總領事官邸的大花園洋房（與上海圖書館一牆之隔）。這幢房子建於一九〇〇年，是一德國商人所建，後由一英國人買下。英國人回國時，賣給了盛宣懷，盛重頤繼承了這份家產。

這是上海灘上為數不多的幾處超豪華住宅之一，只有汾陽路七十九號、瑞金路上的瑞金賓館和市少年宮那大理石大廈有資格與之比美。院子裏有寬大的西式草坪和茂密的林木，尤其一柄傘狀的大塔松，長年蒼翠欲滴，頗令人心馳神往。花園當中還有一圓形噴水池，一個雪白的小天使，就在晶瑩的噴泉上躍躍欲飛……步入豪宅，觸目更是精美絕倫。玻璃是從法國進口的彩色玻璃，樓下中西式大客廳各一間，又有中西式餐廳各一間；門廳左側，一道雕飾典雅的樓梯，鋪著大紅色梯毯，優美地盤上二樓。樓內的各種陳設，包括護壁板上的雕花，也比嘉道理花園（市少年宮）還要精美。

由於盛老五抗戰時沒有去重慶，在上海的活動又有親日之嫌，最主要的是這幢房子太豪華，太有名氣，所以抗戰勝利之後，國民黨接收大員就以盛老五是漢奸為由，把他趕出去，沒收了整幢花園洋房。

這房子是盛老五的心血所在，他忿忿不平：我又沒有替日本人做過事，也沒有出任過偽職，公司裏也沒有日本人的股份，幾個日本朋友都是商界人物，憑什麼說我是漢奸？於是設法找機會申訴，要求將房子發還，他出具各種證明，說明自己是清白的。但國民黨原本就看中了這所房子，又看他是清末遺老遺少，在「黨國」中沒有什麼後台，想詐他一記，於是故意扣住不發。

然而，國民黨接收大員們沒有想到，盛重頤還是有後台的，他的後台就是他的胞妹、盛家五小姐盛關頤，因為盛關頤當年的家庭教師就是宋靄齡。

盛老五此時只好央求胞妹盛關頤，因關頤與盛老五都是劉夫人所生，關頤與宋氏姊妹一直保持密切的關係，宋氏姊妹對盛家的事多半是樂意幫忙的，況且宋子文還曾是盛府的秘書。於是盛關頤找到了宋美齡，大訴其苦。宋美齡鑑於有關部門已做出答覆的情況，腦子轉了一個彎說：「盛重頤去住怕是不行了，你去住吧，你去住外界不會有意見。」就憑了宋美齡這幾句話，房子很快就到手了。其實誰都明白，盛關頤去住幾大僅是做做樣子，實際上等於發還盛老五了。後來宋靄齡家裏裝修房子，還曾來此借住過一段時間。

可是天有不測風雲，盛老五房子是發還了，大女兒嗚玉卻臥病不起。或許是盛老五沒有住這房子的福份，沒過幾年就賣掉了。嗚玉小姐年僅二十一歲，婷婷玉立的少女卻走在白髮人之前，這令盛老五悲痛不已。他叫人在花園裏塑了一個小女孩的塑像，以紀念女兒。但女兒的生母陸琴太太卻又觸目傷懷，不願在這兒住下去，後來獨自搬到靳康花園了。

關於陸琴太太的獨自遷出，還有另外一個重要原因，說起來，又是一段陳年的「後庭」往事。

原來，這個陸琴太太，就是當年上海灘大名鼎鼎的「綠老大」。

「綠老大」原是辛亥革命時的上海督軍陳其美（字英士）的下堂妾，後來跟了盛老五。而盛老五的原配夫人為蘇州彭氏，人長得極美，不知何故竟告離婚。「綠老大」與盛老五剛開始生活頗好，生了一個女兒叫嗚玉，也給老五惹下過大麻煩，揹上了「虐待丫鬟致死」的惡名。原來他們兩個都愛吸鴉片，而舊時大家族的貴婦，最討厭那些為老爺裝煙（又叫打煙）的丫鬟，因為她們整天在老爺身邊服侍，服侍得不好也不行，服侍得太好也不行，因為被老爺喜歡上了，老爺就要將她「收房」做姨太太，那就侵犯了夫人的利益和地盤。所以打煙的丫鬟須以極高的智慧完成工作，並巧妙地周旋於老爺和太太之間，才能有效地保護自己。那位可憐的丫鬟也是位打煙小姐，不曉得怎麼回事，竟惹來「綠老大」的忌恨，「綠老大」就用捅煙腔的「煙籤子」戳她，據說那「煙籤子」因常年搗鴉片，已「生出」毒氣，丫鬟便中毒而亡。

此事傳出後，在上海灘立即引起軒然大波。那丫鬟本亦盛氏常州同鄉，大概有不少親戚同在上海做事，不久就告到了常州同鄉會。盛氏為海上望族，一講無人不知道，那正給了小報記者大肆渲染的好題材。所以，常州同鄉會決定把盛老五夫婦告上法庭，社會輿論亦一哄而起，弄得沸沸揚揚，盛老五和「綠老大」簡直無法出門，只好逃到大連躲了起來。直到日本人占領上海，租界當局發揮不了作用才回來。

大概「綠老大」的「命」是有問題，她一再在男人面前失寵，也許是年老色衰，終究還是沒有敵過丫鬟的力量。後來，她的一個貼身丫鬟錢氏還是被老爺「收房」了，成為孩子們眼中的「新太太」、「新五舅母」、「小五舅母」。而「綠老大」的自尊心極強，她無法與丫鬟「平分秋色」，於是就主動「撤軍」，講好條件，她的養老及後事均要「新太太」負責，「新太太」滿口答應，並且如實兌現。六〇年代初三年自然災害時期，「新太太」常從香港寄錢來。前些年「綠老大」真正「凋謝」了，亦是「新太太」為之辦的後事。

且說盛老五原先生意還挺好，抗戰勝利後反而大受其挫，主要是做股票大傷元氣。

房地產生意也極不順心，以至於到了解放前夕，只好將淮海路上的豪宅，以一百萬美元的價錢，賣給了榮德生家族的榮鴻三，他們夫妻跑到香港去了。

可是到了香港，情況也是每況愈下。盛老五事業再次受挫。他辦了一家股票交易所，但並不親自去打理，也許他本人並不精於此道，因而一再上人家當，據說是上了廣東人「老千」的當，只有半年交易所就倒閉了，幾乎把全部家當都賠了進去。後來就靠原先買的一些房子收房租維持生活。再後來，房租也賠進去了。「新太太」曾於五〇年代回上海清理房地產，那時土地已歸國家所有，房價也便宜，總共折算了三十萬元人民幣，但到了香港亦很快告罄。「新太太」生的一個女兒後來考上了香港大學。她說，進入學的時候乘的是小汽車，到畢業出來的時候，只能乘大客車了。幸好這個女兒畢業後自知奮鬥，做到前港督府的二等秘書及新聞署的總管，丈夫是香港很有名望的建築設計師。

可惜盛老五在潦倒之中仍「花心」不改，後來連「新太太」也不喜歡了，與他的一個外甥女一起生活。他的朋友金雄白前些年在香港撰文說，盛老五住在英皇道的時候，已是貧病交迫，連醫藥費都付不出來，遇到熟悉的朋友上門，就訕訕告貸。那種淒慘的光景，誰又能想得到，不久前，他的住處像俱樂部般熱鬧，每天晚上笙歌宴舞，那彩色的燈光，是從地板上鑲嵌的玻璃中打出來的……

「綠老大」生前曾對人說過，她過的生活是全中國人中最好的生活，她穿的內衣和用的毛巾等，只用一次就扔了，多種首飾不可枚數。她對孩子們很慷慨，每年的壓歲錢總是每人一大把，所以盛家孩子們都喜歡她。只是她慣於濃妝豔抹，前劉海拉得很低，大概是為了遮住額頭上的一塊疤，所以樣子有些怪怪的。直到解放以後，出門仍是十分盛重。她喜歡到滄州飯店去聽說書，每次她一進場，書場裏的觀眾都不聽說書了，均扭過頭來看她，她也無所謂，晚年與姊姊同住利華公寓，後來死於「文革」。

在盛老五身邊生活過的幾個女人，還是「新太太」的命最好，因為老頭子靠不住了還可以靠女兒。女兒一家蒸蒸日上，前些年移民加拿大，她就在女兒處安享晚年，如今已是九十高齡。而與盛老五最後一起生活的外甥女，在老五去世後，竟跑到台灣，成了別人家裏的傭人。

盛老七賠了夫人又折兵

上海足球史上隊齡最長的球隊「東華足球隊」，在三〇年代曾有過輝煌的戰績：一九三三年遠征菲律賓，打了個六戰五勝一和；一九三四年參加「西聯會」（即上海足球聯合會，西僑組織）舉辦的比賽，五項主要錦標囊括了四項，創下一個球隊奪錦最多的空前紀錄；一九三五和一九三六年，東華參加「史考特」杯賽，與洋人對壘，又蟬聯兩屆冠軍……東華足球隊的崛起，史稱「上海足球史上的第二個黃金時代」，使上海一躍而為遠東的足球重鎮。

這個球隊的老闆就是盛昇頤（萍臣），世稱盛老七，是盛宣懷的七公子，他是球隊主要發起人之一，具體操辦了球隊的成立，也是球隊組織委員會的委員長，主持了會中一切事務，包括募集經費，組織球賽，還把盛家老公館中（靜安寺路一一〇號，現南京西路，已拆）靠西側的一幢小洋樓騰出來，供球隊做隊部……可知東華足球隊三〇年代的輝煌，有著他很大的功勞。可是這個老闆的命運也和這個球隊差不多，鼎盛期過去之後，繼之就是無奈的衰落了。

盛老七和盛府的六小姐盛靜頤都是柳夫人所生，或許因為柳夫人並不是盛府的當家人（當家人為莊夫人），所以他在家族中的地位並不是太顯赫，起碼比兩個哥哥要差一點。他成年後不久，前面三個較大的哥哥均已去世，剩下兩個哥哥盛老四和盛老五，盛老四因是莊夫人所生，地位自然高人一等；盛老五因與盛家五小姐盛關頤同為劉夫人所生，而五小姐的家庭教師即宋靄齡，憑著這層關係，盛老五也令人刮目相看。而他盛老七就不同了，他在父親去世之後，除了拿到一份應得的財產，接下來的路，就全靠自己闖了。所以，他就不得不付出比哥哥們更多的努力。

他父親去世那年，他才十六歲。盛宣懷病重時，家裏居然立即為他操辦婚事，想以此來「沖喜」。這種情況下的婚姻自然不會幸福，儘管女方是清末大官僚呂海寰的八小姐。但「喜」並沒有「沖」好盛宣懷的病，他仍是撒手西去。沒過多久，他與呂家八小姐的婚姻也「吹」了，沒生孩子就離婚了。他並沒有利用呂海寰的家族和社會關係去開拓自己的市場，倒是充分利用盛五小姐與宋家的關係，後來成為以孔祥熙、宋靄齡核心的、國民黨內「公館派」的核心人物。

關於盛、宋兩家的淵源，據說起源於宋家倪老太太倪桂珍，早年曾在盛家當養娘。封建社會裏的養娘是地位很特殊的職業，介於家庭教師和乳娘、傭人之間的一種，任務是幫官宦或富商之家管孩子，因此往往與主人家關係密切。所以，後來宋靄齡能出任盛家的家庭教師，宋子文能進入漢冶萍公司當英文秘書，並對盛七小姐窮追不捨，都是源出於此。民國以後，盛家已成驚弓之鳥，而宋家則如日中天，盛老七深知世事之變遷，他必須回過頭去巴結、依附宋家的勢力，於是成了孔府的常客。

盛老七後來在孔祥熙、宋靄齡的提攜下，官一度做得很大，是盛家第二代人中做事做得最多的人。抗戰前出任國民黨的蘇浙皖統稅局局長，掌管了江南一帶的稅收大權——這可是個不曉得多少人都夢寐以求的肥缺，人稱其為「財神老爺」；「八一三」抗戰一週後他組織統稅局撤退，僅稅務公文賬冊就裝了整整兩車，另有一車是債券。抗戰中到了重慶，他官不做了，專心經商，但在官方金融界仍有任職，同時是孔公館辦事處的核心成員，出任華福菸公司董事長，生產的「華福牌」香煙行銷各地，是抗戰時期國產香煙的第一塊王牌；又主持華盛企業公司、大陸運輸公司，和昆明滇利製鋼廠。華盛企業公司的總會計師是他們盛家的子姪盛承業（現已九十歲），其中貿易部主任是江青的前夫唐納；而鋼鐵廠則聘請當時中央研究院的冶金專家周仁。此周仁按說也是他們盛家的親戚，因周的外婆是盛宣懷的親姊姊，他的哥哥周成（學法律的），曾任盛老四在漢冶萍的中文秘書，他的一個表姊，還是盛五小姐盛關頤的房產代理人。周仁本人是清華庚款留美學生，回國後任南洋大學（今上海交大）教授、教務長，蔡元培即他的姊夫。盛老七曾和劉鴻生一起，親往周仁家中，請其出山，具體操辦鋼鐵廠事。

任用這樣一批人，他的事業自然能興旺發達。大陸運輸公司擁有幾百輛卡車。那時滇緬公路尚未開通，車隊要在長沙、桂林、貴陽、越南間穿行，為大後方的戰略物資的運輸出了很大的力。鋼鐵廠也透過越南進口一批設備，煉出了錳鋼、合金鋼、高速鋼，奠定了西南地區鋼鐵工業的基礎。他本人在俞鴻鈞當財政部長時，還擔任了中央信託局的常務理事和監事會主席。

盛老七的事業做得這麼大，與他在孔公館的服務有直接的關係。他在孔公館的一個重要任務，是為宋靄齡策劃生財之道。他成立了一個中信經濟調查研究所，專門蒐集經濟、金融情報，為孔祥熙的財政政策提供依據，為宋靄齡的錢袋的膨脹提供信息，所以他在孔公館中，地位僅次於徐堪、陳行、吳啟鼎這些老人。這個吳啟鼎，是四明銀行的老闆，又是邵式軍的妻子的舅舅。

當然，盛老七能得到孔、宋的青睞，也不全靠「裙帶關係」，他本身亦十分刻苦努力，曾有「國內外交家」的雅號。當時國民黨政府要雲南上交錫礦稅，幾次派人去打交道，均不成功，最後派盛老七去，竟然一舉搞定。原來，雲南人極重義氣，當初「雲南王」龍雲初到南京來，因是來自邊遠窮省而備受冷落，沒有什麼人理他。但盛老七挺有遠見，主動和他交朋友，熱情地請他吃飯，此後龍雲就對他格外在意，凡事沒有不好說的了。可知他有財有勢卻不霸道，有時心眼還挺細的。

後來國民黨請龍雲到武漢開會，龍雲很有戒心，生怕有一去不返之虞，提出要孔祥熙的二小姐孔令俊到昆明做人質。孔祥熙無奈，只好派二小姐去昆明「玩」十天。孔要盛老七確保二小姐安全，老七派出姪孫盛承業一路陪同，任務完成，亦使孔府上下放了心。

可是命運有時也會捉弄人。盛老七對孔、宋的巴結、依附，也給他自己帶來極大的傷害，即「賠了夫人」是也。

原來，盛老七與呂海寰的小姐離婚後，就與海上名妓「白牡丹」結了婚。此「白牡丹」人雖係「堂子」出身，卻有女大學生的風度，不僅舉止落落大方，談吐亦與眾不同，頗得老七的歡心，在上海灘的上層社交圈裏極有名望。有一次老七為給孔家公子孔令侃介紹女朋友（也是盛家的親戚），就帶了「白牡丹」陪同那女子與孔見面。誰知孔家公子看不上，反而一眼看中了「白牡丹」，算他識「貨」，從此一發不可收拾，幾十年間情絲不斷。老七為此後悔莫及，只好自認倒楣，將「白牡丹」讓給孔令侃了事。此事盛家還有一說，說是「白牡丹」在教孔家孩子們彈鋼琴時被孔令侃相中的。

但孔令侃的父母不同意，因為他們是有身分的人，又相信基督教，弄個「堂子」裏的人到家裏來成什麼體統，所以堅決反對。孔令侃對父母也無奈，只能與「白牡丹」暗中往來，住住「小公館」。但孔令侃動了真情，直到「白牡丹」八十多歲的時候，仍為她在香港的香爐山上買了一幢房子，供其養老。而盛老七可就慘了，從此再沒過上好日子。

抗戰勝利後盛老七回到上海，在股票投資上大受挫折，他的後台孔、宋家族也隨著國民黨在大陸垮台而日落西山。解放前夕他到了香港，跟盛老五差不多，亦日暮途窮。他後來不曉得怎麼搞的，跟高鑫寶家族的一個下堂妾陳氏同居，把夫人楊氏騙回上海。此新人帶來一個高家的女兒，他們從香港又到了日本。誰知新人對他並不好。她自己的女兒是小姐，把老七的兩個女兒當丫鬟使喚，嚇得兩位小姐再從日本逃回大陸。兩位小姐的離家出走盛老七已得到風聲，派人去船上查找。兩個小姐躲進輪船底艙，才得逃脫。現在一位在北京，一位在香港。盛老七惟一的兒子原在國民黨空軍服役，現已去世。這三個孩子均不是「白牡丹」所生，但視為己出，臨終時還將一部分遺產分給兩位小姐，可知是有情有義之人。

盛老七在六〇年代初，病已益發嚴重，最後靠賣家當過日子，連父親六百封友朋來往的信札也賣了，透過一個姓陳的骨董商，賣給了香港中文大學，就是現在該校印行的一大宗實業函稿。

盛老七於一九六四年病逝東京，後事由其姪子盛毓度為之操辦。那「新人」後來也沒得好死，發哮喘病，人云「喘死了」、「悶死的」、「惡有惡報」。後來，她從高家帶出來的女兒也不明不白地死了，死時只有三十來歲，竟無人收屍，警察局發現後尋找她的親屬，電話打到留園飯店。盛家人有的人認為，她與盛家並無血緣關係，而且對老七不好，不要管她。但盛毓度還是看在他七叔的面子上，為之了結完事。

現在上海人談起上海足球史，動輒要提到東華足球隊，提到東華足球隊又總要講到盛老七，但人們只看到了他的興盛時期，淒慘的結局大概很少有人能料想得到。

東方奇男邵洵美

盛家的第二代，一般開頭都是轟轟烈烈、大紅大紫，但到最後總是不堪收拾，甚至結局甚悲。

四小姐盛樨蕙的大兒子邵洵美，是三、四〇年代著名的詩人、翻譯家、出版家和社會行動者，是盛氏大家族中文學藝術類的傑出人才，不僅在上海，在全國，甚至是國際學界中都頗有名望，但論個人生活的遭際和「運氣」，仍免不了「車子越坐越大，房子越住越小」。

這一切，並不妨礙他身上「奇人」特性的輻射。他那獨特的人生軌跡和文人情懷，總是使他活得比別人「出奇制勝」，做事情也比別人「異想天開」，當然花錢也比別人痛快淋漓，生活上比別人具「騎士風味」……這在當時中國四萬萬同胞中，恐怕找不出幾個來。

邵洵美血統中的「富貴」就是一奇。他的祖父邵友濂身為朝廷一品大員，曾出任上海道、台灣巡撫、湖南巡撫、出使俄國談判伊犁領土問題；生父邵恆是邵友濂的次子，雖沒做出什麼事情，榮華富貴仍然維續。母親盛樨蕙是盛家的四小姐，又是刁夫人所生，其地位之特殊、陪嫁之多，即便是同胞姊妹，也不敢稍置微詞。另外，由於邵家大房邵頤沒有兒子，邵頤又早逝，便把二房的邵洵美過繼給大房。既然大伯邵頤早逝，就等於過繼給大伯母了，大伯母是誰呢？竟是李鴻章的姪女，即李鴻章六弟李昭慶的第三個女兒，李夫人去世後又有史夫人。所以，邵洵美簡直是豪門「堆」裏的豪門子弟，命中注定有千萬家產。但是他並不樂於經商辦企業，更不屑於做官，十里洋場上的「歐風美雨」，把他塑造成外國文學專家和著名的翻譯家。這麼一來，他口袋裏的鈔票就有了「出路」。換句話說，這麼一個古老的官宦之家卻出了如此浪漫而美麗的詩人，而且是現代派唯美主義的詩人，在他身上沒有絲毫「腐朽的遺少氣」，而是充滿五方雜處時代的活力，這不能不說也是個奇蹟。

二、三〇年代的文壇上，邵洵美有「孟嘗君」之美譽，是說他為文藝、為朋友肯花錢。這類錢動輒數百元、上千元，而且長年累月如此，為出版書刊雜誌，甚至賣房子賣地。這種不惜成本的「大手筆」，亦是海上一奇。

邵洵美一九二三年冬天乘船赴英，一九二四年二月到達英國。他不讀金融、商科，卻難得地選擇了英國文學。因而進入劍橋大學。他不像有些豪門子弟，出洋讀書是為了鍍金，趕時髦，讀來讀去花錢不少，但讀不出什麼名堂。他非但一頭「鑽」進了英國文學，連同英國的風土人情、民族歷史、政治格局等方面，都充分地「吸收」了，以至於後來認識美國作家項美麗之後，項美麗驚奇地發現，邵洵美的英語在藝術語言表達上，甚至比她都準確、優美。他那紳士的風度，「騎士」般的性格，待人處世的「外國派頭」，從那時已漸漸形成。

劍橋大學這個環境，使他結交了許多聰明的朋友，這些人回國後各有一招，都成了社會上的知名人士。其中有徐志摩、謝壽康、劉紀文、郭有禮、沈宜甲、孫逵方等，之後又在法國畫院結識了徐悲鴻、劉海粟、黃濟遠、江小鶼、常玉、張道藩等。邵洵美和徐悲鴻、謝壽康尤其意氣相投，親如兄弟，於是他們共同發起組織了留學生組織「天狗會」，並按中國的傳統方式，結為拜把兄弟，謝壽康為長，徐悲鴻居次，張道藩行三，邵洵美為四弟，那時他還不到二十歲。

一九二七年，邵洵美接到一封家信，說是家中房子被燒，要他趕快回國。邵洵美是長子，又是大房史夫人惟一的兒子，火燒了房子怎能不管，於是啟程回國。原來邵家老公館並無稍損，而是牯岭路上「毓林里」的幾幢老式房子被燒了，那是他祖父邵友濂念記長房媳婦年輕守節，專門造了一些房子給她出租，用以補貼家用。按說此事於家大業大的邵家並無大礙，要緊的是祖母盼望四世同堂，催著孫子趕緊結婚。於是這年年底，邵洵美與他的表姊盛佩玉小姐完婚，在南京路大光明舞廳舉行婚禮，由馬相伯老人到場證婚。當時邵洵美二十一歲，新娘子二十二歲，新娘子是盛家長房盛昌頤的五小姐。當時身為大舅兼丈人的盛昌頤早已亡故，盛家的當家人莊夫人剛剛去世，邵家老太爺已死二十多年了，祖母柴太夫人也已風燭殘年，而邵洵美的親生父母邵恆和盛家四小姐盛樨蕙，又不善經營，坐吃山空，邵洵美下面又有六個弟妹……家中一切都表明，需要這個邵大公子回來執掌局面，重振家風！

當時能把實業與文學結合起來的最好辦法，就是開書店、辦雜誌、出新書，這是邵洵美極樂意全身心投入的事業，於是第二年，就在靜安寺路斜橋老公館的對面，開設了一家金屋書店，出版《金屋月刊》。誰知出版的書也許是太「陽春白雪」，不合市民口味，沒有一本暢銷。一年後，徐志摩的小舅子張禹九來看邵洵美，說是新月書店要招新股，請邵參加，其實是新月書店虧損太大，想到邵洵美反正有錢，又很大方，就有意讓他出來「接盤」。邵洵美心想反正辦書店都是一回事，於是關了金屋，專力於新月書店了。這時新月的成員有胡適、林語堂、羅隆基、沈從文、潘光旦、全增嘏、葉公超、梁實秋、梁宗岱、曹聚仁、卞之琳等等，出版《論語》、《詩刊》、《新月》雜誌，文學上是轟轟烈烈，聲勢很大，在三〇年代的文壇，可稱鋒頭獨健，但不曉得怎麼搞的，鈔票總是收不回來。加上新月書店股東多，人多意見就雜，後來不少人離開上海到別處去了，選稿也成了問題，《新月月刊》和《詩刊》只能成為不定期刊物了。別人可以說走就走，經濟上沒有多少瓜葛，但邵洵美是大老闆，只好苦心撐持，他不忍滿心熱愛的事業半途而廢，只好鈔票大把大把地往裏面扔。到了一九三三年六月，他實在撐不住，終於把「新月」結束了。

這時他又跟張光宇、張正宇、葉淺予幾個漫畫家熟了，當時他們在辦《時代畫報》，但僅出版了一期就吃不消了，跑來要求邵洵美接辦。邵洵美是個唯美主義者，對美的事物總有「一見鍾情」式的敏感。他欣然同意，準備大展鴻圖，在三馬路的一條弄堂裏租了一套房間作為編輯室，三個畫家都擔任編輯，邵洵美管出錢經營。葉淺予在《時代畫報》上連載漫畫《王先生》，頗受讀者歡迎，來幫助供稿的還有曹涵美和魯少飛，文學藝術界常來往的朋友有季小波、王敦秋、陸志庠、丁聰等等，他們的編輯部也就成了文藝界聚談的熱鬧場所。邵洵美原來預期銷路不成問題，售後情況果真如此，但由於用的是銅版紙，封面和彩色插頁用三色版，用紙考究，印書的成本也就高了，每次結算下來，還是虧本，弄得邵老闆一籌莫展。

三〇年代前半，邵家連遭不幸，繼生母去世後，嗣母又去世了。大家庭辦喪事講排場，開銷很大，祖父留下來的「楊慶和」錢莊也倒閉了（一九三五年），兩個弟弟又要結婚，這些年來他的出版事業雖然叫好，但經濟上總要貼本，因此錢袋越掏越空。後來，只好將房產作為抵押向錢莊借貸，再到後來，就只能將房產全部售給錢莊還清本息了，剩下幾萬元，他們父子倆分了。在這種情況下，邵洵美仍是「一條胡同走到底」，再次興辦出版事業。於一九三四年，在平涼路二十一號開辦了時代印刷廠，從德國引進了當時最先進的影寫版技術設備（即照相版設備），是中國人經營的第一家採用影寫技術的印刷廠，他打算將《時代畫報》放在自己廠裏印，以降低成本，又延攬了《良友畫報》的印刷業務。為了照顧印刷廠，把家搬到了楊樹浦，與工廠僅一條馬路之隔。後來，《時代畫報》終於用自己的機器印出來了，誰知生意並不好，因為油墨是進口的，紙張是進口的，成本本來就高，廠裏又沒有聘請製版技術方面的專家，僅靠幾個年輕人在苦心摸索，印出來的畫報與外國雜誌還是不能比。

這給天真的詩人又是迎頭一盆冷水。原來辦企業實體，不是靠詩人的形象思維就能奏效。這期間，他還在平涼路新村租了一幢房子，掛出「第一出版社」的牌子，吸引了上海文學界、藝術界的朋友天天碰頭，新的設想、新的構思、新的風格不斷冒出來，在在使得邵洵美熱血沸騰，激情大發，更加起勁地追加出版投資。

這段時期，他先後出版了《時代畫報》、《時代漫畫》、《時代電影》、《時代文學》、《萬象》、《人言》、《十月談》；自己的作品有《花一般的罪惡》、《一朵朵玫瑰》、《天堂與五月》、《詩二十五首》。出版物早已蔚為大觀，但邵家的老房子沒有了，拆建的里弄房子同和里也沒有了，「阮囊」也逐年羞澀了，他只好租房子住。然而，待人處世的派頭依舊故我，蕭伯納來滬他掏錢在功德林請吃飯，朋友們出書有困難，都會想到這位慷慨的詩人朋友。

最令世人稱奇的，是邵洵美與美國女作家項美麗的異國之戀。

項美麗是個年輕、漂亮，渾身都散發青春活力的女子。她一九三五年初到上海，原本是基於對東方的好奇，到上海後卻很快融入這個五方雜處、東西交會的城市，決心留在外灘的《字林西報》工作，並兼任美國《紐約客》雜誌駐中國的撰稿人。她生性好奇、好動、好冒險，生活經歷極其豐富，來中國之前，為觀察和研究猿猴的生活習性，居然在剛果的叢林裏生活了兩年，因此對猿猴懷有一種特殊的感情，後來在上海住也長年養猴子。她這種獨特的品味和冒險精神，很快就在上海灘與邵洵美撞出了火花。她與邵洵美的性格相輔相成，兩人共同完成最具冒險精神的工作，是在日本人占領上海的「孤島」時期，出版了毛澤東的《論持久戰》的英譯本，並秘密地發行和贈送出去。

一九三六年由朋友介紹，邵洵美認識了英美煙草公司的三個經理：英國人潑拉斯、美國人斯密司、中國經理陳心惠，還有一個徐娘半老的弗麗茨。他後來就常被邀請出席有外國人參加或由外國人主辦的宴會，步入上海灘洋人的社交生活圈。有一次在「上海國際藝術俱樂部」主辦的晚宴上，弗麗茨帶來一位漂亮的金髮女郎，這就是項美麗。第一次見面給項美麗留下深刻的印象，立即被他的容貌和氣質打動，因為邵洵美長著如「古羅馬雕塑人物」的鼻樑，而且英語講得極為幽默和流利，無論外表或才華都使項美麗大感震驚。邵洵美也為能認識這樣一位有才華的漂亮小姐而慶幸，當即邀請她到他楊樹浦的家中訪問。誰知這一訪問，竟導致此後幾年中邵洵美生活軌跡的改變。這在當時對項美麗來說，是一次更大的冒險，因為當時她在洋人圈子裏極為出眾，房地產大王沙遜也鍾情於她，與邵洵美來往，等於把一大群洋人朋友甩在一邊，而遭到她的國人歧視。有人竟然寄來侮辱性的信函，信中是一張用過了的草紙。

如果項美麗從此不再理睬邵洵美，那項美麗就不是項美麗了。尤其在一九三七年「八一三」抗戰爆發之後，她仍留在上海，而有錢的外僑都紛紛逃離，沙遜也開始變賣財產，到上海來的次數越來越少。

「八一三」那天，邵洵美一家是和工廠職工下午三點多才逃往蘇州河南岸，他在〈一年在上海〉中寫道：「我們的車子過橋（作者註：可能是外白渡橋，因為過了外白渡橋就是英租界了）時將近四點半了。有兩個工友當時走散了，來不及和大家一起走，他們五點多鐘出來，竟然被日本兵用機關槍掃射了。他們幸虧都懂得趕快伏在地上，只有一個人的腿上受了傷。他們說當時射死的男女老少不止幾十百千。不知那有三個小孩的一對夫婦會不會在裏面？更不知那一對六、七十歲提著小手巾包的老夫婦會不會在裏面？……」有人撰文說「八一三」一戰，使邵洵美「變成一個無產者」。他們搬了好幾次家，最後落腳霞飛路（現淮海中路）一七五四弄十七號，項美麗住在九號。財產的損失是無法說清了。但這次逃難沒有使他們退卻，反而激起他們的正義感和鬥爭精神。這期間，為安全起見，邵洵美以項美麗的名義出版了兩份宣傳抗日的雜誌，中文雜誌叫《自由談》，英文雜誌名《公正評論》。《自由談》出版到一九三九年三月一日，第七期後因日本人干涉而被迫停刊。秘密翻譯和出版毛澤東的《論持久戰》也是這個時期的事情。

一九三八年五月，毛澤東在延安發表《論持久戰》，全面分析中日戰爭所處的時代以及敵我雙方的基本特點，系統闡述了持久戰的總方針和人民戰爭的戰略戰術。這個重要的文件很快就傳到上海，中共地下黨組織要求地下黨員楊剛女士迅速譯成英文，以便讓全世界都能讀到這部指導中國人民抗戰的重要著作。楊剛是《自由談》的作者，外語極好，為安全起見，就住在項美麗家裏，在翻譯過程中，邵洵美與之字斟句酌，並在譯出之後，首先在《公正評論》上公開發表。這部著作從一九三八年十一月一日至一九三九年二月九日，分四次連載完畢，遂後又出版了單行本。一九三九年一月二十日，毛澤東在延安為這個英譯本寫了一千字的序言，題為〈抗戰與外援的關係〉。這篇序言後來也由楊剛譯成英文，刊登在單行本上。另外，楊剛還寫了一篇「譯者序」，序中對邵洵美的幫助表示了誠摯的謝意。

單行本出版之後，一部分由楊剛帶走，交由中共地下黨組織管道發行，另一部分則由邵洵美和他的助手王永祿，利用各種方式，把它塞進在滬外籍人員的信箱裏。

這些工作無疑會遭到日本人的干涉，那時日本人雖然還未進入租界，但咄咄逼人的氣勢早已不把洋人放在眼裏。終於有一天，兩個日本人請項美麗「吃飯」，問她《公正評論》和《自由談》的真正編輯是誰，稿子都是怎麼來的。項美麗的回答無法令他們滿意，於是被宣布勒令停刊了。

雜誌不能辦下去了，她在日益緊張的「孤島」覺得無法工作，就又撿起她初到中國時的寫作計劃，撰寫《宋氏三姊妹》。為採訪宋氏姊妹，邵洵美為其引薦，並陪她去了重慶和香港。可是在香港，項美麗卻投入了另外一個男人的懷抱，並與之結婚，生了一個孩子。一九四一年日本人占領香港時，她的丈夫被關進集中營，她帶著嬰兒過了兩年最艱難困苦的歲月，於一九四三年回到美國，仍是煮字為生，從此再也沒有來過中國。

項美麗可以一走了之，但東方男子邵洵美情絲卻無法斷絕。一九四六年，據說他替一家電影公司考察進口電影設備來到美國，並且找到了項美麗。誰也不知道他們那次見面各自懷抱什麼樣的心情，更不知道他們談了什麼。總之，那時的項美麗，經過戰爭的磨練，已有了穩定的工作、安定的家和心愛的孩子，年輕時代的冒險該是結束了。所以，她不可能再跟邵洵美回到中國，邵洵美也只得惆悵而返。

關於邵洵美後來的生活，真正熟悉他的人，幾乎都不忍多說了，認為這個詩人的悲劇完全是時代造成的，與其說是一個豪門後代的悲劇，毋寧說是一個天真的、海派知識份子的悲劇。

解放初，邵洵美的時代印刷廠的機器，全部由北京新華印刷廠收購，連同工廠裏的工人也全包了。為此，邵洵美帶了全家（除大兒子邵祖丞之外）來到北京，一來他在北京有許多朋友，他需要一份正式的工作；二來既然機器全部國家買去了，工人也全由國家包了，為什麼不可以再包一個邵洵美呢？他與出版打了幾十年交道，酸甜苦辣嘗盡，現在解放了，百廢待興，出版業不也正需要人嗎？於是在一九五〇年春，他在北京找了一處很優雅的房子住下來，然後到處拜訪朋友、找工作，如果不工作，除了那筆賣機器的錢就一無所有了，全家怎麼生活呢？然而現實是，北京方面並沒有容納他的肚量。他過去不曉得幫了多少朋友的忙，如今，好像所有的朋友都對他愛莫能助。他病了，兩個女兒也病了，全家只得返回上海。

朋友還是老的好。秦鶴皋在上海出版公司工作，一九五四年介紹他翻譯了馬克・吐溫的《湯姆歷險記》，薄薄一冊，出版後銷路異常地好。但他不能老是在家裏等工作上門來，全家大小要吃飯、讀書的。後來，他當年為之出過書、解過困的夏衍了解他的窘況，就關照北京有關出版部門，邀請邵洵美翻譯外國文學作品，稿酬每月二百元先預付，書出版之後再依次扣除。這樣，他總算有了固定的收入，先後翻譯了雪萊的《解放了的普羅米修斯》，繼而又翻譯泰戈爾的《家庭與世界》、《兩姊妹》和《四章書》，這三部書稿後因中印關係惡化而未獲出版。後來上海文藝出版社約他和余貴堂合譯蓋斯凱爾夫人的《瑪麗巴頓》（邵洵美用筆名荀枚），在一九五九年出版。

五〇年代後半，他還莫名其妙地入獄三年半，同牢的居然是復旦大學著名學者賈植芳先生。關於這三年半的精神與身體上的煎熬，筆者實不忍心去敘述了，請大家閱讀賈老先生回憶邵洵美的文章，原汁原味的牢獄生活全在其中。

這場冤獄後來又因「查無實據」而不了了之。據知情人講，是因為解放後邵還給項美麗寫過兩封信，但都沒有到達項美麗之手，而是落到有關部門手裏。信的內容無非是向其求援，因為他實在錢不夠花。但在那個時代這是犯大忌的，因為項美麗的丈夫是英國諜報人員，跟有這樣背景的人通信，不就裏通外國嗎？但天真的詩人哪裏懂得這些！

這三年半算是熬過來了，但是到了文革十年浩劫他無論如何也撐不住了。他的藏書全沒有了，朋友們都不敢上門，各自性命難保。有一段時間他被掃地出門，與大兒子邵祖丞合居一斗室，室內僅有一張床，他睡床上，兒子就得睡地上……一九六八年，邵洵美貧病交迫，咳嗽氣喘，身體不能動彈，夜不能寐，醫院診斷是「肺原性心臟病」，住院、出院、再入院、再出院，折騰了好幾個月，終於在五月五日與世長辭，結束了先甜後苦、不無快樂亦不無怨恨的「騎士」般一生。

他去世後，上海譯文出版社出版了他的生前譯作：《青銅時代》和《麥布女王》。「四人幫」下台以後，原先對他的一切誣衊、不實之詞得到了糾正。他的兒子邵奇地從報上刊載的批判姚文元的文章裏，得知在其父病重時，有關文化單位，還想把他拖到北京去批鬥呢！

陰陽一生邵式軍

汪偽時期的上海，有兩個路人皆知的大財主。這兩個人，一個管「煙」和鹽，一個管稅收，日進萬金，財勢熏天，背後都有日本人撐腰，他倆居然都是盛家的人，是連汪精衛和周佛海都奈何不得的實力派。

兩人中一個是盛老三（盛文頤，又叫盛我京、盛國華），乃盛宣懷的堂姪，另一個是盛宣懷的親外孫邵式軍（原名邵雲麟，排行老五，又稱邵老五，邵洵美的五弟）是四小姐盛樨蕙的第五子。此二人一生均陰差陽錯地跌宕起伏，大開大合，當然各自最後的選擇和結局是不一樣的，亦是盛氏大家族中極富傳奇色彩的人物之一。

關於邵式軍，外界只知他在敵偽時期是稅務大官，卻很少有人知道他投日的「門道」；知道他的後台是日本軍部，也很少有人知道他在家中的「領導」，即他的太太蔣冬榮。可以說，邵式軍一生中所有重大的轉折和決斷，都跟他的太太有關，沒有蔣冬榮，也就沒有後來的邵式軍。

在邵式軍成年的時候，邵氏家族已經中落。分家的時候，大哥邵洵美因過繼給大房，分得了邵家的一半財產，另一半分給他的父親邵恆。但邵恆夫婦不善經營，亦不專心於經營，常年以賭台為樂，儘管擁有大量的房地產、典當、銀樓和店鋪，但天長日久，坐吃山空，大小賬房又趁機中飽私囊，等到邵家老四、老五、老六要花錢的時候，家中已拿不出錢來供他們享用了，有時甚至上學的學費都成了問題。

邵式軍長得眉清目秀，一表人才，且年輕氣盛，血氣方剛，很想在社會上有所作為。但手中無錢，在上海就休想活動得開，於是在選擇配偶的問題上，尤其注重門第，力爭依靠丈人家的財勢，能有朝一日而出人頭地。

幸好老天爺有成人之美，讓他在復旦大學讀書時，於一次春遊活動中，認識了蔣家小姐蔣冬榮。蔣冬榮是民國時浙江督軍蔣百器的女兒，蔣的舅舅吳啟鼎是大名鼎鼎的銀行家（四明銀行老闆），自是一個有經濟背景又有政治背景的豪門小姐。蔣小姐為邵式軍的誠意和儀表所折服，邵老五對小姐的談吐和風度也心馳神往，二人很快陷入熱戀，進而談論嫁娶。

那時，按照上流社會的規矩，結婚之前，男方必須向女方家裏送「盤子」（即聘禮），通常是一些有相當價值的首飾。此時的邵家已拿不出像樣的「盤子」，偏巧蔣家小姐又非邵式軍不嫁。為了顧全面子，蔣家將一批首飾夜間偷偷送到邵家，第二天白天，邵家再堂而皇之地送到蔣府上。因此，邵式軍從一開始就對太太感激不盡，此後在重要的事情上，更是對太太百依百順。

他們婚後住在蔣家，邵老五見他的幾個兄弟（除了老大和老六之外，老大已成家，老六由其繼母「馬立斯」照管）都過得很艱難，於是徵得夫人的同意，把他二哥、三哥、四哥全都接到丈人家住。蔣家不忍這個漂亮女婿大學畢業後無所事事，就由蔣冬榮的舅舅推薦，到福建省稅務局當稽查官，也把他四哥邵雲麒一同帶去，因他與四哥最要好。在福建稅務官這個位置上，邵式軍初步嘗到了搞稅務的甜頭。

邵式軍的岳父蔣百器（一八七八—一九二七，名尊簋）是老同盟會的會員，早年就讀於杭州求是書院（浙江大學的前身），又留學日本陸軍士官學校，在日本時全力投入資產階級民主革命運動。回國時（一九〇七年），正是徐錫麟在安慶起義失敗，他的同鄉秋瑾涉案被捕之時。蔣百器奮不顧身進行營救。誰知營救不成，反而自己因涉嫌招致抄家，更不幸的是，清兵從他家中抄出一首秋瑾寫給他的長詩，中有「久聞我浙有蔣子，未見音容徒仰止」句，更加引起清廷的懷疑，於是將他調往廣西。辛亥革命後才又回到浙江，擔任浙省督軍。在後來的「護國運動」中，還出任過孫中山先生軍政府大本營的參謀次長、浙江宣慰使，在浙江省內，是個舉足輕重的人物。也正因為如此，後來蔣介石發現他有倒蔣跡象，就派人把他害死了。

蔣百器與吳夫人只生了蔣冬榮這一個女兒，沒有兒子。但蔣百器在北京時，曾與一位名叫陳翠娥的名妓生過一兒一女。那時袁世凱要稱帝，把蔡鍔、蔣百器等人軟禁在北京，並以青樓女子相引誘。蔣百器果與陳翠娥建立了感情，因陳氏能詩善繪，是蘇州人，還燒得一手好吃的小菜，生下女兒叫蔣冬華，兒子叫蔣益門（長大後參加了軍統，是蔣經國手下的幹將）。當吳夫人為蔣家無兒子承繼家業而愁苦時，有一天聽丈夫說在北京有一對小兒女，遂不由分說，私自派出丈夫的衛隊，跑到北京找到陳翠娥，硬是從陳氏手裏把兩個孩子搶了過來。陳氏本來見丈夫一去不回，已悲觀失望，眼下一對兒女又被搶走，心灰意冷，於萬般無奈之際，只好再入娼門。後來與當過大總統的徐世昌的弟弟徐世章相好，成了徐府的五姨太而去了天津，直到徐氏去世後，才帶著一些從徐家分得的遺產來到南方找兒女。這就是後來長期居住在邵式軍家裏的另一位丈母娘、他小姨子蔣冬華的生母陳氏。陳老太太心胸開朗，年壽比邵式軍夫婦還要長久。

一九三七年抗戰爆發，邵式軍兄弟在福建覺得不安全，遂返回上海。他很快變節當了漢奸，這是起緣於岳父那頭的關係。

原來蔣百器在日本讀陸軍士官學校時，有個要好的同學叫松井石根，在侵華戰爭中大出殺手，成為製造南京大屠殺的元兇。此人到上海後到處尋找老同學，想叫老同學助他一臂之力。而打聽下來，蔣百器早已去世，蔣的兒子蔣益門已是國民黨軍統的人，只剩一個女婿賦閒在家，而且是搞稅務工作的。松井石根一聽大喜，立即派人把邵式軍找去，請他為日本人在上海辦稅務，而這個位子，正是抗戰之前邵式軍的七舅盛老七坐過的位子，他心儀神往。但這次情況不一樣，是要當漢奸的，他還是有些猶豫不決。但回家與太太商量，蔣冬榮倒一口決定下來。為什麼呢？她要為父報仇，他父既是被蔣介石害死的，那麼誰與蔣介石作對她就倒向誰，即便是日本人也來者不拒！於是，邵式軍這個偽蘇浙皖統稅局局長就做成了。

蔣冬榮雖只有一五〇公分，但心眼機靈，遇事果斷，是丈夫的腦外之腦。平時遇有重要的客人來找丈夫，她總是躲在隔壁房間「旁聽」，若談到棘手的問題，丈夫與客人支吾其詞時，家裏的侍從就會推門而入，說是「太太有要緊的事情請您過去一趟」，這時邵式軍就心領神會，立即抽身而出，不管是什麼來頭的客人，此時一律被涼在一邊。等他從隔壁房間「面授機宜」出來，已是胸有成竹，應付自如了。

邵式軍出任偽職後把家搬到南陽路（南陽路是財主們的居住地，均是好房子），租了兩幢花園洋房，又為他的總務長、賬房、姊姊邵雲芝、衛隊長等人也租好房子（南陽新村的四幢房子）。等他把大把地錢賺進後，就在法租界餘慶路八十號（現屬徐匯區）造了一幢四層豪宅，外型雪白，類似飛機的式樣，院內有大草坪，遠遠望去，像是一架銀燕停在草地上。平時門禁森嚴，有衛兵荷槍把守，來人須層層通報，一般的客人在一樓會客，重要的客人要上二樓，二樓會客室的門飾和牆上的雕花，至今看來都是建築上的佳作。這個院裏前後一百八十人，除了衛兵、稅務警、大小賬房、男女傭人，還有奶娘、大姊等等，進出都是一大群人，市民無不對其側目。

邵式軍賺錢的方式主要是「十抽一」，和收上來的稅款要存在自己的銀行裏先存十天。蘇浙皖向來是中國稅收重地，光這「十抽一」就是不得了的數字，所以錢袋迅速地膨脹起來，不僅自己辦了大華銀行、印刷廠、印染廠、當鋪、店鋪，還置辦了很多房地產。並透過美國人斯密司（邵洵美的朋友），把大筆的美元存入外國銀行，以至於他最後到底有多少家產，自己也講不清楚。那時歐洲人眼看中日要打仗，紛紛賣掉家產逃命，在路上又怕帶首飾不安全，歐洲的行情也不好，所以把許多貴重的首飾都送進了當鋪，蔣冬榮趁機大開當鋪，最終收有高級飾品達上千件。解放以後，邵式軍在山東財政廳任上吃冤枉官司，辦案人員反覆要他交代清楚，汪偽時期他到底斂了多少財，他怎麼也講不完整，實際上他真的不清楚到底有多少家當，而辦案人員就始終認為他不老實。

邵式軍的漢奸行徑當然遭到同胞的仇視。有一次他車過南京路，不料前面有車迎面撞上來向他行刺，車被撞壞了，衛兵與刺客一陣槍戰，多虧司機機警，見車子還能開，就飛一般地衝出人群，七轉八拐地穿小馬路，終於甩掉了追車，躲進巡捕房。

又有一次，他受汪精衛之託，去東北「拜見」溥儀，希望溥儀能與汪氏合作。列車途經山東時，遭到鐵道游擊隊的伏擊，列車後面幾節車廂被炸得粉碎，邵式軍卻命大，恰恰在前面的車廂裏。人們亂成一團，他的衛兵遍尋不著他時，他正躺在座位底下抽煙呢。但他心中非常害怕，心想這游擊隊可能就是衝著他來的。此後就盡可能減少外出，但也覺得長此下去不知會怎麼樣，便開始動腦筋給自己留條後路。

太平洋戰爭爆發後的一天，邵府來了一位不速之客，他自稱是蔣大煒、蔣定一的堂兄弟。其實，他就是中共地下黨員馮少白。皖南事變後他與部隊失散了，到上海來找黨組織，聽說自己的堂弟現在是邵式軍的心腹人物，就冒險找上門來，試探著做些宣傳和策反工作。蔣氏兄弟見馮少白隻身前來，先是大吃一驚，慢慢聊下來，覺得其言有理，跟日本人幹下去遲早死無葬身之地。蔣氏兄弟是邵式軍最親信的人物，一個管內務，一個管衛隊。他們婉轉地向邵式軍講明來人的情況，想不到邵式軍倒覺得是件好事，立即請馮少白前來面談。原來他們夫妻早就在考慮後路的問題了。

那次會談安排在邵式軍的小會客室裏，雙方都很滿意。馮少白臨行時，邵式軍交他三萬法幣，作為送給陳毅將軍的禮物，略表心意。從此之後，馮少白多次往返於上海與鹽城之間，邵府就成了馮少白與中共地下黨的秘密聯絡點，公開的身分是蔣冬榮的姪子，所以來往自由，誰也不敢過問。於是，解放區所需要的設備、材料和藥品，就透過這條線，秘密地源源運到了鹽城新四軍軍部所在地。

抗戰勝利前夕，國民黨重慶方面已經探知邵式軍投共的消息，派人聯絡邵式軍父親從前的秘書前來說項，勸他抗戰勝利後跟國民黨走，而不要投共。同時又派來蔣冬榮的弟弟蔣益門住進邵家，實際上是在監視。為避開弟弟，蔣冬榮在裕華新村買了一幢房子把弟弟趕過去，同時為了邵式軍的安全，叫邵式軍躲進百老匯大廈，不要回家。不久，日本人就投降了。

果真，蔣介石見邵式軍不肯上鈎，就命令周佛海把邵式軍押起來。周佛海又布置熊劍東（稅警團的副團長）去捉拿。熊劍東礙於多年共事的面子，就透過邵的二哥、三哥，把邵騙出百老匯大廈，然後軟禁在熊劍東的家裏。他們對邵式軍說，外面風聲太大，還是到劍東那兒躲一躲比較安全。誰知車子一進熊氏的大門，身後「哐噹」一聲，大門緊閉，宣布他從此不允出此大門，周圍均是熊的衛兵，對他已翻臉不認人了。

消息傳到邵府，蔣冬榮勃然大怒，知道是二哥、三哥參與其中，就跑到他們家裏大哭大罵，向兩個嫂子拍案要人。兩個嫂子知道是上了熊劍東的當，就陪著蔣冬榮衝進熊家。她們過去都是好朋友，常在一起打牌，這回大家扯破了臉，大鬧熊府，三個邵太太面對一個熊夫人，嚇得熊夫人趕緊拿出蔣介石的手令給她們看，證明不是熊氏不仗義，而是軍令難違。蔣冬榮素知熊夫人的脾性，一個眼色，囑家人趕緊回家取來二十根大條，一股腦兒全塞在熊夫人懷裏，求其趕快救人。適逢這一天熊劍東外出，家裏還有一輛車。熊夫人經不住蔣冬榮的拜託，終於答應將車子開出，送邵式軍出走。

邵式軍出了熊府也沒回家，夫人已把應帶的東西準備好了，帶他到一個朋友家暫住，然後對丈夫說：「趕快去解放區吧！現在沒有人能保護你了！」幾天後，他在馮少白的陪同下，打扮成農民，乘車到達青浦，再由青浦輾轉來到蘇北解放區，成為一名公開的革命者了，後被任命為揚州專區的稅務局局長。

邵式軍公開投共後不久，重慶方面的接收大員陸續到了上海，「五子登科」鬧得不亦樂乎，邵式軍被指控為大漢奸，被國民黨通緝，餘慶路八十號的房子自然保不住了，成為被接收的目標。此時的國民黨上海市黨部主任是吳紹澍，要將這房子作為市黨部機關辦公處，因此命令蔣冬榮三天之內全部搬出。

蔣冬榮說家口太多，不僅自家的人還有親屬、傭人，能否寬容幾天。吳紹澍說不行，三天搬不完，東西全都扔出去。蔣冬榮表面上不動聲色，心裏卻恨得咬牙切齒，心想今天你叫我如此難堪，明天我叫你死！

聰明的蔣冬榮知道吳紹澍是中統的人，而國民黨內部中統和軍統之間一向矛盾很深，於是計上心來，設法透過戴笠來搞掉吳紹澍。

那時國民黨接收大員在上海醜態百出，報紙天天揭發，弄得國民黨威風掃地，蔣介石為此大大發火。蔣冬榮設法找到戴笠，說是她封存在餘慶路八十號裏的五個保險箱，裏面的金銀首飾、各種存款單據、地契都不見了，那房子被吳紹澍接收了，東西肯定也被他私吞了。同時派人夜間潛入樓內，把那個隻保險箱弄壞，造成假象，像是裏面的東西是被人撬箱偷走的，實際上裏面早就空空如也了。她又向報界「揭發」，報界如乾柴一點就著，一下子成了譴責吳紹澍的海洋。吳紹澍面對五個壞保險箱，知道是蔣冬榮搞的鬼，但他有口莫辯，而戴笠非常高興，一個電報打到重慶去，向蔣介石告發吳紹澍。蔣介石自是氣不打一處來，一個電報過來，就把吳紹澍給撤了。蔣冬榮狠狠地出了一口怨氣。

這件事的影響，在半個世紀之後還有餘波。大陸改革開放以後，海外不少當年的豪門子弟又回到故土，大家常有聚會的機會。有一天，邵式軍的兒子邵立接到初中同學譚端言的電話，說是老同學老朋友難得見面，請來錦江飯店一聚。客間大家互相介紹，當介紹到邵立是邵式軍的兒子時，一位女士忍不住大叫起來：「原來你就是邵式軍的兒子呀！你媽媽太厲害了，把我們一家害得好苦呀！……」原來，此人正是吳紹澍的女兒。滿屋子的人一片愕然！

蔣冬榮與蔣冬華兩姊妹後來被其同父異母兄弟蔣益門出賣，關進國民黨的一處特務機關。出來之後，所有的財產均被沒收，只剩存放在朋友處的零星房契單據。但蔣冬榮仍設法匯集起來，交給中共地下黨組織。不久，就帶著一對兒女，也來到蘇北解放區。這期間，還曾回滬為黨組織籌集了二萬美金，交組織使用。

解放後，由於受潘楊冤案的牽連，邵式軍曾幾次被隔離審查，尤其在一九五八年，對其老賬、新賬一起算，被捕被判刑七年，害得他曾一度精神失常。這一回，他再也得不到太太蔣冬榮的幫助了，太太已於一九五二年，肺結核復發而病逝了。邵式軍後來被送到青島一個國營農場勞動改造，一九六四年冤死於農場的醫院裏。直到一九七九年劉少奇的冤案平反，整個白區地下工作重新得到肯定，中共中央在關於為劉少奇平反的文件中，特地講到了對邵式軍的策反成果。又經過十年的艱苦奮鬥，邵式軍也終獲平反，他的兒子邵立一家，才得以從大豐勞改農場回到上海。但他已受父親案子的牽連，在農場度過二十五個年頭了。

瑞金二路馬路西側一處鑲嵌著琉璃瓦的高牆之內，是一處占地達四・八萬平方公尺的巨大花園。園內碧草如茵，巨樟如蓋，各種花卉和紫藤架、葡萄架、灌木叢，間相迭映，生機盎然。綠樹平疇之側，散置著小湖泊、小噴泉、小橋樓台和溫室苗圃，雪白的小天使，就在萬綠叢中的噴泉上，翩翩起舞……

這個美麗的大花園，原由三個獨立而相連的花園組成，內有四幢風格各異的歐式別墅，在二〇年代初，這兒是英籍冒險家、原跑馬總會的董事馬立斯的兒子、小馬立斯的樂園。

當年老馬立斯於上世紀中期隻身來到中國，靠腦子活絡，在跑馬總會任職，並靠跑馬發了大財，先後在外灘及跑馬廳（現人民廣場）附近廣置房地產。後來隨著市面的發展，這些地方很快都成了寸金之地，他又在現在的黃陂北路、重慶北路和大沽路一帶，建造了許多花園洋房和石庫門里弄住宅，並且都用「馬」字頭命名，如馬德里、新馬德里、西馬德里、馬樂里、馬安里、馬吉里、馬立斯新村等，共計四百九十餘幢房屋，其間還有一家「馬立斯菜場」，以至於人們後來就把那一帶的地名，統稱為「馬立斯」了。現在外灘中山東一路十七號的友邦大廈，過去曾是英文報紙《字林西報》的報館，後來馬立斯娶了該報老闆壁克的女兒為妻，並於一八八一年從其岳母手裏接辦了該報，一下子又成了《字林西報》的董事長。一九〇五年以後，老馬立斯已經年邁，自覺體力不支，把報業和地產交給兩個兒子去經營，自己挾鉅款回國，於一九一九年去世。

二〇年代初，小馬立斯在金神父路（現瑞金二路一一八號）構建了這座上海灘規模最大的私人花園，四幢小樓的建築面積達九八五五平方公尺，樓內飾有柚木壁板和大理石地坪。現在稱為一號樓的主樓，紅磚外牆的轉角處，還用水泥加厚加固，顯得格外雍容典雅。不知何故，到一九二四年，花園的東北部賣給日本的三井財團，所以在很長一段時間裏，人們又把這兒稱為「三井花園」。

一九四一年太平洋戰爭爆發，日本人進入租界，趕走了這裏的洋人，這座美麗的花園，居然淪為一個大鴉片窩，其主持人就是盛家的又一位出名人物——盛老三。

盛老三名文頤，字惠曾、號幼盦、我京，後改名國華，是盛宣懷的堂姪。依仗盛家的財勢，他在清末曾捐官為直隸候補道員加二品頂戴，後長期在北方任職，民國初期曾任京漢鐵路局局長，結交了大批北方政要，辛亥革命前後，是盛宣懷設在北方的重要耳目，局勢緊張的時候，幾乎每天一信，有時一天數信寄往躲在日本的伯父，這些信幾乎都屬「閱後付丙丁」的密信。辛亥革命之前，盛宣懷與袁世凱結冤，盛老三在信中必稱袁為「老奸賊」；盛宣懷極想了解朝廷「後院」裏的事情，盛老三就積極為之奔走，曾信中報曰：「攝政貌似精明，實則權操於濤、洵，從中總機關尚在八姑奶奶（指載灃之妻，係榮祿的女兒），所以兩介弟結好於八姑，而能使其乃兄之言聽計從。姪男正月在京即已知之，而彼黨之人大半尤熟，所以知之尤深。」「八姑則專愛鑽戒，兩弟則既愛財，又愛馬，慾念不甚大，而兩弟之總管更易交結，只要派一可靠之人進京運動，一拍即合。」他把宮廷內部的微妙關係了解得如此清楚，而且對其嗜好也瞭如指掌，這為盛氏將來對朝廷的「運動」提供了絕好的情報，可見盛老三的本領絕非一般。盛宣懷一家在日本避難時，盛老三待在北京，整天忙於蒐集各種情報，有時惟恐信中講不清楚，竟將報紙整張寄去，對其伯父真可謂忠心不渝。

辛亥革命之後，盛老三與整個盛氏家族一樣，失去了大清王朝的庇護，開始走向潦倒。然而，當年他在華北時結交的一些日本朋友，到了抗戰時期都已躋身高位，又為盛老三在抗戰期間的「崛起」提供了台階。

那時日本人在淪陷區推行毒化政策，大開賭禁，販賣鴉片，以毒害中國人民來籌措軍經費。被稱之為「歹土」的上海滬西洋人越界築路地區，以及南市一帶，由日本人發動「白相人」開設的賭館、煙館、「談話所」規模越開越大，致使無數市民為之傾家蕩產。盛老三正值窮愁潦倒的時候，日本人松井派人找到了他，委其掌管這一直接為日本軍方提供財源的鴉片專營權，以「宏濟善堂」藥號的幌子，宣揚什麼「善堂賣土」，對外聲稱以販賣鴉片籌集資金救濟災民等等。盛老三自是求之不得，很快成了上海灘上的「煙毒霸」。他的直接上司是個叫「李劍父」的日本浪人，真實的名字叫薩多米。

賣鴉片向來就是一大財源，上海的幾個所謂「大亨」，無不以此起家。經營此業者初以潮洲幫最有實力，鄭家木橋一帶，鱗次櫛比，掛滿了金字招牌的鴉片字型大小，都是潮洲人來滬開辦的。盛老三就借助潮洲幫的勢力，以藍芑蓀、嚴春堂為手下得力幹將，把江南一帶的鴉片經銷權又分包給他們的同夥，專銷上海、南京、蘇州、杭州等地，並與軍警勾結，以流氓為打手，有時還動用日本人的軍艦來運送鴉片，很快就壟斷了上海及江南地區的煙毒市場。盛老三也由此從一個破落戶的公子哥兒，搖身一變成了日本人卵翼下的頭號大財主，堂而皇之地住進了金神父路上的大花園。其財勢之熏天，連周佛海、陳公博都無法相比。

盛老三還是臭名昭著的「裕華鹽公司」的頭子。這個公司「統籌」了整個淪陷區的食鹽買賣，亦是個日進斗金的壟斷性生意。鴉片是黑的，食鹽是白的，盛老三一手抓了兩項大肥缺，就又有了「黑白大王」的綽號。

盛老三的財發得大了，並不忘孝敬他的主子，除了直接供應日本軍部之外，馬屁還拍到了東京，日本國內的大臣和國會議員，都按月獲得他的分潤。日本軍界的重要人物一旦有什麼特殊需求，他總是有求必應。而他自己生活的奢侈程度，恐怕他的主子也想像不到。

他家的兩扇黑漆大門終年緊閉，防範甚嚴，有人來往，汽車開到門前，喇叭一響，大門上一個小洞就打開了，門後的右側是傳達室，不僅有家丁，還有四個日本憲兵日夜駐守。來客取出名片，日本憲兵記下汽車號碼，一雙賊眼向來客上下打量，認為沒有可疑之處，才打電話往裏面通報。准許進見的，大鐵門開啟，汽車緩緩駛入，兩個日本憲兵手持槍枝，一左一右，一下子跳上汽車的左右踏板，好像押解犯人般通過長長的花園通道，來到主人的樓前。那時早有僕人在樓前接應，陪客人步入客廳，恭坐等候。

盛老三預約的普通賓客或宏濟善堂的各路「元帥」，常常是許多人被安排在一起召見的，他居上座，高談闊論，人雖瘦得像個猴子一樣，體重不超過一百磅，但過足了煙癮後，倒也精神抖擻，聲音洪亮，夸夸其談幾個小時而無倦意，來客們自是屏息而聽，喏喏連聲。只有那些身分特殊的人，才被延至樓上他的煙榻畔相見。他們一面抽大煙，一邊談話，房中僅有一個姓羅的心腹在旁服侍。煙榻上放的竟然是一隻金質的小痰盂，這就是至今老上海們一講起盛老三，就會扯到金痰盂、金手杖、金馬桶、金枱面的典故。

他平時由一如夫人陪伴，這如夫人常戴著一隻重達一十八克拉的大鑽戒招搖過市。解放初這只鑽戒流落於市，報界還曾呼為「奇物」，市面上轟動一時。一九四四年前後，上海因煤炭缺乏，實行限制供電，而盛老三的花園裏卻自置發電機發電，有時整夜樓上樓下燦然一片。一九四四年冬，盛老三過七十歲生日，在花園裏大張壽筵，大辦堂會，邀來了南北名伶，整整唱了三天三夜，滿院人頭簇擁，而院子四周卻又軍警林立。大上海不知有多少豪富，而在抗戰時期還有如此派頭者，也恐只此一家。

盛老三的橫財發得過火了，引起了日偽內部的勾心鬥角。偽上海市市長陳公博對「宏濟善堂」的作為早已記恨在心，三番五次要求日本軍部關閉「宏濟善堂」，建議改由南京行政院另設禁煙機關辦理其事。且日本軍方的楠本自己的腰包已塞足了，為保住自身的利益，就以「這是商人的機關，軍部無權干涉」為藉口，一再推託。其實盛老三的煙土運輸，正是用日本的軍車和軍艦裝運的，厚利在手，豈能鬆手！

於是，陳公博就發動「群眾運動」，叫林柏生策動「青少年團」走上街頭，示威大遊行，打出的口號是「除三害」，即除掉煙、賭、舞三項社會弊端。當時煙和賭的危害性社會早有公認，舞場上的流風敗俗亦遭到社會輿論的指責，所以「除三害」運動一時頗得人心。

一九四三年十二月二十七日，居然有六千多名青少年聚到偽市政府門前請願「除三害」，陳公博道貌岸然地出來接見，答應三個月內禁絕煙賭，並以此向日方交涉，力圖迫使盛老三交出鴉片專賣權。

參加「除三害」的青少年們大都是意氣風發的正直青年，他們哪裏知道官方幕後的勾當。聽說官方要三個月才禁止煙、賭、舞，認為時間太長，既然政府不去禁，那麼就由我們來禁。人們兵分兩路，當天就採取了激烈的行動。他們一隊開到南市區，衝入「西園」、「綠寶」等大賭場，一路高喊口號，威風凜凜，賭客嚇得紛紛望風而逃；另一路開到南京路，搗毀了「爵祿」、「大滬」等舞廳，嚇得全市舞廳一律停業。最後兩路人馬又會集到一處，焚毀了收繳來的煙具和賭具，在全市造成聲勢浩大的「轟動效應」，盛老三從此惶惶不可終日。

於此同時，日本人內部也有人起來揭發了軍方利用軍艦為「宏濟善堂」運鴉片的事情，盛老三的後台也靠不住了，加上他在「裕華鹽公司」問題上與周佛海有矛盾，到了抗戰勝利前夕，終於被陳公博趕下台。

不久，日本人投降了，國民黨接收了盛老三的大花園，作為中統黃仁霖主持的勵志社的辦公機關，後來中統失勢，軍統又把中統趕走，成了戴笠與蝴蝶女士的幽會之處。而盛老三當然是以大漢奸被捕入獄，關在國民黨軍統拘留所的楚園。不知何故，也許是「有錢能使鬼推磨」，軍統竟然對他另眼看待，允許他在監獄裏吸食鴉片。數月之後，他與楊揆一、羅洪義、沈長賡一起，被押往南京，判了無期徒刑。解放前夕國民黨遷台時，原準備把他們這批漢奸一同帶到台灣，後因解放軍迅速過江，國民黨大員們自己逃跑都來不及，何能顧及這批「珍稀動物」。解放後被轉入上海提籃橋監獄，盛老三終至瘐死獄中。

一九四八年，盛老三已是行將就木之人，曾託人從獄中帶出一張紙條給他的舊友金雄白，上面僅寫了六個字：「雄兄，請來救命！」那時，金雄白作為漢奸中與重慶方面有聯繫的人，受到優待，剛出獄不久，驚魂未定，何來餘力搭救像盛老三這樣一個龐然大物？出於舊情，金仍特意跑到了南京老虎橋，見獄中的盛氏更老、更瘦、更憔悴了。據其估計，即使當時恢復自由，也活不了多久。果真，盛氏再無回天之力了，經歷了這一場大起大落之後，不久就一命嗚呼了。而他的太太被軍統從瑞金路花園趕出來之後，躲在一個老傭人家的閣樓上，也潦倒而終。據說她發財的時候從來不顧及親戚朋友，甚至從來也不請至親吃一頓飯，所以等到她倒楣的時候，親戚們誰也不來管她，她只能自生自滅去了。

10 小姐心事

七小姐與宋子文

盛家女兒中，鋒頭最健的是七小姐。

七小姐叫盛愛頤，是盛府當家莊夫人的親生女兒，其父去世時她才十六歲，但已出落得如出水芙蓉，亭亭玉立了。胞兄盛老四整天在外，她則是媽媽的心肝寶貝，朝夕陪伴在側。莊夫人外出或應酬或打牌，七小姐總是陪伴在側，故見識多廣、伶牙俐齒、顧盼有儀自不待說，且能詩會綉，寫得一手好字，在社交場合是有名的「盛家七小姐」（當時出名的還有「孫家七小姐」孫用蕃，孫寶琦的女兒；「壽州七小姐」，清末光緒帝師孫家鼐的孫女，曾擁有現在興國賓館一帶的房產）。

當時宋子文剛從美國留學回來不久，由大姊宋靄齡引薦，當上了漢冶萍公司總經理盛老四（恩頤）的秘書。盛老四因社交活動繁多，幾乎白天黑夜顛倒著過，住在老公館的時候差不多要睡到中午才起床（搬出老公館之後要睡到下午四、五點鐘），而宋子文的作風洋派，按著鐘點來盛府彙報工作，請示問題，見主人遲遲未起身，只得在客廳裏等候。莊夫人和七小姐看不過去，時而出來招呼一下，使得他有機會接近「驚為天人」的七小姐。

宋子文長得一表人才，舉止談吐儒雅得體，辦事亦雷厲風行從不誤事，很快就在盛府贏得很好的信譽。他憑藉此天賜良機，屢屢向七小姐發起「進攻」。不久，他不僅主動擔任七小姐的英語教師，還經常向她講述大洋彼岸的異國風光和風土人情，盡可能顯示他的博學和才華。七小姐經不住他的「唬」，那顆高傲的心竟慢慢地向他靠攏了。

可是事情並非像宋子文想的那麼羅曼蒂克，七小姐的母親莊夫人硬是不同意這門婚事。起初她覺得小伙子人長得不錯，又是留洋回來，兩個年輕人似很投緣，也頗心動，但對宋子文的家庭底細尚不十分了解，就問家中大管家李樸臣問這門婚事可否。李樸臣是個「近視眼」，說：「他父親是教堂裏拉風琴的，盛宮保的女兒怎麼可以嫁這樣的人家？」於是，莊夫人明白門不當戶不對，不能答應他。

盛家多數人也這樣認為，兩家的地位太懸殊了，盛家雖已失去了老太爺的支撐，但在上海灘仍能呼風喚雨，而宋家是傳教士家庭，雖然兄弟姊妹都留過洋，但那還沒到發達的時候。宋子文回國的第二年，他的父親宋耀如就去世了，留下的家產僅足以維持小康水平，正如以後他的政敵們所指訐的，當時的宋子文，不過是「一窮措大耳」。他的大姊宋靄齡雖已與孔祥熙結婚，但那時的孔祥熙，不過一留過美的商人而已，遠非後來出任國民黨財政部長的孔祥熙，宋靄齡婚後還得赴山西幫助照料孔家的產業。他的二姊宋慶齡時已與國父孫中山結婚，但沒有過上一天安寧的日子，討袁運動之後又是反段護法運動，一九二〇年第二次南下廣州後，不久又遇上陳炯明叛亂，始終在政治鬥爭的風口浪尖上，他們的住房（莫利哀路二十九號，今香山路七號）還是海外華僑贈送的……宋子文眼下只是個英文小秘書，如何能匹配？

好在大權捏在盛老四手裏，盛老四一個命令就把這個秘書給踢開了，把他調到武漢，當個漢冶萍公司漢陽鐵廠的會計處科長。宋子文明知是調虎離山，但礙於體面，還是去幹了幾天，不久又返回了上海。他那時很「背」運，事業上到處碰壁，女朋友也談不成。但他脾氣也很強，莊夫人越是阻撓他越是來勁。有時在大街上，他看見前面是七小姐的車子，就一踩油門加足馬力追上去，把車子往七小姐的車前一橫，硬要與之「對話」。七小姐是媽媽身邊的「寶寶」，不想讓母親為自己傷心，但面對宋子文的求愛，又不想斷然拒絕，兩個年輕人畢竟已相愛了。那段時間，她被折騰得好苦。

聰明的七小姐為了不把事情弄僵，有時也答應與宋子文一起去逛街，但同時拉上八小姐盛方頤，對此，宋子文也無可奈何。有一次他們三人走在街上，宋子文只顧跟七小姐講話，突然一輛汽車從身邊擦身而過，走在後面的八小姐趕緊把他往旁邊一拉，結果人未撞倒，衣服卻撕破了一個大口子，宋子文嚇出一身冷汗。事後他對八小姐說：「多虧你救了我一命，請相信我，如果我將來有發達的一天，一定不會忘記你的救命之恩。」也許這就是後來，他堅請八小姐的丈夫彭震鳴出任某銀行經理的緣故。

一九二三年二月，廣州陳炯明兵變被平定後，孫中山在廣州重建革命政權，亟須各方面的人才，宋子文由其二姊宋慶齡引薦，被孫中山起用從而步入政壇。當時孫中山一封封電報催其南下，宋子文認為是個發展的好機會，但他放心不下七小姐，於是力勸她一起同赴廣州。

七小姐內心十分矛盾，她不願惹母親傷心，畢竟母親已經年邁，但內心深處對婚姻自主又充滿了嚮往。宋子文要她離家出走，投身革命，這對一個生活在高牆深院裏的千金小姐來說，是一道絕大的難題。

宋子文手裏捏著三張開往廣州的船票，追七小姐、八小姐追到了杭州（當時她們在杭州錢塘江觀潮）。西子湖畔，他勸兩位小姐跟他一同去，說革命一定會成功。八小姐譏笑他說：「怎麼，你還想搶兩個人走呀！」

七小姐心裏很難受，思前想後，最後掏出一把金葉子（金質的樹葉造型的禮金）交給宋子文。金葉子是上流社會送人的禮金，比送人鈔票要高雅得多，她知道宋子文沒有錢，是送他做路費的。她對宋子文說：「你還是自己去吧，我在上海等你回來！」宋子文很失望，其實這也是他意料中事，於是手握金葉感激地說：「我真心地感謝妳，這就算是借給我的吧。」

誰知宋子文一去就是好幾年。孫中山先生命他籌辦中央銀行，後出任行長，還擔任國民政府財政部部長，兼廣東省財政廳廳長、中央黨部商業部部長。實事求是地說，那段時間，宋子文確為國民革命立下了汗馬功勞，尤其為鞏固廣東革命根據地，為國民革命出師北伐，提供了財政上的保證。

但這位宋部長高官厚祿到手之後，就把上海的七小姐拋在腦後了。一九二七年宋子文曾來滬，那時盛家莊夫人已去世，按理說他是可以跟七小姐敘敘舊。可是當時國民黨正鬧寧漢分裂，宋子文處境艱難，新上任的上海警備司令楊虎和特別軍法處處長陳群，在他的住宅周圍布了暗探，他只得深居簡出，不敢走出租界，幾個月後又去了武漢。一九三〇年他再次返滬時，已是「使君有婦」，帶著張樂怡夫人出入公共場合了。盛七小姐為此傷心透頂，整日悶悶不樂，還生了一場大病。

大概宋子文十分珍惜初戀的感情，在後來的幾十年中，他一直設法想跟七小姐解釋，七小姐生性倔強，始終沒給他機會。但是天有不測風雲，盛家在後來的日子中屢陷危機，在緊要關頭，還得有求於這個宋部長，凡到了這種節骨眼上，盛家人還是推七小姐出面的多。有人說，盛、宋之間有一種秘密的聯絡方式，外人誰也不知其詳。這或許是真的，否則如何解釋宋幫了盛家的忙呢？

七小姐一直到三十二歲才與莊夫人的內姪莊鑄九結婚，宋子文得知後很內疚。抗戰勝利之後，到內地去的人又返回上海，盛家的兄弟姊妹，就常在盛老五（重頤）的淮海中路大花園中聚會，或是打牌，或是在草地上喝下午茶。有一天，七小姐接到電話，又來到盛老五的花園，沒想到一進客廳T·V（宋子文）也在場。

想必是宋子文透露過想與七小姐見面，盛家兄嫂就熱心地安排了。這時的宋子文已經過二十多年的宦海風波，幾次與老蔣鬧得不開心，也與大姊夫孔祥熙矛盾重重，或許他亟須回到感情的綠洲上散散步，多少償還一點對七小姐的負心之債。於是他主動和七小姐搭話，表示想跟她聊聊。盛氏其他兄嫂也力促他們「講和」。

但七小姐一臉冰霜，絲毫不給宋子文面子。她不需要聽他的任何解說，因為事實早已說明了一切。而且早年那段戀情，已過二十多年了。大家勸她留下來共進晚餐，她卻站起來冷冷地說：「不行！我丈夫還在等我呢！」說完拂袖而去，宋子文自討沒趣，也走了。

事後別人問起這件事，七小姐總是說：「我才不跟他囉嗦呢！大家都有自己的生活，何必再去惹麻煩，況且他正高官厚祿，春風得意，我何必要去巴結他呢？但話也得說回來，他那把金葉子還不曾還我呀！」漸漸地，她的後代也長大了，有時還拿此話跟她開玩笑，比如有人要到美國，臨行就會說：「我到美國若是見著宋子文，一定幫您討回金葉子！」「我去美國幫您討金葉子去了！」

七小姐在這個大家族生活裏有過幾次大功勞，一次為繼承遺產的事率先與幾個哥哥和姪子打官司，是中國歷史上第一件關於女兒亦能獲得繼承權的官司，在社會上引起很大的轟動；二是遵母命，到外面去查看一個剛剛出生的姪子，並按照「遺櫝還珠」的原則，把這個姪子搶回來。後來這個「還珠姪子」奮發努力，成了一個有影響的實業界人士；第三即是營救盛毓度。但事情總有些跟她過不去，因為怎樣總繞不過宋子文。

抗戰勝利以後，國民黨肅奸部門空前忙碌，把敵偽時期變節的人馬一網打盡，盛老四的兒子盛毓度也陰差陽錯地入了牢獄。

盛毓度早年曾在日本讀書，抗戰時期在日本待不下去了返回上海，曾在堂姊夫孫曜東主持的復興銀行裏做事，很快地又轉到日本領事館當秘書。他人在敵營但與國民黨軍統頭子戴笠有單線聯繫，曾策應、營救過一些國民黨人士，只是戴笠飛機失事身亡後，他有口說不清，被「掛」了起來，而且一「掛」就是十個月，儘管他不斷地寫信、寫申訴，甚至讓被他營救過的人寫證明資料，但朝中無人就無法出獄。

盛家兄妹自然是急得團團轉，能動的腦筋都動了，能託的人也都託遍了，就是不見放人。最後，大家只好請七小姐打電話給宋子文，請這位宋大院長幫幫忙。因為宋子文的權勢正如日中天，出任國民黨行政院院長，而且直接掌管對敵偽產業的接收和處理，放不放人全在他一句話。盛毓度的太太則在七小姐面前長跪不起，你不打電話，我就不起來。

七小姐當初不屑理睬的T・V，現在倒要回過頭去求他了，實在有些彆扭，但因毓度畢竟是自己的親姪子，而且從小就在她身邊，於是答應家人：電話只打一次，成就成，不成就算了。

想不到宋子文十分爽快地答應了，也許他正巴不得為七小姐做點事情。七小姐心想不能含糊其詞，必須講好時間，就苛刻地提出：「我想明天中午就跟我姪子一起吃飯。」電話那頭立即一聲：「ＯＫ，我一定讓妳明天中午跟姪子一起吃飯！」放下電話，滿屋子的人一陣狂喜，而七小姐卻一陣心酸，她明白，宋子文心裏還是有她的。第二天中午，盛毓度果真被放出來了。

事實上，宋子文一直在關注著七小姐的種種情況，甚至在他離開大陸之後還曾委託留在大陸的民主人士對其進行關照。她晚年生病期間，宋慶齡委託辦公室的職員還專程前來探望過她，大概均與宋子文有關。

全國解放後，七小姐參加了里弄工作。宋子文則於一九四七年三月在黃金風潮發生之後，辭去了行政院長的職務，於解放前夕去美國當寓公，一九七一年，在舊金山去世。七小姐活到八十三歲，看到了丈夫和兒子平反的一天。一對兒女早已各有建樹，尤其是兩個外孫周大虎、周二虎，學業有成，努力開拓，現在是上海建築藝術裝潢界的新秀，多次承包大型綜合廣場的裝潢業務，事業蒸蒸日上。可惜七小姐的丈夫莊鑄九不壽，解放後被打成反革命，於六〇年代去世。他們原住愚園路一幢花園洋房，後來住淮海中路榆園，「文革」前就與所有的豪門家庭一樣被「掃地出門」，住在五原路的一間汽車間裏，還好有姪子盛毓度常常從日本寄錢來接濟，晚年生活、治病是有保障的。不久前適逢七小姐一百歲冥誕，她的女兒莊元貞、兒子莊元端為母親在玉佛寺操辦了一場「法事」，天南地北的親戚又會聚一起，悼念這位善良的老人，她的兒子莊元端是特地從美國趕來的。

盛家人知道宋子文的後代的種種情況，但七小姐與宋子文幾十年間的恩恩怨怨，已成了歷史的雲煙。

彭七好自由，盛八不自由

盛八小姐盛方頤是蕭夫人的獨生女兒。蕭夫人原是莊夫人房裏的侍女，在盛家待久了，老爺生病期間又服侍的好，老爺喜歡上她，就納為如夫人。蕭夫人也信佛，心地善良，相信因果報應，凡事都很隨和，與盛府上下都處得很好。小姐們為打官司事曾向她求助，老人家二話不說就取出一只金鋼鑽戒。人太善良了往往就不被人注意，所以蕭夫人有些悄無聲息，一切看莊夫人的臉色做事。

八小姐從長相到性格脾氣都酷似其母，細瘦高晀的身段，慈眉秀目，講起話來從不出大聲，遇大事也不敢拿主意，總是跟在七小姐後面，與七小姐最要好，像是她的影子。八小姐這種弱女子的稟性，在盛府內部尚無大礙，出了盛府可就惹出大亂，最後竟無法收拾。

八小姐從小養在深閨人未識，一次家人帶她外出看戲，被揚州大鹽商周扶九的外孫彭震鳴撞見，驚為天女下凡。一打聽，原來是盛府的八小姐，於是設法接近她。有一次八小姐看完戲回家，汽車開進自家院門，誰知彭震鳴的車子也尾隨進來了。看大門的僕人見車子跟得這麼近，以為是小姐的朋友，就放了進來，誰知當時他們還不認識呢，是彭氏自己闖上門來，主動要交朋友的。這就是彭氏第一次打進盛府的笑話。

彭震鳴在家排行老七，世稱「彭老七」，江西人。彭家本身並不很富裕，但是外公周扶九是個不得了的大商人，清朝末年曾經號稱江南首富。周扶九的第六個兒子周鈞光很喜歡這個外甥，因他長得聰明伶俐，能說善道，能討大人們歡心。所以不僅供他在上海讀書，供他花費，自己的轎車也隨他拿去開，久而久之，舅舅家就成了自己家，隨時可以伸手要錢，成了個花錢的好手。彭震鳴人聰明，善唱程派戲，是程派名票，能粉墨登場，舉手投足頗像回事。為了唱戲，他還特地辦過兩個私營廣播電台，專播戲曲節目，有時還請人點播，由他自己來演唱，既豐富了節目，又娛樂了自己，過足了出鋒頭的癮。廣播電台一開，「彭老七」即刻名揚天下，蝶飛蜂舞，忙得不亦樂乎。

面對彭老七的正面進攻，八小姐自然不是對手，很快就被他「俘擄」過去。開始時，蕭夫人對這門親事很不放心，一來因為小伙子人雖漂亮但不夠忠厚，二來因為彭家在上海無甚地位。後來，一定要周扶九的六公子將他認作自己的乾兒子，方才鬆口。周家六公子本來視外甥為心頭肉，認作乾兒子亦未嘗不可。但到了辦喜事的時候，彭家本身並拿不出許多錢，還得靠舅舅幫忙，況且是娶盛府的小姐，非同兒戲，花錢「放血」是理所當然的事。

然而這個彭老七突發奇想，生出一個花大錢的念頭。他對舅媽講：「蔣介石在大華飯店結的婚，我也要在大華飯店結婚！」把他舅媽震得半天想不過來是怎麼一回事：你小子公子哥兒一個，能跟人家蔣介石比嗎？

況且，那時的周家早已不是老太爺周扶九在世時的光景。老太爺當年從經營鹽業起步，進而投資金融業、房地產業、紡織業，除上海為大本營外，還在南昌、武漢、鎮江、南通、長沙、常德、徐州、揚州等地，開設錢莊、鹽號、工廠、商店，有數十家之多。世傳李鴻章身後遺產有一千萬兩銀，盛宣懷遺產兩千萬兩銀，而周家老太爺生前資財已達三千六百萬塊銀元，折合三千萬兩銀子。周家在揚州的住宅，是一座七開間的七進大宅院，雕樑畫棟，世罕其比（解放後多年來一直當作地方政府機關）。遷居上海之後，在文監師路（今塘沽路）長春裏的住宅，亦是七開間兩層樓的七進大院，門前是文監師路，後門是海寧路。至於在上海的房地產有多少，如今誰也講不確切，只知南市區的九畝地、福州路上的會樂里、愚園路招待所、培成女中以及新聞路篤信里（現改為菜市場）等地，都曾在他的名下。可是到了一九二一年老太爺去世之後，尤其到了北伐戰爭之後，他那六個兒子，十一個孫子分家了，各房有各房的打算，更何況又出了幾個「周三」一類的孫子，整天在外狂嫖濫賭，美女成群，老太爺留下的家業，很快就露出敗相了。

周老太爺生前省吃儉用，夜裏走路連燈籠都捨不得打，只挨在人家的轎子邊上，藉人家的燈籠照明走路。他巧計買雞的故事當時幾乎路人皆知。可是兒孫們大都沒能繼承他節儉的習性，生活上互相攀比，追求時髦，其奢侈程度令世人難以想像：大孫女嫁給安徽廬江劉家，劉氏祖父為四川總督劉秉璋，父親是中國實業銀行總經理劉晦之，而周家孫女過門時的「門包」就要八千銀元。大孫女出嫁時陪嫁三十萬元，開了一個頭後，以後各房的小姐出嫁都比照辦理。一個出嫁時，是去湖南訂做的湘繡被面，各種款式齊備，另外幾房小姐出嫁也要同樣排場。四房媳婦的娘家甚至提出要雙面繡。若稍有不平衡，就會引發一場大家庭的「內部戰爭」……

輪到他彭震鳴和盛八小姐結婚時，周家何來那麼多鈔票去大華飯店擺闊？然而不依不行，舅舅、舅媽拗不過他，只好硬著頭皮撐足面子，變賣了一部分首飾，真的在大華飯店為他們舉辦婚禮，那天的排場就不用細說了。可悲的是，這場表面看來是自由戀愛的婚姻，實際上並不自由。

彭七盛八結婚之後，他們的私人轎車號碼為「八十七」，隱喻盛八小姐和彭老七。蕭夫人拿出私蓄，為他們在派克路（今黃河路）蓋了一處花園洋房，另有幾幢普通的樓房供其出租，叫梅東新村，收了房租可做家庭日常開銷，因為彭老七不務正業，靠他過日子是靠不住的。莊夫人一九二七年去世時蕭夫人尚在世，分遺產時，盛老太爺在北京的府學胡同的房子是分給蕭夫人的。蕭夫人長年住在上海，北京的房子只能出租，而收下的租金注定是女兒女婿的，因蕭夫人只生了這麼一個女兒。

按理說彭老七等於被招進了盛家，丈母娘已把一切都為他安排妥當，他如同「老鼠掉進白米囤」，吃不完用不完，萬事不用操心了。但是彭老七是個「花」心很重的人，對於婚後規規矩矩的日子不多久就感到厭倦了，於是四處去「交」女朋友，還常常在外面過夜。這對天生嬌麗的八小姐來說，無疑是精神上致命的打擊，以至於我們看到的八小姐的照片，沒有一張是帶笑容的。尤其是其生母蕭夫人由於一次事故，煤氣中毒身亡後，八小姐更加沈默寡言，鬱鬱不歡了。八小姐為人老實，管不住丈夫，自家的事情又不便向人訴說，況且她又沒有婆婆，彭老七是跟舅舅、舅媽長大的……她百般無奈，只好吸食鴉片來麻醉自己，後來，不管樓下來了何等重要的客人，只要她在吸鴉片就不下樓。有一次小兒子，彭國維在街上玩，摔破了頭，鮮血直流，傭人們嚇得大聲呼喊，不知如何是好，正好八小姐在吸鴉片煙，只說了句「趕快送他上醫院」，仍舊抽她的煙，可見生活中的一切，對她來說都已失去色彩了。

彭老七在外「交」女朋友要花大量的錢，而他自己又不事經營，光花錢而不賺錢，沒錢花了就賣房子，是個道道地地的敗家子。他把梅東新村和自己住的花園洋房賣掉後，開始住在新閘路上一處周家的里弄房子裏，那原是一處供賬房清算周扶九家財產的房子，只能騰出一部分借給他們住。後來搬入玉佛寺附近盛家的房產成德里。那時大家族已分家，房產不屬於他們，也只能暫住。再後來就搬至麥根路（現在的淮安路）租住張廷重的房子，因他們是親戚，張廷重（張佩綸的兒子）的太太孫用蕃，是盛老四的太太孫用慧的七妹，孩子們管她叫「北京七阿姨」。張家的這個院子只有兩幢樓房，一幢他家自己住，另一幢出租。後來這幢房子也租不起了，只好遷入尋常百姓家了，真的是房子越住越小，汽車則越乘越大。

每年過年是孩子們最開心的日子，因為可以挨家到長輩那兒拜年，走到哪就吃到哪裏玩到哪裏，還可以進賬大把的壓歲錢。一到這個時候，彭老七就對孩子們親熱了，招呼孩子們來玩「轉骨子」，論輸贏的，輸了就輸錢。小孩子哪裏玩得過他，不多時，口袋裏的壓歲錢就成了父親的囊中之物了。他們眼睜睜看著父親，把姨媽舅媽們給的壓歲錢鎖進了保險箱。二兒子阿彭（彭國裕）常常不服氣，拉著父親要「再來」，他要把自己的錢再「轉」回來，可惜結果總是小孩子失敗。

可憐的八小姐後來一直生活在這種深深的無奈之中。解放後政府禁煙，而那時八小姐煙癮已重，不得已時只好吞食生鴉片，不幸中毒身亡，年僅四十七歲。前來搶救的醫生對家人說，這種生鴉片只要一丁點兒就會致命的，八小姐怎麼不明白這個道理呢？

彭老七把家當吃光敗光之後，晚年就很不「自由」了。五〇年代，他又涉嫌一樁經濟責任案子，定以「反革命罪」，被送去勞動改造。在實在沒有錢的時候，才去找事做的，誰知一做就踩了「地雷」。幸好孩子們都陸續長大參加工作了，他這個從來未做過體力工作的公子哥兒，這回算是吃盡了苦頭。

誰知勞改結束不久「文革」又來了，人們又找他算賬，命他去掃街。寒冬臘月他怕冷，帶上手套去幹活，結果被群眾發現，剝下他的手套扔在地上，當眾羞辱他，批鬥、抄家是必不可免了。在上海待不下去了，他就住到松江女兒家去。有一天，派出所發來通知，叫他第二天去談話，他一下子緊張起來，精神恍惚，不知怎麼辦好，想到五〇年代被捕時，就是派出所通知去談話「談」出來的事情，這次再去，定是有去無回。他大概思考掙扎了一夜，想想自己走投無路，只有一死了之。第二天一早，就在臥室裏上吊自盡了。

當時他的女兒正在上海，松江僅他一個人。消息傳到上海後，小兒子彭國維趕去處理後事。當小兒子把他從繩子上解下來放平時，人早已僵硬了，奇怪的是，他還是從腹中深深地吐出一口氣。想必是活得太累了，現在總算得到解脫。他沒有任何病，完全是出於前途的恐懼。

彭七盛八共生有四兒三女，幾乎都繼承了父母能歌善舞的藝術天賦，解放後各自努力奮鬥，成家立業，過著小康生活。父母沒有留下遺產，反而促使他們正視現實，努力學會在社會上生存，這比他們的父母反而充實得多。只是老二阿彭（彭國裕）不走運，解放後是上海交響樂團的圓號手，不知什麼時候跟夥伴們一起閒聊，發發牢騷，被揭發講反動話，於是被送往勞改農場勞動改造。去的時候二十來歲，回來時已年近五十了，現已兩鬢霜白，而女兒還在讀小學。回首往事，真如作夢一般。

彭家大哥彭國寬老牌的「舞林高手」，「文革」後仍「死不改悔」，每逢雙休日，總喜歡在舞池裏玩玩。大妹愛麗斯（彭蔚宜）亦是舞場上的好身段，家住南昌大樓，正是鬧市中心，於是成了兄弟姊妹的聚會場所。幸好第三代人在家道中落後都自知發奮，有的在日本工作，有的正在讀書，有的已經商有成，有的雖沒有大的成就，亦能樂天知命地生活。現在烏魯木齊路上美國領事館的對面「喬治五世」咖啡館，二十來歲的小老闆彭于文，正是八小姐的孫子。

狂風暴雨過後就是耐人尋味的平靜了。八小姐的後代們談起往事都很心平，他們認為「六十年風水輪流轉」，大家族不可能永久興盛，但也不可能永久衰落，雖然他們是落難的一代，但將來他們的後代還能奮鬥有成，東山再起。人懷著希望活著，就活得格外扎實了。

盛名無奈「女門低」

盛家的女兒、孫女個個都出落得秀氣，但她們大都未受現代正規的高等教育，據說是為了安全，怕壞人路上綁票，因為長房長孫盛毓常被壞人綁票過，因此更不敢叫女孩子出門讀書了，而是聘請家庭教師來家裏教，倒也中文英文並舉。過去的私塾先生多重古文和寫字，作業多以背誦古詩文和抄寫古詩詞為主，況且私塾先生本身寫得一手好字，所以盛家女兒輩數理化未見有何名氣，毛筆字則規規矩矩，似有師承。

前些日子筆者在孫蔚青、盛範頤（盛宣懷的親姪女）家裏聊天，承八十五歲的範頤老人寫給我一個地址，那手字真令我輩羞愧得無地自容，鋼筆字竟像毛筆字一筆一劃，抑揚頓挫，筆筆有生氣。

據說七小姐的字寫得更好，親戚朋友們都讚賞，還常有人來向她索取「墨寶」。她的一手好字還引起了孫家七小姐孫用蕃（孫寶琦的七小姐，孫蔚青的姊姊）的羨慕，於是發憤隨之學字，也練得很有架式。到了晚年，孫七小姐兩夫妻十分潦倒，丈夫是晚清大官張佩綸的兒子張廷重，自己在滬的房產都沒有了，就租住上海灘有名的大律師吳凱聲的房子，在江蘇路上，只有十四平方公尺，而且孫小姐晚年眼睛也瞎了。但眼睛瞎了並不妨礙她寫字，她仍操筆給親戚朋友寫信，每個字都有乒乓球那麼大，上下豎排而不會重疊，親友們無不詫異她的腕底功夫。

女孩子中還有一個熱門的節目就是唱戲。六小姐、八小姐，毓字輩中有盛毓珠（岫雲）、盛毓青、盛毓影，還有盛毓度的太太彭菊英、盛毓郵的太太任芷芳、任芷芳的姪女任穎華、孫用慧的妹妹孫用魯、八小姐丈夫彭震鳴的表妹周毓俊，還有八小姐的孩子們……動輒就是一大幫子人，她們請了程硯秋的琴師周昌華來家拉琴為大家吊嗓子，一吊就是一下午，遇有家族中喜慶佳日，動輒還在院子裏搭個戲台，不用到外面請人，僅自家人就能唱全許多戲。盛毓郵結婚的時候，小姐們就在萬航渡路的盛家花園裏（現在是大中華橡膠廠的療養院）搭了戲台，大家粉墨登場亮相，唱了三天大戲。盛岫雲和任芷芳曾在皇后大戲院唱「蘇三起解」，滿城轟動。

更為可貴的是，半個多世紀過去了，她們大都把對京劇的愛好保持至今，有孫幾個已八十多歲了，至今仍登台演出，或傳帶弟子，或主持京劇票房，有的還為此付出巨大的代價。

現居台灣的五毛盛毓珠，是程派的終生名票，全心全意投入，還為自己取了個藝號：「穎若館主」，她從熱愛京劇藝術開始，與程硯秋的琴師周昌華先生建立了感情，後來在台灣結為夫妻。周昌華先生去世後，馬芳踪先生與盛岫雲建立了家庭。馬先生也是個超級戲迷，他與太太組建的「秋聲社」，是當前台灣有名的票房。盛毓郵的太太任芷芳今已八十三歲高齡，也是程派的終生幹將，他們老倆口幾十年間在東京，主持在日本的惟一的一家京劇票房：東京票房，每週日下午在固定的時間和地點，一幫老華僑們聚在一起吹拉彈唱，每當國內有名角訪日演出，他們必定要組織票友們前來聚會、合影、晚宴。今年六月筆者在東京，適逢琴師來為任芷芳老師吊嗓子，那曲高亢的〈六月雪〉（竇娥在獄中的一大段唱），直震得客廳嗡嗡作響。「文革」中市委機關的造反派審查任穎華，竟也拿她會唱戲來捉弄她：「妳不是唱〈三堂會審〉嗎？今天就對妳〈三堂會審〉！」任穎華四〇年代就拜梅蘭芳為師，是其入門女弟子，與梅葆玥、梅葆玖都稔熟。幾個月前逸夫舞台舉辦慶祝梅蘭芳藝術生涯的活動，她在《四郎探母》中出飾鐵鏡公主，又在《起解》中飾蘇三，畢竟八十多歲的人了，台步不靈活了，但嗓音依舊洪亮，顧盼流光，仍不減當年。那天與住在寶山區的周毓俊老師通電話，電話裏人的話語尚未傳出，胡琴聲音先搶入聽筒，原來是一幫朋友在她家裏吊嗓子……

京劇在他們那個時代就是流行歌曲，她們就是那個時代的「發燒友」。問題是京劇本由北方傳來。居然能在五方雜處，各種新思潮、新玩意「氾濫成災」的上海灘扎下根來，而且能與北京對壘（一般名角在北京每週僅唱一、二場，到上海一包場則包一個月，每天都唱，而且場場爆滿），這裏面固然有許多因素，但票友陣容的強大是其重要原因之一，而大家族常常是票友重地，如李鴻章家族、聶緝槼家族、朱幼鴻家族、趙培鑫家族……然而，像盛氏家族的票友如此之多，而且堅持了這麼多年仍昌盛不衰的，實屬少見。

老天爺有所不知，他在為人們打開一扇窗戶的時候，常常不自覺地把另一扇窗又給關上了。上帝在賦予盛家小姐、太太們藝術天賦的時候，卻常常忘記把美好的愛情帶給她們。

五小姐與台灣鉅商林薇閣結婚，由於個性不和，後來離婚了。六小姐嫁南潯巨富之子劉儼庭，生了兩個孩子，由於夫妻不和也離家出走了。她迷戀京劇，盛家人傳說她跟京劇名角趙君玉走了，但說不確鑿，可見也是一個超級戲迷。七小姐、八小姐的情況如前所述。似乎四小姐婚姻是幸福的，但人不長壽，僅三十幾歲就去世了。

孫女們的婚姻也不盡順利。毓青（冠雲）的丈夫舒叔培是個著名獸醫，五〇年代因為奶牛死掉而備受懷疑搞破壞，後被打成右派，他不服又無力反抗，只好自己結束生命。毓青的公公舒修泰，是漢冶萍公司萍鄉煤礦的礦長，電影《燎原》拍攝時，有關演員還曾到他家體驗生活，「文革」中他人已九十歲了，仍被押到人民廣場作為批鬥曹荻秋市長時的陪鬥，不久就被折磨去世了。盛佩玉與邵洵美本來相親相愛，可是又冒出一個項美麗。盛昌頤的二小姐嫁台灣銀行買辦周文瑞，而周氏又傾心於會樂里的「花國大總統」……

於是，老上海們話就出來了：盛氏一門「女門低」。

11 遺產風波

莊夫人之死

一九一六年盛宣懷去世之後，莊夫人莊德華（畹玉）成了盛公館的領袖。她執掌整個家業四年，直至一九二〇年五房分家為止。從一九二〇年至一九二七年莊夫人去世，子孫們雖然各執所得遺產自成體系，但莊夫人仍是這個大家族的中心，凡家族大事非得經她同意不可。她的賬房叫太記賬房，所管理和經營的產業，近則上海、蘇州、常州，遠則南京、九江、武漢。每個月的財政支出，她要求筆筆必須清清楚楚，所以總賬房李樸臣及其下面的大小賬房、跟班或跑腿，對莊夫人的指令，均不敢絲毫有誤。

莊夫人是正式的一品夫人，與盛氏其他的幾位妻妾（蕭夫人、柳夫人、劉夫人為「恭人」或「宜人」）地位自然無法等同，而且她是狀元之後，娘家亦為常州大戶，其兄弟子姪如莊亮華、莊清華、莊鑄九均在招商局或電報局任職，故在大家族中向有一呼百應之威。況且莊夫人一向嚴肅有餘，精明過人，善於理財治家，老公館上上下下幾百人，哪個要過生日了，哪個要出嫁了，哪個孫子要滿月了，哪個親家來往禮品禮節規格如何，哪個傭人是誰介紹進來，介紹人與盛家是何種交情，逢年過節該往哪家走動，哪一筆生意是虧是贏……她心中一本賬，無不清清楚楚，誰也別想瞞過她。她坐在房間裏不用出門，而外間事務無不通曉，因她的賬房、師爺、跟班隨時會跑來向她彙報的。所以她一婦道人家，在辛亥革命起義軍占領上海時，為保全老公館，她竟然動腦筋，把門口漢冶萍上海辦事處的牌子摘掉，而換上某洋行的牌子，同時動員洋朋友來老公館暫住，以洋人的身分來「壓陣」，在老太爺逃亡日本、盛老四、盛老五均隨之赴日的情況下，能以一己之力保全老公館，與「革黨」周旋年餘，此均非一般婦道人家所能為。這期間自然有賬房和管家們的功勞，有的賬房和管家兩代人，甚至三代人均在盛家服務，是盛家的功臣，如宋德宜、宋毅鈞父子。所以每到過年，這些功臣們所得的「紅包」也就最多，是最受莊夫人信任的一班人。

莊夫人有了這樣的地位和基礎，所以在盛宣懷去世後的最初十一年裏，起碼在老公館內就能穩住陣腳，一切尚無大礙。儘管三個兒子（恩頤、重頤、昇頤）一人一支「槍」（煙槍），恩頤身為漢冶萍總經理，其實並不真管事，但整個家族有莊夫人坐鎮，尤其那時還處在北洋軍閥統治時期，北洋的官僚多為清廷遺老，多少仍與盛家有交情，所以盛家的日子基本上還是太平的。

但到了一九二七年秋天，莊夫人突然患病去世了，台柱一下子轟然倒下，老公館就天下大亂了。時值國民黨北伐勝利，北洋軍閥政府倒了台，南京政府成立之後，盛家必須仰仗新人、新章程。剛巧此時以盛老四為首的幾個公子哥兒們，又去動原已劃歸愚齋義莊公款的腦筋，結果弄巧成拙，偷雞不著蝕把米，引來國民黨江蘇省政府前來沒收，報界亦連篇累牘地追蹤報導，以至於家財暴露無遺，情況益加複雜。

莊夫人原本沒有什麼慢性病，長年吃齋念佛，身體健朗。但這年秋天不知何故一直腹瀉，醫生說是痢疾，所以給她服止瀉藥，誰知吃藥並未見好，反而一臥不起，沒過多久人就去世了，年僅六十一歲。

關於莊夫人之死，盛氏家族裏不少人很意外，認為莊夫人原本是不該死的。她一輩子不知向窮人施過多少藥，不僅老公館北側開有自家的藥房，一方面為自家人抓藥，同時向窮人施藥，夏天加施涼茶，冬天則加施棉衣，在蘇州留園亦開有藥房，亦兼施藥。藥房所採辦的藥遍及南北各大名藥號，辦藥也是出了名的，如今為莊夫人治病，怎麼竟然連腹瀉也治不好，反而還喪了命呢？此為疑點之一。

其次是與傅筱庵的矛盾。傅筱庵原是盛家的「師爺」，早年跟著鎮海同鄉到上海灘謀生，曾在黃浦江上搖小舢板，因與盛家的一個賬房相熟，後來在此賬房的推薦下，踏進了盛公館。開始是充雜差，辦些雜事，後來由於頭腦活絡，當上了賬房，進而成了「師爺」，即幫盛家掌管一些投資企業的業務，主要是掌管中國通商銀行裏的事情。他得知莊夫人喜歡打牌，為了討好她，就常陪之打牌。又知莊夫人打牌有個脾氣，喜歡贏錢，贏了就高興，輸了就不高興，於是常常故意輸錢給她，因而就有更多陪之打牌的機會，也逐漸贏得了親信的地位。他知道莊夫人喜歡坐馬車，就「吃小虧賺大便宜」，花錢買了一輛當時最時髦的、小巧玲瓏的藤製座位的馬車，孝敬莊夫人，就更得莊夫人的歡心，把一些重要的事情交其辦理，久而久之，他對盛家的內情了解得一清二楚。可是當他實權在握，尤其是一九一九年當上中國通商銀行的董事長和總經理之後，野心就暴露了。他在公開場合不再為盛家講話，反而投機取巧，落井下石，想方設法收購盛氏子孫手中的通商銀行股票，或者約他們打麻將，就賭通商銀行的股票，到一九二〇年盛家清理家產時，尚有漢冶萍公司、輪船招商局的大量股票，而獨不見通商銀行的股票。後來莊夫人發現他的陰謀，曾派人把他叫來老公館，當面斥罵他一頓，但為時已晚，傅氏大權在握，羽毛豐滿，已敢於跟莊夫人相抗衡了。莊夫人去世時，正是盛家與傅氏矛盾再次激化之時，於是有人猜測，傅氏會不會從中做什麼手腳？總之，莊夫人之死，至今仍是個費解的謎團。

莊夫人突然去世，因大家均無心理準備，一下子陷入極大的忙亂和惶恐之中。一直守護在莊夫人身邊的七小姐也慌了，趕緊派人去找哥哥盛老四，因前面的三個大哥均已去世，公子哥兒們中盛老四是老大了，又是莊夫人所親生。但到處找不到他人，等找到他知道母親已去世時，一時也愣住了，不知如何是好。喪事如何辦，母親身邊的一大群人該如何安排，還有母親遺下的產業、遺產如何處理，他，概拿不出辦法。

當公子哥兒們不知所措的時候，盛公館內一些平素不大管事的內眷卻在忙著搬箱子、搶東西。反正頂天柱已倒，誰也管不住誰了，東西誰搶到手就是誰的，因為大家都知道，盛老四既是頭兒又不是頭兒，因他是從來不願得罪人，也管不來這個家，什麼事到他手裏，總是大事化小、小事化無。於是老公館大家各忙各的，亂成一團。

然而，這個大家族畢竟需要一個頭兒出面，盛老四不願出頭，就推孫用慧夫人來料理事情。孫夫人平時節省慣了，一看賬本，公館內每月化費要這麼大，嚇了一跳，考慮到眼下市面不好，盛家幾乎是有出無進，婆婆此撒手西去，今後的日子還不知會怎樣，於是決定節省開支，各房各戶每月要用的水電費要有嚴格的控制，過量就剪電線、摘燈頭，各位小姐們的零用錢也大為減少。尤其是莊夫人身邊一大幫傭人和跟班、賬房、管家，原本是服侍老太太的，現在既然老太太已去世，理應裁撤，統統打發他們回家，盛家從此不再需要他們，也養不活他們了。

但小姐們在老太太身邊用錢用慣了，如今嫂子來管家有了限制，她們渾身不舒服。另外，原莊夫人身邊的一班服侍人馬亦大為惶恐，因為他們有的在盛家已有幾十年了，有的是兩代人均在盛家服務，是依附於盛家的小家庭，離開盛家他們沒有地方去，於是到處找人哭訴，希望能為他們說情，不要趕他們走。七小姐是老太太的心肝寶貝，一直在老太太身邊生活，與管家、傭人們都熟得不能再熟。於是，七小姐的房間裏就跪了一大片人，哭著要七小姐救命，不要趕他們走，說他們並不要錢，幹什麼活兒都行，只要有口飯吃就好了。七小姐心軟，把他們一個個叫起來安慰說：「只要我有吃的，你們就餓不死！你們沒地方去，就留在我這兒好了。」於是七小姐斗膽收留了一大批莊夫人身邊的傭人、侍從。但七小姐尚未出嫁，手裏只有六萬元母親給的嫁妝錢，她哪來的本事養活這麼多人？況且事情被嫂子知道了，又平添姑嫂間的矛盾。所以本來就一片混亂的老公館，這下子更是亂上加亂了。

老太爺到底留下多少遺產？

大家族的台柱一倒，剩下來最敏感的問題自然是遺產問題。盛宣懷身後被人議論得最多的問題之一也是遺產。由於他錢多、地多、股票多，人們就依此推斷他是「髒官」、「貪污受賄」……

至於他到底留下了多少遺產，八十多年來一直眾說紛紜，有的說有一千萬兩，有的說有兩千萬兩，有的說三千萬兩……

二〇〇〇年六月筆者在東京，走訪目前盛家年齡最大的老者（九十歲）盛毓郵先生，就此問題還提出向其請教。毓老在談其他家事時非常爽快，有什麼說什麼，談到遺產的總數，他也說不準確，因為祖父盛宣懷去世時他才六歲，祖母莊夫人去世時他才十七歲，上面有父親、叔父、堂哥等一大堆人，還輪不到他過問整個家業的事，但聽別人講有三千萬，所以他沈吟片刻，答道：「或許會有的吧。」意思是這也不很肯定。

返滬後翻遍相關資料，所有資料凡談及盛氏遺產均語焉不詳，有的簡直毫無根據，全憑主觀臆斷。稍詳細些的有近年出版，由台灣作家寫的一本書名為《中國近代史上的關鍵人物》，談及盛氏遺產時，竟把盛家義莊的田產三千餘畝也計算在內，文中說：「盛宣懷在臨死之前，曾將他的遺產四六分析，規定以十分之四設立愚齋義莊，專辦慈善救濟事業，其餘十分之六，則分為六股，五個兒子各得一股（作者註：該作者大概沒看過〈盛宣懷行述〉，更沒看過盛氏家譜，所以認為那時他還有五個兒子），另一股留作其妻莊氏養老之用。根據盛家傳出的盛宣懷遺產總數，計有武進縣城內周線巷住宅一所，共計房屋二百九十餘間；愚齋義莊三千餘畝，另外則尚有蘇州、杭州等地的地產，嘉定、常熟等地的數十家當鋪。現金及有價證券方面，計盛妻莊夫人的「頤養費」銀七十萬兩，財政部捲煙庫券銀元七十萬元。輪船招商局老股一萬一千股，折合新股二萬二千股，每股票面值二百兩，共計值銀四百四十萬兩。漢冶萍公司股份二萬零二百六十七股，每股票面值銀五十元，共計價值銀元一百萬零一千餘元。另有積餘公司的股份一萬七千股，仁濟和股份四千八百股，每股價值若干，未見宣布。此外，盛宣懷在上海租界地區內所擁有的房地產，亦有很多。租界內的房地產都很值錢，估計不下銀一千餘萬兩。以這幾項約略估計，其全部財產的總值，已超過二千萬兩。何況招商局及漢冶萍公司的股票都只按票面值計算，以當時時值而言，尚不止此。而盛家所藏的珠寶珍玩，藏書樓中的珍貴圖書，以及妻妾諸子的私蓄等，均未計算在內。只以二千萬兩銀子來說，當時的『豪富』，要推盛宣懷為第一了。」這是持「二千萬兩說」的較詳細的說法。然而審之再三，筆者發現這裏有許多漏洞，或說是不實之詞。

首先，文中講到「愚齋義莊三千餘畝」和「嘉定常熟等地的數十家當鋪」。義莊原在盛宣懷的父親盛康手裏就創下了基礎，是整個大家族所有的義莊公產，當鋪則是親友們合資辦的當鋪，並非屬盛宣懷一房所有。而蘇州、無錫、常州等地的十數家當鋪，早在辛亥革命時就被充公了，後雖經盛宣懷極力活動爭取，允為發還，然而其中屬於盛宣懷的份額，折合銀兩只有八萬餘兩，而且當時就以捐助水利工程建設的名義，捐給國民政府了（此有盛宣懷與江蘇地方政府多位政府官員的信件往來為證），故此項應剔除。

其次，文中講到「另外則尚有蘇州杭州等地的地產」，其中關於在杭州的地產，是指西湖邊上現在西泠印社的那塊地皮九十九畝和杭州盛祠所在地皮，盛祠為盛康的紀念祠宇，均為盛家公共之產，在辛亥革命時亦被地方政府沒收，後經發還時，盛宣懷已捐獻給陶社，作為建造展覽館用地及西泠印社用地了。此亦有一九一四年二月三日〈杭縣縣公署關於發還盛氏產業的處分令〉為證。故此項亦應從遺產總數中剔除。

第三，文中又稱「漢冶萍公司股份二萬零二百六十七股，每股票面值銀元五十元，共計價值銀元一百萬零一千餘元……何況招商局及漢冶萍的股票都只按票面值計算，以當時時值而言，尚不止此。」此話有充水之嫌。招商局且不論，單說漢冶萍股票。漢冶萍經營之艱難已如前章所述。辛亥年終盛宣懷逃亡日本，國民政府要其以漢冶萍公司的財產作為抵押向日本借款，日方因漢冶萍早已舊欠累累而不肯再借新債，盛宣懷不得不派人親赴東京向三井說合，三井回答說：「漢冶萍已無財產可抵押了。」種種細節，前章已述，可知漢冶萍股票並不像人們所期望的那樣票面升值，相反是價值下跌，此有一九一二年十一月二十三日盛宣懷致江蘇督軍程德全的信為證。盛氏在信中談及請發還被查封的各地產業的同時，又談及他願意捐助二十萬元以備地方善舉，或即為捐助水利建設公用。這二十萬元哪裏來呢？他寫道：「茲籌具現洋票十五萬元、漢冶萍公司股票一千七百股，約計批示轉行……漢冶萍公司股票一千七百股，計股本洋八萬五千元，因現款難籌，暫以作抵，俟周轉靈通，並請准其以五萬元贖回。」也就是說，盛氏為爭取早日發還財產，答應捐助二十萬元，而其中將一千七百股漢冶萍公司的股票權作五萬元現金充賑了，以後有了現金，再以五萬元將此宗股票贖回來。這五萬元抵一千七百股，說明該股票已從五十元的票面跌至二九·四一元了，這就與「以當時時值而言，尚不止此」相去甚遠。至於到了盛宣懷去世時的一九一六年，漢冶萍的情況未見好轉，仍在負債累累中掙扎，因此其票面亦不可能升值。至一九二八年，也就是到了莊夫人去世後的第二年，那時盛老四是漢冶萍的總經理，手裏尚有四十萬元漢冶萍的股票，而他的岳父孫寶琦出任漢冶萍董事長。盛老四曾對其岳父說：「您身為漢冶萍的董事長，怎麼能沒有股票呢？這麼著吧，我這兒有四十萬股票，權作半價出讓給您……」其實那時的時價，該股票連半價也不值了，盛老四缺錢花，想以此「敲」點錢來用用。此事有孫寶琦的第二個兒子孫用震在美國所撰的著作《緐慕韓（寶琦）先生碑銘手札集》為證。可知漢冶萍股票的「時價」，並值不了一百萬零一千餘元，恐怕連一半也值不到。

另外，文中還講：「盛宣懷在上海租界地區內所擁有的房地產，亦有很多。租界內的房地產都很值錢，估計不下銀一千餘萬兩。」這也是信口說說而已。要知道租界內地價並不一致，南京東路、外灘一帶當然是黃金地段，而盛家老公館在靜安寺路即現在的南京西路成都路一帶，地價與南京東路絕不能相比。而且租界內地價瘋漲是在抗戰時期，盛宣懷於一九一六年去世，那時的地價僅是抗戰時的一半不到。況且盛家的房地產主要是靜安寺路上的老公館一百零五畝地，辛家花園數十畝地，還有一些位於更偏遠的閘北區的里弄住宅的房產。那時才幾十兩銀子一畝，盛家的這些房地產，怎麼能算得到一千餘萬兩之數？

……

所以，「盡信書不如不看書」，要想找個確切的答案，必須下苦功去翻閱陳年舊報紙。聽盛家後人講，七小姐盛愛頤曾為繼承遺產問題與其兄打過官司，時間在莊夫人去世之後，《申報》上有記載。於是筆者把頭埋到《申報》堆裏去，希望能從「官司」之中找到財產總數的蛛絲馬跡。結果，有了極大的收穫，不僅弄清楚財產總額和官司情況，連幾百萬財產如何被國民黨政府「接收」去，也弄清楚了。

原來，事情是出在盛家本身的矛盾上。

當初盛宣懷去世之前，曾有遺囑，將其遺產的一半拿出來辦善事，救濟盛氏貧苦人家和從事社會慈善事業。這項遺囑的執行監督人，是李鴻章的長子李經方等人。那時李經方在上海當寓公，辛亥革命後公私事務均已交卸，是個褪盡華彩後的海上紳士。在他的安排下，又成立了盛氏財產清理處，負責清理盛氏名下的各類財產。在盛氏去世後的第二年（即一九一七年六月一日），召開了盛氏五房（大房盛昌頤由其長子盛毓常為代表、二房早夭不計、三房盛同頤由其嗣子盛毓郵為代表、四房盛恩頤、五房盛重頤、六房和八房均早夭不計、七房盛昇頤）及親族會議，成立愚齋義莊。

這個盛氏財產清理處經過兩年半的努力工作，於一九二〇年一月報出了工作成績，認定盛氏財產至一九二〇年一月止，總額為規元一千三百四十九萬三千八百六十八兩八錢五分五厘，內除償款及提存各款一百五十三萬二千四百五十餘兩外，實際應分財產為一千一百六十萬零六千零十四兩三錢八分八厘。這是公布於當時報端的詳細數字，而且盛氏財產清理處及財產監督分配人均有法律上的資格依據，聽從前會審公廨的諭令，因此應當說，這個數字有法律保證，因而是有權威性的。這個數字當然應是包括盛氏的所有股票、房產、地產和他名下的其他財產。

根據這個清理結果，一九二〇年，由盛氏親族會議議決，盛莊氏（莊夫人）及其子息五房同意，作為十成分派，以五成作為五房分析，以五成捐入愚齋義莊，兩處各得五百八十萬零三千餘兩。由此可知，盛氏五房子孫，每房各得遺產一百一十六萬兩，愚齋義莊則得五百八十餘萬兩。關於愚齋義莊的財產管理，經由財產監督人李經方會同盛氏五房及親族會議商議，訂立章程，成立董事會，由董事會照章永遠保守，只准動用生利（即動息不動本），不得變賣其義莊財產，此財產用途的分配亦訂入章程（即莊規），以其中四成作為慈善基金，四成作為盛氏公積金，二成作為盛氏公用。此議一出，即刻得到地方政府的好評，和盛氏親族的擁護，一九二一年，經盛氏公親莊蘊寬（莊夫人的本家兄弟，曾代理江蘇督軍），及蘇紳唐文治、馮煦、張謇一等以命婦特捐巨產等情，公呈江蘇督軍（即省最高軍事長官）齊燮元、省長王瑚，轉呈北京政府，於同年十月三十一日，由大總統頒發嘉獎令，均備有在案。

後來到了一九二七年秋莊夫人去世之後，盛氏財產清理處又清理出一筆財產，估計這就是莊夫人的「頤養費」剩餘部分。按照莊規，仍舊是一分為二，一半歸五房子孫，另一半歸義莊。義莊實得一百四十七萬三千九百三十二兩七錢四分九厘，加上原先歸入義莊的五百餘萬兩，合計共有公產為七百二十七萬六千九百八十九兩九錢四分三厘。按理說，大家按章辦事，相安無事，天下太平，皆大歡喜。可是盛老四此時又闖禍了。

莊夫人去世僅幾個月，義莊董事狄巽公、盛澤丞（即盛老四）等自行破壞了莊規，於一九二七年十一月二十六日，具狀向臨時法院提出要求，要求將早已歸入愚齋義莊用於慈善基金的部分，提出來由盛氏五房分掉，這在家族內部引起了軒然大波。

首先七小姐就不服氣，這筆基金已歸入公產，怎麼還可以討回，如果可以討回的話，那麼按照民國的法律，未出嫁的女子也有繼承權，那麼應該是分成七份，七小姐盛愛頤、八小姐盛方頤亦應有權分到一份。於是七小姐向其四哥盛老四提出要十萬銀元出洋留學。七小姐那時母親去世了，與宋子文的關係也「吹」了，極想出去走一走，況且還有一大幫母親原先的傭人要供養，這都需要錢呀！誰知盛老四不同意，他自己錢都不夠花了，何來心思顧及其他。七小姐性格脾氣也強，你不同意，那就法庭上見。

盛愛頤逼上梁山打官司

一九二八年六月，七小姐盛愛頤把他三個哥哥（恩頤、重頤和昇頤）及兩個姪子（毓常、毓郵）告上了法庭。她在訴訟狀中寫道：

「……先母於民國六年，奉先父遺命，創設愚齋義莊，以全部遺產之半作為基金，共計銀五百八十萬兩有零，為數甚鉅。成立迄今，甫逾十稔。先母於上年九月間棄養，而被告兄弟叔姪，即於本年二月間，將義莊財產之六成，約合三百五十萬兩，按五房平均分析，經董事會呈請鈞院給予過戶，而於原告應得之權利，竟置之不顧。不思在此黨治之下，法律上以男女平等為原則，國民黨對內政策第十二條業已確認，而最高法院迭次解釋，亦根據第二次全國代表大會婦女運動決議案，明確未出嫁之女子，有與同胞兄弟同等承繼財產之權……法律所賦予之權利斷難絲毫放棄。前於四月十三日（下）一八九六號呈請鈞院，諭飭停止執行，以俟合法解決。旋於同月十九日奉批示，如有權利可以主張，應向相對人為之，如果發生爭議，只可訴請法院裁判等。原告遂即委託律師函致被告，請將此項財產，依法將原告加入同等承繼。乃迄今兩月，被告等仍置之不理，殊無和平解決之望。為此請鈞院，迅予查照最高法院解釋，判令被告將此項六成莊產，與原告重行均分，以符合法例而重女權……另有庶出胞妹方頤一人，亦尚在室，故此項莊產，應按七份均分，原告應得七分之一，約合銀五十萬兩。謹以此價額繳納訟費。合併陳明，謹狀上海租界臨時法院。」

此案在報端一經刊出，即刻引起極大的反響。因為按照中國傳統的大家族析產法，女子是沒有財產繼承權的。民國以後男女平等，雖然在政府法律條文上已明確女子有繼承權，但真正實行起來困難頗多，得有敢於挺身而出的現代女子來維護自己的權益才行。因此盛愛頤打的這個官司，即為民國以來第一例女權的案子，它的社會意義已經越出盛氏家族內部矛盾範圍，成為一個社會公眾所關注的傳統制度的改革問題，因而頗有轟動效應。這也是盛老四等人所萬萬沒有料到的。

當時《申報》曾大段地摘刊七小姐的訴訟書，為之搖旗助威，文中還對其做了如下介紹：「盛愛頤女士為已故蘭陵盛杏蓀之嫡女，在室未嫁，最近以弟兄分析遺產之保留部分，並不遵守黨綱及現行法律、依男女平等原則辦理，乃延聘律師，向法庭起訴。盛女士為國民黨老黨員，對於革命工作，曾為次參與機要，先總理在日，甚為重視，又與宋氏姊妹相知甚深，故此次提起訴訟，各方均表同情。現悉該案已由臨時法院定期九月五日在第八庭開審。按女子要請男女平等之財產繼承權，此尚為第一起，影響全國女同胞之幸福，關係甚巨……」

關於文中稱七小姐曾參與孫中山和宋慶齡的革命活動事，現在已無從考證了，但她敢於在全國第一個打起關於女權的官司，充分說明了她的魄力和勇氣。

九月五日開庭之日果真盛況空前，因這史稱第一件女權案不僅引起社會上廣泛關注，亦引起了法律界的高度重視。因而到庭旁聽者極多，名律師江一平、詹紀鳳亦到場旁聽。七小姐未出席，而是請律師陸鴻儀、莊曾笏為之代理。盛老四亦未到場，也是由律師代理。七小姐的律師陳述案情後，盛老四的律師繼起反駁，主要理由是，盛宣懷一九一六年去世，從那時起，就有了繼承權的問題，就有了財產分配問題，然而那時並沒有關於男女平等的法律條文，所以盛愛頤不應具有分得遺產的權利等等。接著又有盛重頤、盛昇頤、盛毓常的律師出場，一致反對盛愛頤有繼承權，盛毓郵的律師未出庭。後來盛恩頤同意分給盛愛頤十萬元，但其他幾房仍是不同意，於是法庭展開調查、辯論後，宣布「候定期宣判」。

一個月後，法院的判決書下來了，宣告盛愛頤勝訴，應可分得遺產五十萬元。這一消息不僅鼓舞了七小姐，八小姐見事有可為，亦大著膽子，也向臨時法院遞上狀子，要求法院判決她亦有同樣的財產繼承權，法院請張正學推事承審。開庭審理時，八小姐本人不到場，請律師代理，而被告的五房亦多不到，雙方均由律師代理。律師們唇槍舌劍，各執一詞，讓旁聽者又看了一場精彩的「好戲」。

租界臨時法院自是同情盛方頤一方，不久即宣布盛方頤亦勝訴，應當分得該項遺產的七分之一。據說七小姐和八小姐為此官司付出昂貴的代價，但畢竟是打贏官司，拿到了自己應有的份額。

但愚齋義莊的這一部分基金已訂入「莊規」，「莊規」規定不許分析，也不許變賣。此時北洋政府倒了，國民黨來了，盛氏兄弟以為有縫好鑽，誰知國民黨比北洋軍閥更厲害，在盛氏兄妹的官司尚未完全搞定時，竟來宣布查收另外四成慈善基金了。

國民政府再次撿走「皮夾子」

正當盛氏兄妹在打官司時，地方紳士吳培鈞向江蘇省政府「參」了他們一本，認為愚齋義莊的財產不應准許他們分析，請省政府加以制止、查辦。江蘇省政府遂派孟心史為查辦本案的特派員，又委派李時蕊律師全權代理，依照法律程式進行查辦。

江蘇省政府最初的意見是：永遠禁止他們分析義莊財產，由省政府加派委員，會同管理，每年子息，仍照原莊規分配。此時，不知是誰又出了一個新主意，此正中省政府的下懷，於是一波未平，一波又起。

盛氏子孫五房執意要分掉的是愚齋義莊財產中的六成，因分配不均，引起了七小姐與八小姐前來打官司。然而，愚齋義莊還有四成財產呢！盛氏子孫見省裏派人來查辦，禁止分析，於是趕緊討好省政府，聲稱願將義莊內的其他四成全數交公。不僅如此，還願把莊夫人遺下頤養費的一部分，以及愚齋藏書樓的藏書，全數捐獻。言下之意是，此四成交公，你們千萬不要干涉我們那六成的分析，而這麼一來，整個愚齋義莊豈不就不復存在了嗎？作為愚齋義莊的董事狄巽公不服氣，他拒不交出賬冊，還跑到租界的臨時法院去討公道。於是，江蘇省政府與臨時法院又有了矛盾，江蘇省政府與義莊更是矛盾突出，最後弄到江蘇省政府委員會主席鈕永建出來說話。鈕永建當然主張四成歸公，義莊存不存與他何干！

鈕永建訓令特派員孟心史的文件被披諸報端，文中有稱：「查愚齋義莊四六分析辦法，係該董事會及盛氏五房一再堅持請求之結果。四成財產（即本屬於慈善基金部分），係純粹公有之慈善基金，非復四六混合，盛氏子孫尚有多數持分時可比，在四六未分以前，依照愚齋義莊莊規組織之董事會，其主要任務在代盛氏保管私財、分配八款。關於慈善事業，向由廣仁堂專管，故管理方法、董事人選應依莊規辦理。現在既已分析，原有莊規已根本消滅，而依莊規組織之董事會，當然失其存在之依據。盛氏五房既各將所屬私財自行分管，即為不復信賴該董事會之明證。其公有之慈善基金，關係社會公眾，保管方法當然另行規定，保管人員當然另行選定，豈能任已失根據之盛氏管理機關，長久把持之理？此種辦法，本府早經決定，本年二月齊日，電上海臨時法院李時蕊律師轉知遵照令內，即經聲明四成慈善基金，候令行特派員遵照執行。據呈，已遵令並抄七條辦法給諭，於六月七日送達愚齋義莊董事會，遵照該諭揭明，派員接收四成慈善基金之決議。又有七條辦法，規定四成慈善基金分屬公有，已與盛氏無涉，應由省政府籌設保管機構負責辦理。又載明保管規程，由省政府議定公布。同時即照該規程組織保管機構，負責接收、保管全部財產等語。本政府對於四成慈善基金地位之規定，及將來之措置，已鉅細不遺。該董事會自接收前項院諭之日起，即應知其管理財產之地位早因請求分析義莊、打破舊有莊規而消滅了，其消滅之後之辦法，又經本政府慎重議決，詳細聲明，應即靜候派員接收辦理。今據來呈，尚欲藉口訴願，要求中止進行，意在抗拒接收……藉詞躲閃，所引各種法例。該義莊莊規及董事會既早經消滅，法律上即無此財團法人。無論如何規定，均非該董事會所能適用，屬無權代理，何得濫引不相屬之案例，資為抵抗？所請斷難准行！……合亟令仰知照，著即查照前案，通知臨時法院，克日嚴厲執行，勒限交收。倘敢故違，應即拘傳各董事本人到案，勒令移交，毋任玩延，以重公產，切切此令。中華民國十七年十月二十四日，江蘇省政府委員會主席鈕永建。」

如此看來，省主席大人已經發火了。那四成義莊慈善基金即二百三十餘萬資金，絕非小數目，省政府志在必得。此時，盛家子孫已拿到了義莊資產的六成，其餘四成，任省政府與義莊董事會吵架去，至於義莊還存不存在，盛老太爺的遺囑能不能貫徹，似已無人關心了。

省政府當然比義莊董事狄巽公等手段厲害。在勒令他們限時移交的同時，又下諭文給招商局、仁濟和保險公司，因為義莊的資金很大一部分是招商局、漢冶萍和仁濟和公司的股票，四成慈善基金中有漢冶萍股票五萬三千九百五十六股，仁濟和股份有三千七百股、招商局股票有四千四百股。省政府即下令這些公司將這些股票一律凍結，不許買賣、轉讓、提息，一切候省政府派員來接收。如此一來，狄巽公等還有什麼辦法？

至一九二八年年底，江蘇省政府白手撿了一個大皮夾子。至於此項基金後來的命運，現在恐難查證清楚了。至於愚齋義莊，自然壽終正寢了。這樣一個「四六分析」的結果，如果盛老太爺地下有知，不知該做如何感想！

關於盛老太爺愚齋藏書樓的藏書，盛家後人確實是捐給國民政府了，共有十餘萬卷，國民政府接收後來了個「三家分晉」，一份給了聖約翰大學，一份給上海交大，另一份北上山西，因孔祥熙的大女兒在山西銘賢學校當校長，就被她爭取去。這些書在解放以後院系調整時亦做了新的調整。上海交大的部分轉給安徽大學，現仍存該校圖書館；聖約翰的部分調撥給新成立的華東師大圖書館；山西銘賢學校校址後來成為山西農業大學，那份藏書又隨之歸入山西農大。華東師大得到聖約翰藏的愚齋藏書後，曾於五〇年代組織人力整理、編目，發現其中僅地方誌即達六百多種、海內孤本即達七部，其中《三山誌》為存世的惟一一部。另外三百多部醫書中，有三十餘種是海內早已失傳的孤本醫書。五〇年代講究互相協作，大公無私，因華東師大無醫學院，就把此三十餘部古醫書送給了上海中醫學院。中醫學院不乏識貨的老中醫，認為是一批罕見的國寶，報告了院黨委，院黨委即召開全校師生員工大會，以示慶賀。中醫學院還請華東師大圖書館的領導和專家與會。台上人歡天喜地，台下的華東師大人士則有後悔莫及之感。

現在華東師大圖書館有愚齋書庫，專儲盛氏藏書，是「三家分晉」時的最大一宗。這批藏書經該館古籍部專家精心整理，已分類排架，重製函套，在教學科研中日益發揮應有的作用。

12 野火春風

「六十年風水」如何轉？

一九九九年十月的《收穫》雜誌曾刊出孫樹棻先生的一篇文章，題目叫〈豪門的衰敗〉，講的就是盛氏家族在抗戰勝利之後的衰敗景象。文中說，他家與盛家的一位什麼親戚是遠親，有一次母親叫他去給這個遠親送點東西，他為此第一次踏進盛公祠的大門。盛公祠位於現在的北京西路萬航渡路路口，在漢冶萍公司上海俱樂部的旁邊（現已拆，成為上海警備區的車隊和交通銀行大樓），是盛宣懷去世後，盛氏後人與工商界人士為之建立的紀念館。當孫先生走進去的時候，已看不到任何關於盛氏的紀念性陳設了，房子和大門都已非常破舊，牆頭和屋瓦上都長了挺高的草，而祠的大殿已被木板分隔成若干小房間，中間一條陰暗的走道，走道兩邊排列著小門。每個小門的門口都堆放著煤球、爐子、柴火筐和亂七八糟的東西，小門裏面則擠滿了盛氏的窮親戚朋友。這些住戶潦倒不堪的窘狀，恰恰襯托了這組房子的破敗景象，散發出幾分落日黃昏般的淡淡寂寥……

這幅類似難民集中地的淒涼畫面，是筆者所見到關於盛公祠的惟一記載，想不到竟是這樣不堪！抗戰勝利距盛宣懷去世，不過才三十年，而盛宣懷形象黯淡之迅速，實在令人吃驚。他一生創辦的實業所帶來的實惠，人們在流水般的歲月中，無時無刻不在享用，輪船、電報、鐵路、新式學校……可是對於他的名聲，不曉得怎麼搞的，人們似乎只記住「惡」的一面，而這「惡」的一面僅僅是那些查無實據的貪污受賄。難道是我們這個民族，只善於捕捉人家的缺點嗎？這算不算是一種劣根性呢？現在人們細審那些當年與盛氏共事過的人物，即深知其人的盛氏圈子裏的人物，活到抗戰勝利的並不乏其人——盛文頤在抗戰中的大紅大紫自不消說，董康亦是有實力的人物，就是陶湘也活到一九四〇年，至於盛氏的子孫，如盛老四、盛老五、盛老七，都活到了五、六〇年代，他們面對如此破敗的盛公祠，居然也看得下去，旁人還能遑論其他嗎？

或許，這種情況的出現，已經昭示著盛家的「風水」已經「轉」得差不多了。第二代可以算是先甜後苦，第三代即毓字輩的人，僅有少數人是先甜後苦，對絕大多數人來說，昔日盛家的榮華富貴，已是一個遙遠的夢了。

那天，筆者在膠州路的一個亭子間裏，與盛四小姐的長房長孫邵祖丞先生把茗相對。七十多歲的邵先生當年是個很「海派」的人物，曾與朋友合夥在淮海路陝西路路口，開辦了一家專售外國唱片的音樂商店，凡是西方的音樂、美術、文學、語言，他均能娓娓道來。平時西裝革履，海外事無所不知，在時代中學教英語時全部用英語教課，在教師中亦是一個「騎士」般的人物。然而，現在他的居室僅有十平方公尺，退休之後靠為學生輔導英語來貼補家用，歲月已把這位盛、邵聯姻的大公子哥兒，塑造成一位「亭子間老人」了。講到家族後來的災難時，邵先生顯現出奇的超然，他說：「六十年風水輪流轉嘛，盛家和邵家的風水，大概已『轉』到別人家去了，人家說『富不過三代』，盛、邵兩家到我這一代的上半期，已是富了四代人了，再往上一代應該也算是富的，所以嚴格來說，我們已富了五代人了，大概應該吃點苦頭了吧？人家說『便宜不可以占盡』，輪到我們這一代，大概就該把便宜還給人家了……」以這樣的態度來對待苦與樂，審視家族變遷的歷史，我還是第一次碰到，所以他在電話裏為我指路的時候，語氣也是那樣平靜：「您到了膠州路從我們弄堂走進來，會遇到一個大鐵門，那大鐵門你不要進去，而要走那旁邊的小弄堂，向左拐然後再向右轉，然後再向右轉，一定要找到後門，反正您若找不到號碼就問問人家……」當我步上他那搖搖晃晃的、陰暗而逼仄的小木樓梯時，才明白他的用意，因為那是擠在鬧市一隅的，幾乎是個被遺忘了的角落。回想起以前看到的，別人從外國報刊上翻拍下來的靜安寺道台花園的照片，再舉頭叩開那扇亭子間的小門，豁然洞開中的邵先生，簡直是位歷史導師了。

在談到這「風水」在「轉」的過程時，邵先生講了很多場景。他故意把悲涼的故事說得「味淡」一些，可笑一些，盡可能不讓我陷入傷心。他說五〇年代，國家要把時代書局公私合營，或者派一名黨員幹部進來當領導，那時書局已與有關銀行家共同主持，銀行家們也不同意合營或讓黨員幹部來當第一把手。那時時代書局很有特色，出版馬列主義的書，也出純文藝作品，「但不曉得怎麼回事，後來就有人在《人民日報》副刊上寫文章罵我們書店，一週一篇長文，都是半版或整版的大塊文章，這些人跟我們搗亂也不撿個時候，他們這麼一罵，我們的書店名聲就壞了，書店就辦不下去了，只好乖乖地交給國家。」講到他的父親到了晚年，肺氣腫很嚴重，家裏被抄得家徒四壁，又被掃地出門，曾住在淮海中路一七五四弄十九號（原先邵祖亟「頂」下來）的一間房子裏，父子倆一個睡床上，一個睡地上，相依為命，他的弟妹們已星散各地。那時多虧華東師大的施蟄存先生，每月寄五十元錢來，等於救老爸一命。「沒想到後來，姚文元居然也救過我父一次。那已是『文革』以後揭批『四人幫』的時候了，報紙上登出了姚文元的十大罪狀，其中一條是包庇邵洵美。說是一九六八年，北京的紅衛兵本來是要把我父親拖到北京去批鬥的，不曉得怎麼搞的，居然是姚文元出來制止的，紅衛兵沒得逞，就是『包庇』了這麼一回。其實那時我父親都病得快要不行了，看來姚文元還是了解情況的……」

講別人還能具體，講到他本人，總是一帶而過。「我嘛，歷史反革命，是沾了我父親的『光』，五〇年代我父親被抓進去時，我也倒楣了，發配農村勞動改造三年零兩個月。我父親放出來了，我也就可以回家了，『文革』中亦是批鬥對象，掃地出門……」說到這裏，他不再深入下去，他不跟你談具體細節，或許一扯開的話，「味淡」的氣氛就會被破壞了。話頭一轉，講到他的親戚：「我的情況還算是好的吧，命沒有送掉。我的一個表嫂，『文革』中從濟南回上海，正碰上聶元梓組織什麼『南下兵團』南下上海點火，叫火車上出身不好的人前去報到，我表姊人老實也去報到了，結果一車廂的人，都被紅衛兵用銅頭皮帶打死了，家屬去認屍時幾乎認不出了，是從那只在瑞士訂做的手錶上認出來的。」

他說的這位表嫂，筆者也略知其人，名叫聶光錫，是我國老一輩的銀行家、原中國銀行副總裁聶其煒的女兒，她的爺爺是聶緝槼，中日甲午之戰時的上海道道台，她的祖母是曾國藩最小的女兒曾紀芬，她的丈夫蒯世京是上海楊樹浦發電廠的總工程師，她的婆婆即是邵洵美的堂姊，即邵頤與李夫人生的女兒邵畹香，就是致使上海「楊慶和」銀樓倒閉的那位蒯太太。而蒯世京的爺爺又是清末京城裏有名的清流大吏蒯光典……「風水」轉到聶光錫，已無甚光彩奪目之處了，她是個家庭婦女，只因家庭出身有「問題」，竟遭如此毒手！這個事件因時處「文革」初期的大亂狀況，「革命風暴」一俊遮百醜，輿論上亦未曝光，如今若有心人去認真調查一番，那場「革命」的真面目就更清楚了。時間已過了三十多年，當時受害人的家屬絕不會輕易忘卻！

當然，作為盛四小姐的曾孫輩，邵祖丞的「背運」只是他們這一房的典型，他的弟弟妹妹們過得似乎比他好些，如今也瀟灑些。如邵綃紅、邵綃珠、邵綃燕、邵陽、邵小馬、邵小羅，他們都受過高等教育，各自成家，雖然「文革」中都吃過不少苦頭，總算現在「雨過天青」了。然而，在邵家大家族中，比邵祖丞更「背運」的大有人在，邵式軍的兒子邵立就是一個。

那年邵式軍公開投共、奔赴解放區後，其妻蔣冬榮先是被國民黨當局關押，後來保外就醫住在醫院裏，財產被抄沒，他們的兩個孩子邵立、邵蓓蒂姊弟就只好寄居在白賽仲路（今復興西路）碧梧新村的外祖母（蔣冬華的生母陳氏）家裏，那時邵立不過才八、七歲。

其父邵式軍是人所共知的大漢奸，而他後來投奔解放區卻很少有人知道，所以老爸走後，兩個孩子仍然「享受」大漢奸兒女的「待遇」，在里弄、學校裏處處被人唾棄、扔石頭，回到家又不敢對大人訴說，只能晚上躲在被子裏偷偷哭泣。解放初的一天，其父終於穿著一身解放軍軍裝高高興興地回來了，家裏頓時又熱鬧了起來。誰知好景不長，「三反五反」當中，邵立在濟南，眼睜睜地看著父親被人五花大綁押走了，後來聽說是因為懷疑他貪污。回到上海，他把事情跟母親一說，母親是個急性子，一時想不通，不久就急火攻心，憂憤交加，不幸病故了。後來邵式軍雖審查結束，證明無罪，官復原職，返滬奔喪，可是過了沒幾年，又來了一場審查、抄家、關押，直至一九五八年冬，正式宣布邵式軍被捕，判刑七年，押送山東廣饒縣勞改農場服刑。本來當了幾天高幹子弟的邵立，一下子又跌入「反革命家屬」的深淵。這個深淵對他來說是將近三十年的痛苦歲月，幾乎占去了他目前生命的一半。

一九五九年邵立高中畢業，他沒有聽父親不要從文的勸告，立志非藝術院校不讀，因為他的姨媽蔣冬華一生未嫁人，也沒有正式工作，就把邵立當成自己的兒子培養，把她所有的藝術細胞都盡量傳遞給這個外甥，所以邵立不僅鋼琴彈得好，繪畫、文學、英語都很出色，立志要報考電影藝術學院。為此，他在圖書館苦苦泡了一年，一九六〇年，考取了上海電影專科學校電影文學專業。誰知，邵立和姨媽高興沒幾天，校方卻發來一張「自動退學證明」書，勸其退學。邵立不同意，跑去問校長。校長當然不會說因為你出身不好，將來不適合做宣傳工作，但是人們總是編得出相應的理由，那個時代對付一個小青年還不容易嗎？何況又是邵式軍的後代！於是，他只能流著淚，告別那所已經跨進了，又被推出來了的藝術殿堂。

為了生活，邵立只得憑姨媽教給的鋼琴技藝，在一所中學當音樂代課教師，同時向施濟民先生進一步學習英語，誰知竟因此招來一場大禍。

一九六二年正值三年困難時期，台灣蔣介石那邊蠢蠢欲動，國際形勢也變幻莫測，這一年，據說從大陸逃往香港的人特別多，有關部門對上海的各種英語補習班特別注意。施濟民先生是「右派分子」，家庭背景也較複雜，他輔導的五個學生竟然個個都有海外關係，尤以邵立家庭問題最為嚴重，因其父正在廣饒縣服刑。人們按那時的邏輯來推理：既然你父親在服刑，你還要申請去香港，這裏面一定有裏通外國的因素。再加上學習英語的人平時都愛用英語交談，有時也散布一些街上聽來的小道消息，於是更加被人懷疑，認為他們是搞反革命串連。終於，一九六二年十一月四日晚上，公安局來人了，宣布邵立被拘留審查，最後以反革命罪判勞教二年，送大豐農場勞動改造。想不到，此一去竟是二十三年！

來到農場，邵立聽別人講，像他這樣家庭背景的人犯了政治案件，稍有不慎就會罪加一等，因此他必須處處小心謹慎，夾緊尾巴做人，只希望兩年中不要再出什麼意外，熬過這兩年就可回上海了。但「意外」還是出現了，而且是父子兩人的意外。父親在山東勞改中，重病在身，沒能熬過最後一年刑期，於一九六四年去世了；而他自己，在農場的社教運動中，意外地被宣布為「反革命分子」，這樣一來，他自覺毫無出頭之日，那時才二十五歲。聽到這個消息，他頓時目瞪口呆，腦海裏只閃過一個念頭，就是死！但那時的邵立，求生不易，死亦難成，他被人日夜監視著，連半夜如廁也有人跟隨。這種被人監視的感覺，後來幾乎成了他生命的一部分。若干年後他獲得平反，早已心如死灰。有一天他走到室外，突然發現身後不再有人監視，才意識到自己真的獲得自由了，那一剎那，他陡然覺得天空高敞了許多！

一九六六年，對邵立來說，是個大喜大悲的一年。喜的是一位「根紅苗壯」的姑娘蔣文姬愛上了他，儘管女方家長極力反對，領導們也苦口婆心勸她不要跟邵立好，因他是反革命，但姑娘相信自己的眼光超過了任何說教，表示非邵立不嫁，寧可與娘家人決裂。這使邵立感動得泣不成聲。那年春天，新郎新娘搬進了由一間豬棚改造而成的「新房」。

然而，邵立的命中似乎不能有太高興的事，常常是一件高興事的後面，馬上要跟來一件不高興的事。沒多久，上海傳來噩耗，姨媽蔣冬華病逝了，邵立悲痛萬分。之後，「文革」大潮雲起，他又為姨媽能倖免遇上那場災難而慶幸。十年浩劫，邵立夫婦所遇到種種事情就更離奇了。

一九六七年秋，蔣文姬生下一個男孩，取名邵宛譽。兒子長得眉清目秀，夫妻倆喜不自勝。誰知也許是蔣文姬因勞累過度，產後無奶，孩子又患上奶癆，小生命危在旦夕。農場的醫療條件自然解決不了問題，回上海醫治吧，因當時各地武鬥正熾，江蘇多處地方交通阻塞，軍代表已命令禁止所有人員赴滬探親。但要給孩子看病怎麼辦呢？蔣文姬只好抱著孩子跪在農場幹部的面前，求其開張路條，急赴上海給孩子治病。領導很為難，因這母子是「四類分子」家屬，誰批准了，誰就要擔「右傾」的風險。為此一張路條，又成了一樁不得了的大事情。後來，還是一個名叫粘洪興的老幹部，在軍代表面前拍胸脯擔保，給蔣文姬開了路條，農場的朋友們又湊了十元錢做路費，蔣文姬才得以匆匆趕到上海，孩子總算得救了。邵立得到兒子脫險的消息後，深深地吐了一口氣。他說這是他到農場後，最刻骨銘心的一件事。

直到一九七九年，劉少奇的千古奇冤得到平反，邵立在聽中共中央文件傳達時，突然聽到文件中有邵式軍的名字，頓覺一陣心跳，當即意識到，壓在身上沈重的十字架快要被掀掉了。他欣喜地對妻兒說：「春天來了！」果然，一九八〇年春，他被聘為農場中學的英語教師，一九八二年秋，山東省濟南市人民法院正式為其父邵式軍平反，恢復名譽，恢復政級，儘管人早已去世，邵立與其堂兄邵林還是趕往濟南，辦理善後，領到一紙「革命工作人員死亡證明書」。不久，邵立本人的冤案也得到糾正，一九八六年，他們夫妻帶著兒子，終於結束了二十三年的流放生活，那時兒子已十八歲，才正式回到大上海。以後的日子，就像一艘小船終於衝過了激流險灘，開始駛入寬闊而平靜的海面，尤其是他們的兒子邵宛譽，不久後即東渡扶桑，求學自立，現在是日本三昌商事株式會社的高級職員，已能派大用場了。

盛家毓字輩的老大哥盛毓常，是老太爺被任命為太常寺少卿那年出生的，所以叫毓常。他的父親是頤字輩的老大哥盛昌頤，可惜不壽，四十幾歲就去世了，所以毓常也是個先甜後苦的「命」。要說「背運」，他在解放前就已夠「背運」了，而且是一再遭受重大損失。

當年分家時，毓常代表大房分得了閘北區烏鎮路的一大片土地，後來在上面建了三百多幢里弄式的房屋，其中少數是西式洋房，組成了毓常東里、西里、南里、北里。當時那一帶尚未開發，離市中心較遠，隔了條蘇州河，上面又沒有橋，毓常為便於地區的開發，在上面造了橋，現為烏鎮路橋。房子建好要出租營業了，毓常的奶媽丁氏就說：

「這麼一大片房子，得找個可靠的人來管理，就讓我二女婿來幫你管吧。」毓常不好意思不同意，只好交由她女婿去管。可是幾年下來收到的房租，盛家一個錢也沒拿到，都被這位「可靠的人」挪用掉了。後來毓常成立了毓常地產經營處，自己親自來掌管房地產經營，但也沒管好，或許是他不善經營的緣故。倒楣的是後來日本人轟炸上海閘北的時候，毓常烏鎮路的房產首當其衝，三百幢房子被炸得只剩二十六間半房間，此為第一次重大損失。

還有一次重大損失，亦與日本人直接有關。毓常繼承祖父的遺產中，有相當一部分是盛宣懷的文物收藏品，其中一件最著名的人稱「雨過天青」的宋代瓷器，據傳是慈禧太后贈予，另有字畫、印章、碑帖凡數百件。抗戰前夕，毓常帶著盛家大管家宋德宜的兒子宋治鈞，曾把這宗文物帶到日本名古屋，準備舉辦一個展覽會，由於那時經濟已發生困難了，指望能在日本賣個好價錢。幫他辦理此事的是一個日本籍牙科醫生，名叫奧田。這個牙科醫生認識藤山愛一郎（當過日本外相），後來在藤山愛一郎的幫助下，展覽會得以如期舉辦，藤氏自己也買了幾樣東西。誰知此時又收到了毓常的私人律師卓騰幹從上海拍來的電報，說是有急事請他速回來簽字。毓常想反正簽完字再來日本亦可，於是把宋治鈞留在名古屋，他本人先回上海。但到上海沒多久「七七事變」爆發，中日開戰後，他要想去日本也去不成了，日本人對中國人進行封鎖。滯留日本的宋治鈞眼看上海已打仗，日本人也不許他久留，便趕緊把文物全部打箱封好，寄存在名古屋一個叫龍名館的旅館裏，匆匆趕回了上海。但從此之後，這批珍貴的文物就失蹤了。有人傳說，美國人轟炸日本的時候，名古屋一帶遭到狂轟濫炸，房子已成廢墟，東西全損失了。也有人傳說，其他文物尚不清楚，但那隻「雨過天青」的瓷器在那個牙科醫生手裏。又過了一些年，宋治鈞在街上的書店裏，看到了珂羅版印刷的一本元代的碑帖，似曾相識，翻開來一看，上面印有盛家的圖章，於是跑來對盛家人說：「這本碑帖原先是盛先生的，現在被印出來，說明尚在人世，未被毀掉，應當抓緊查一查。」但那時兵荒馬亂，毓常沒有力量再與日本人較勁了，眼睜睜地損失了一大批財產。

前些年，國內興起對日戰爭索賠運動，盛家後代亦舊事重提。毓常的女兒盛瑛曾設法與當時仍在世的藤山愛一郎聯繫，對方有回信，承認有過此事，也辦過展覽會，他還寫過對這些展覽品的總體介紹，但講起展覽品的最後下落，他也講不清楚。

巧的是改革開放以後，毓常的後代也有人到了日本，並且專程去名古屋，他們當然對當年的事情懷有疑慮，結果發現龍名館還在。為這宗文物的下落，又罩上一層令人興奮的光環。於是，毓常的夫人王碧芙（今已八十八歲高齡）女士寫下委託書，託一律師繼續調查……直到現在，事情仍在調查中，而毓常本人早在一九六六年二月就去世了。

人們在感慨他的經濟損失的「背運」時，接下來又感慨他「走運」了。他畢竟去世在「文革」之前，要不然的話，不知又要吃多少苦頭，從這一點來說，也算是件「走運」的事吧。毓常的兒女有十幾個，前面三個大孩子都是領來的，那時有錢但自己沒有孩子。

後來王碧芙夫人陸續生了八個孩子，孩子是有了，但錢又沒了……可能仍是「運」的問題吧。

九十初度盛毓郵

筆者見到盛毓郵先生時，老人家已九十歲了。

盛毓郵的小兒子盛承興先生——一個大半輩子生活在日本，卻能說一口道地上海話的中年實業家，駕駛帶「天窗」的漂亮轎車，帶我去見他。我早就聽說過，毓老是盛宣懷的孫子，盛老四的大兒子，是目前「毓」字輩的老大哥，也是目前在世的，盛氏家族中年紀最大的一位老人。他出生在一個對於盛家來說，意義極為深長的年月——一九一一年，這一年既是老太爺官至郵傳部尚書（即交通、郵電部長），發達到極致的年頭，又是盛極轉衰，盛家開始走下坡路的頭一年。雖然祖父為其取名「毓郵」，小名「傳寶」，但老人家郵傳部尚書的位子只坐了十個月，接下來辛亥革命就爆發了，全家開始逃亡、避難……所以從他一出生開始，就一直生活在一種盛極轉衰、逐漸日落西山的家族氛圍中，因而他是這個家族近九十年生活的歷史見證人，又是一個窮則思變、東山再起的成功實業家，成了盛家一道特殊的風景線——一個不可多得的、頗具傳奇色彩的老人。

車子在東京市區南側的小山上蜿蜒而上，繞到王子飯店後面一片幽靜而典雅的住宅區。我因要與盛先生攀談，不及細看窗外蓊鬱的綠色，以及路邊從矮牆內探出來的花草，只見前方雨後的街面上，乾淨得找不到一塊石子……車子在一幢精緻的小樓前停下了，樓下門簾自動捲起，車子入內停妥後，我們從一側的電梯上去，升至三樓，即是毓老的大客廳。

一壺釅釅的茶早在候我了。從客廳沿牆一圈皮製的大沙發來看，可知這兒常年高朋滿座。

不出我所料，眼前是位非常慈祥、第一眼即令人頓生信賴感的老人。寬寬的額頭、四方臉形，相貌酷似其父，而談吐與識見卻大異其趣。我們像是老朋友般很快就進入了主題，歷數那些陳年往事……

令我感到震驚的是，老人面對家族的興衰，表現出一種現代人少有的坦率與真誠。他沒有一般豪門子弟，好為其家族隱惡揚善的舊習，更沒有紈袴子弟的虛榮和玩世不恭，他平靜而堅定的語調來自內心的充實，所謂大徹大悟，原來是如此呵！

談起他的祖父，老人依然充滿崇敬與自豪。他認為祖父之所以了不起，是因為在一個封建末世圖振興，在一個農業的國家裏辦工業，以一個弱國的地位與洋人爭利……

四〇年代後期，盛氏家族已全面衰落。五房當中，財大氣粗的盛老五、盛老七，先後在上海和香港生意失利，迅速走向黯淡；盛老四已把自己的家當花完了，還花了不少大兒子毓郵的錢；盛毓常連遭兩次大的經濟損失，手裏的鈔票已所剩無幾；「頤」字輩的堂兄盛老三已被關進國民黨監獄。小姐當中，除了五小姐嫁的林家在台灣尚有一批企業外，七小姐兩夫妻和八小姐兩夫妻日子都也日趨艱難。七小姐的丈夫莊鑄九曾投資興建靜安寺百樂門舞廳和一家旅行社，但都經營得不夠順心；八小姐的丈夫彭震鳴原本就沒經營什麼事業，坐吃山空的日子自然也分外淒涼。四小姐夫婦早已去世，幾個兒子的命運，均在一波三折之中……

「頤」字輩的人先甜後苦，似乎是命中注定了。他們雖與孔、宋家族有過些許聯繫，但四〇年代末的孔宋家族亦是日近黃昏，況且家族內部矛盾重重，社會上弄得沸沸揚揚，他們都自顧不暇了，怎會有心思來管盛家的事？此時正是「毓」字們年富力強，應當出來挑大樑的時候。毓郵的中年時代，正是面臨這樣的家庭背景。

解放以後，國家實行土地國有政策，所有的土地歸國家所有，個人已占用的要付地價稅，遲付的要成倍地加付滯納金。如果地價稅付不出，地皮上的建築物可計價抵付。這麼一來，不僅地產商破產，大家族們也立即萎縮了。

現在半個世紀過去了，我們回過頭去看一看那時的政策，真的是翻天覆地。可以說，土地國有政策是打垮資產階級最有力的武器之一，因為大凡資本家的資本，極大一部分是房地產，銀行裏的鈔票則是有限的。他們認為鈔票放在銀行裏是死鈔票，只有拿出來去投資，才能使錢生錢，利滾利，而房地產的炒作又是最熱門的生意之一。一旦失去了土地和房產，他們便元氣大傷，難以動彈了。解放初不少人家對國家徵收地價稅想不通，故意拖延交付的日期，反而必須成倍地交納滯納金，最後只好將地面上的房子計價，全部交給政府了事。這麼一來，資本家還有什麼可炫耀呢？

毓郵在大家族析產時，曾分得新閘路辛家花園、清涼寺、南京路天津路一帶的香粉弄等地塊的房地產，還有南京、武漢長江邊上大片未開墾的土地，其中辛家花園是被他父親「吃」掉的。清涼寺的地皮開始有糾紛，寺方說，此地皮當年莊夫人已捐給寺裏了，毓郵說：分家時明文寫著分給我的，怎麼會被莊夫人捐掉？於是請律師打官司。解放後，官司不必打了，反正土地都是國家的。

已是「無產者」的盛毓郵，只得重新開始，自我奮鬥，為養家餬口而奔波。他退掉租住的萬航渡路的大花園洋房，把妻子兒女安排到丈人家，自己去香港、新加坡工作，其間做過生意，也當過中學教師。五〇年代中期來到日本闖蕩，白手起家，像現在的留日學生一樣，先去餐館裏打工，買菜、燒飯、拖地板，樣樣得學著做，有時竟跟大師傅合住一室……那時候，誰還能想像得出，他就是當年盛宮保的孫子、英國留學生，當年結婚時包下整座百樂門舞廳，新娘子的婚紗從舞池中心一直拖到大門口……

一切今非昔比。好在蒼天不負苦心人，沒幾年，他開拓出了一片屬於自己的天地。六〇年代初，毓郵的妻子任芷芳帶著三個孩子也來到了日本，兩夫妻日夜苦幹，從小籠包做起，也仿照旅日老華僑的「刀工」（世稱旅日華僑三把刀：菜刀、剪刀、剃頭刀），開辦了一家很小的點心店。他們的小籠包皮薄、餡嫩，咬開來一包湯汁的特點，很受顧客歡迎，於是店面不斷擴大，又開設了分店，直至現在七層樓面的新亞飯店。他們的兒子在美國留學，亦是艱苦奮鬥。自知父母賺錢不容易，業餘時間就去打工。盛承洪至今還記得他六〇年代在美國讀書時，為餐館洗碗每小時一美元，為旅館擦窗、每小時二美元……

盛毓郵不愧為大家之後，不僅能屈能伸，白手起家，一切從頭做起，而且做得別有聲色。他有幾樣至今為人所稱道的「壯舉」。其一是首創中國人不洗碗的店規，凡到他的飯店來打工的中國人，都被安排做其他工作，洗碗的事用毓郵的話來說是：「讓日本人洗去！」其二是首創中國留學生每小時工作一千日元的規矩，七〇年代末，八〇年代初，國內赴日留學大潮湧起，絕大多數留學生靠業餘在餐館洗碗端盤子，來維持學業和生活。人家店裏的留學生工資一般都是每小時八百日元，而他考慮到留學生很艱苦，毅然做出決定，每人每小時一千日元，而且最多時用了二十多個留學生。其實店裏已有不少固定的員工，原本不需要那麼多學生來打雜，完全是出於幫助學生們的一番好意。有一年，來打工的小伙子們自發組織起來成立籃球隊，這又觸動他那根幾十年前熱愛體育的「神經」，立即拍胸脯：「你們組織籃球隊，我給你們買隊服！」小伙子們驚訝得都愣住了：天底下哪有這麼好的老闆呀！管吃、管工資，還管打球、隊服，這真是標準的「海外奇談」了！所以在他的飯店裏打工的留學生，無不有一種回家了的感覺，大家積極進取，奮發向上，形成很好的風氣，他們從語言學校畢業後，一個個都考進了明星大學，現在都已成家立業，各奔前程了。其三，是創辦了東京惟一一家京劇票友活動中心——東京票房。

這個東京票房幾十年來，團結和召集了一大批熱愛京劇藝術的老華僑。每個週日的下午，大家會集到離新亞飯店不遠的一處房子裏，這是毓郵夫婦為之特地租下的場所，大家各帶自己的「家什」，樂器、唱本、磁帶、鑼鼓，自拉自唱，自娛自樂，唱了整整一下午，到吃晚飯的時候，大家就去新亞飯店吃飯，幾十年間，風雨無阻。老人去了之後，又有新人加入，近年來則有四個日本人加入。每逢國內有名角來東京訪問演出，他們總要出來組織聯誼活動，請客吃飯，聯袂演出，非常熱鬧。梅葆玖、梅葆玥、艾世菊等人到日本，東京票房的活動就像旋風一樣，席捲了整個東京。

票房的最有力領導者是毓老的夫人任芷芳老師。任老師今年已八十三歲，從小就跟大人們上戲園看戲，漸漸成了戲迷。她們任家是上海灘出了名的票友之家，全家老老少少，人人會唱。她的妹妹嫁給了名票趙培鑫（其弟弟趙培忠、徐文湘夫婦亦是名票，而且把票房移植到美國，目前在美國洛杉磯開辦了海外惟一一所京劇學校）；她的一個姪女任永恭亦是終生的捧梅健將，目前仍能登台，是上海市梅蘭芳京劇藝術研究會的骨幹分子。任芷芳本人喜歡唱程派戲，除了組織並參加票房的活動，自己每週一三五下午還請琴師來家拉琴，為其吊嗓子。那天我們正在聊盛家的老人老故事，碰上琴師推門進來，任老師說今天有客人就不練了，我卻執意要聽戲，結果一曲〈六月雪〉下來，那聲音把一個幾十平方公尺的大客廳，震得嗡嗡作響……

琴師胡琴拉響的時候，他們四歲的小孫子樂毅蹬蹬蹬地跑進來了。他偎在爺爺懷裏說他也要唱，大家一致鼓掌，他就「自打鑼鼓」地來了一段「失街亭」，滿屋的人都為他喝采。

在大家熱熱鬧鬧的時候，毓老總是一個人斜臥在沙發上，靜觀大家的一切。老人家話不多，但句句有分量。只要他一發話，全家人都專注起來——還是大家族的老傳統——老太爺以其人格的力量，贏得了社會和全家族人的崇敬。如今，他的兩個飯店已交由兩個兒子去打理，老倆口可以盡情地沈浸於京劇藝術之中了。他顯得十分沈靜，因為九十年間什麼都看到過了，什麼也都經歷過了，他無須遮掩什麼，也無須弄出什麼聲響。像一潭平靜的秋水，可以直面青天。從這個意義上說，他是一個大贏家，因為人們從他身上，看到了盛氏家族骨子裏的豁達和徹悟。論人生，還有什麼比這種徹悟更珍貴的呢？

東山再起盛毓度

盛家第三代人中，最有建樹的要推盛老四的二兒子盛毓度。

盛毓度（一九一三—一九九三）字念祖，幼年時就讀於其祖父創辦的南洋公學小學部，後因社會上不安定，常有富家子弟被綁票，於是回家讀家塾，由此打下了較好的古文底子。他長到十七、八歲的時候，再次進入南洋公學（時稱南洋模範中學），由於在家塾古文底子札實，所以他一直以中文和歷史兩門功課為優。

當年其父喜愛體育活動，家中專門聘人飼養許多良種馬匹（據殷四珍女士講，在跑馬廳養了七十五匹馬），經常參加賽馬，並組織孩子們在老公館的草場上舉辦各種體育活動，籃球、足球、跳高、賽跑……有一種「雞蛋賽跑」最為出奇，他要每個孩子手裏拿一支湯匙，湯匙裏放一個雞蛋，然後賽跑，匙中的雞蛋不許掉下來……盛毓度人機巧靈活，常常能得第一。久之，他愛上了體育運動。進入南洋模範中學之後，他帶頭組織了一支小足球隊，隊員十人，取名「留社」，常活躍於校內外的賽場上，從那時起，他已開始顯示出不同凡響的組織才能。之所以取隊名為「留社」，是紀念他們盛家的祖業蘇州留園。也許留園對他的影響太深，他後來在東京創辦的著名高級飯店，也取名「留園飯店」。

一九三三年，他父親安排他去日本留學，當時「一二八」淞滬抗戰已經爆發，人心惶恐。此時去日本，他感到非常惶惑，不能理解，可是父命難違，一定要他去，他也只好硬著頭皮去了。現在看來，這正是盛老四的高明之處，他要兒子遠走高飛，到一個陌生而艱難的地方去磨練，將來或許會有前途。這個安排，被事實證明是極有效的。

盛毓度隻身來到日本，起初是住在與盛家有世誼的日本人家裏，進行語言學習和口語訓練，不久考入了東京最負盛名的中學——成城學園，成城畢業之後，又順利考入京都大學經濟系。京都大學歷來是日本出人才最多的高等學府，尤其出過不少政府高級官員。他的同學中就有不少人後來出任日本政要，其中羽田孜曾任日本內閣總理。在這個人才薈萃的學府裏，他的視野大開，交往也空前廣闊，既有其祖父一代的重臣，又有其父親一代的社會賢達，還有兩處學校眾多的校友，此為其日後走向社會，走向實業，打下極好的人事基礎。

珍珠港事件爆發後，他在京都大學的學業已經修完。眼看日本人正在自己的祖國打仗，他無意在東京待下去了，遂束裝回國，來到上海。先是在他一位堂姊盛毓嵐的幫助下，進入復興銀行工作，不久即轉入工部局當日語翻譯。後來國民黨政府派戴笠與他單線聯繫，他曾奉命營救過敵偽時期，國民黨在上海的地下工作人員。誰知抗戰勝利後不久，戴笠飛機失事，他們間的關係中斷，致使肅奸部門把他作為漢奸投入牢獄，判刑三年六個月。後經一再申訴，並由經他營救獲釋的國民黨員證明，加上他的七姑媽設法與宋子文取得聯繫，最後才獲釋放。那時，他已在獄中關了十個月。從這件事上，他看出了國民黨內部的陰暗和危險，這或許就是他日後不願再與國民黨打交道的原因。

五〇年代初，盛氏家族已全面衰落，盛毓度抱著「野火燒不盡，春風吹又生」的信念，再次東渡，決心重振家業。在職業的選擇上他有過成熟的考慮：日本的工業原有堅實的基礎，部門基本齊全，專業知識要求很高，競爭尤其激烈，而自己學習和研究的內容，主要是經濟理論與歷史、政治類問題，自忖沒有打進去的條件與可能；商業方面競爭也很激烈，但在飲食行業中，中國烹調歷有傳統，在日本市場上一枝獨秀，一般的中國料理店遍地開花，但缺少真正上品的、高質量的、能體現中國傳統藝術與飲食文化相結合的中國飯店，如果經營得法，成功的可能性極大。同時憑藉這個行業接觸面廣的特點，可以接觸各界人士，了解日本社會，從而促進對日本社會的了解和研究。

他的這個創意一經傳出，立即得到新老朋友們的一致響應，結果參加投資創業的，有八幡製鐵、富士製鐵、日本礦業、三井銀行、三菱商事、野村證券、日鐵礦業、大澤商會等企業，共投資七億五千萬日元，於一九六〇年七月正式成立留園株式會社，開始動工興建一座中國宮殿式的高級飯店留園飯店，他本人被推舉為社長。這一戰略性決策的成功，使他步入一個嶄新的人生階段。

留園飯店於一九六一年十月三日開始營業。這座宮殿式的建築，不僅使日本人耳目一新，而且吸引許多的前來東京旅遊觀光的各國遊客，一時名聲大振。

一位慶應大學的教授評價說，這座中國殿堂簡直是座博物館級的大飯店，因為它不僅是外表金碧輝煌，雕龍畫鳳，儀態雄偉，而且其內部的設施、構造和裝潢，均有一種故宮生活的氣氛，那些細部的安排，無不滲透了中國傳統文化的神韻，不身臨其境是很難想像的。上海作家蕭丁曾在八〇年代中期去留園嘗過鮮，回來在《文彙報》上發表了一篇〈留園夜宴〉的文章，作者滿懷深情地寫道：「提起中國文化和中國風格，印象最深的是留園夜宴。留園是清朝大臣盛宣懷的孫子盛老先生開在東京的一家高級中國飯館。宋之光大使有什麼宴請，常常席設留園。美國大使曼斯菲爾德也是留園的常客。這是典型的中國餐廳，電梯門口就不像電梯，竟是大理石砌成的鉚着金鉚的月洞門。洞門開處，三間餐廳全是朱漆紙糊木窗，盛老先生穿著長衫在待客。菜肴中燕窩、魚翅、烤鴨、鮑魚，當然是中國的珍饌。用膳時，隱隱的絲弦之聲從窗外傳來，似近非近，似遠非遠，雖是輕柔的、隱約的，但聽得出奏的是〈小桃紅〉、〈雨打芭蕉〉等江南絲竹。席上佳肴，耳邊細樂，堪為雙美。停杯而思，要不是這樣的音樂，怎配得上燕窩、魚翅？要不是朱扉紙窗，又怎配得起『留園』這名字？海外華人，倒講究中國的傳統，而我們近年在國內，卻不大容易聽到江南絲竹……」這段文字，算是把留園的神韻概括得絲絲入扣了。

留園飯店聘用了京、粵、川、滬、閩五幫的名廚高手，注意「質量上乘，靈活多樣」，做到百味俱陳，使顧客各得所好，所以在層次的安排上也動足了腦筋，底層是大眾散席，客飯點心，無所不備；二樓是特設大廳，供大型宴會和集體活動場所；三樓是包房，分設各式廳堂，以供專用。這樣，各階層的人士均能獲各自所需，而且菜肴、點心，品種繁多，開業以來，長年賓客盈門，有些顧客沒有座位了，寧肯排隊等候，所以那時「吃留園」，簡直成了東京城內的一道特色風景。

盛毓度事業心極強，雖是辦飯店，他亦事必躬親，每日到各處視察。晚上高峰時段，人們常見他一襲長袍，往來於賓客之間，不斷與一些老顧客們寒暄、交談。有如此高雅的環境、高級的菜肴和服務，東京各大產業集團，各界知名人士，甚至日本政府政要，都爭相來此擺宴，所以，日本歷屆首相如田中角榮、大平正芳、中曾根康弘等均多次光臨，美國前總統尼克森、卡特，財閥洛克菲勒，前國務卿季辛吉都曾興致勃勃地光臨。美國駐日大使曼斯菲爾德與盛氏交誼深厚，更為座上常客。中國領導人及訪日的代表團等，也常常來此設宴酬賓。在六、七〇年代，留園飯店在日本多如牛毛的中國料理店中，的確是鶴立雞群，一時占盡風光！

盛毓度不僅是個成功的實業家，也是個極有智慧的政治家，對中日邦交的正常化有所貢獻。他以留園飯店為基地，廣交天下朋友。他是個飯店老闆，卻喜歡談論、研究國際關係問題；他在大學學的是經濟，卻對政治和歷史有著濃厚的興趣；他身體多病，卻極喜歡體育活動……這些有點矛盾的現象，卻十分真實地統一在他一個人身上，尤其是他對中日關係問題、對日本社會與經濟諸問題的思考，都曾對日本社會產生過積極的影響。

他把他的研究心得，彙編成幾部政論性的著作。一九六九年第一部著作《對日本的忠告》問世，其中談論的都是市民們很關心的問題，共由十個部分組成：獨立國家的義務和責任；對於政治贊助費的疑問；結局是為了自己；錯誤的保守合同；損失最終帶給了全日本國民；沒有能夠滿足的幻想；斷崖絕壁，一種隱身草；亞洲的建設；兒童是成人的鏡子。一九七〇年第二部著作問世，書名為《黃旗的弊害》，談了日本經濟的三大問題：一、路遙知馬力，日久見人心；二、魚鷹捕魚的時代；三、日本經濟是胃擴張。一九七二年出版的《從漢民族到大和民族》更是一部皇皇鉅著，專談中日關係，從歷史到現實，從經濟到政治，內容豐富，論述精闢，受到各界知名人士的重視，簽名推薦者竟達二十一位，包括高峰秀子、中曾根康弘、五島升、吳清源、岡本太郎、松本清張、井深大、舟橋聖一、藤山愛一郎、梅原龍之郎等。一九七八年又出版了《新漢民族到大和民族》，更加透徹地闡述了他對中日關係的看法，為中日邦交正常關係的發展而大聲疾呼，書中講了五個問題：盛家和我的足跡；中國人和日本人；相似又相異的中國與日本；亞洲中的日本；給日本人的忠告。一九八〇年又出版了《中國五千年的生活的智慧》，共分八個部分：外交的智慧；政治的智慧；教養的智慧；交際的智慧；處世的智慧；商場的智慧；博弈的智慧；健康的智慧。

以上這個長長的政論性的書單，居然出於一個飯店老闆之手，不得不令人對其刮目相看，也使得他的留園飯店，具有了「留園外交」的特殊意義。不知中國飯店的老闆中，還有沒有如此「突出政治」的外交型人物。

於是，人們就紛紛找上門來了，把他當作「國士」來看，常有電視台、廣播電台及報刊記者來採訪他，他亦多次接受邀請，出席各地各社團的演講會。前來邀請他的有日本長期信用銀行、松下株式會社、鳥取縣大山青年會、和歌山商工會、大阪商工會、新日本製鐵株式會社、綠十字（藥品）會等等數十個團體，談的內容多是評論國際重人政治問題。這期間最重要的一次「訪談」，是他一九七六年春節，他與中曾根康弘在留園飯店舉行的一次「春節訪談」。

這次「訪談」談的時間很長，涉及的範圍也很廣，主要著眼點仍是國際形勢、中日關係、日美關係。美、中、蘇的關係以及日本的現狀與對策等等。當年的PHP雜誌國際版夏季號刊出這次「訪談」的記錄稿，留園飯店也刊出活頁版，在市民中又一次引起強烈的迴響。這個記錄稿共分八個章節，人們從目錄中即可悟出作者的基本觀點：從違章乘車到魚鷹捕魚；尼克森訪問中國是漂亮的一著；全面倒向美國的時代該結束了；王道與霸道；控制世界的慢性蕭條與石油問題；該說的為什麼不說；政治是保護國民的；年輕人接班是轉折的要點。他的「訪談」真是實話直說，無遮無攔，時而正襟危坐，時而談笑風生，詼諧有趣。比如講中日關係，他說現在好比穿上了衣服而把鈕鈕扣錯了，必須慎重地重新一粒一粒地扣好。講尼克森訪華時，他直言不諱地說：「你還記得嗎？一九七〇年的事。您到留園來，我對您說，美國人要幹了，美中要握手言和了，您恐怕是半信半疑吧？這中間，還有人說這是不可能的，絕對不可能的。當時帶有這種想法的日本人占壓倒性多數。美國人大膽、鮮明地幹了一般人預料之外的事。我對美國人幹的事感到欽佩的有兩點：一是在越南能中途撤兵，如果換了日本人的話，一定會幹到底的吧！二是中美會談，那樣錯綜複雜的事，一下子就解決了，實在是相當驚險的技藝！……

那以後季辛吉又去了北京十多次，而日本外相大平只去了一次。」講到石油漲價之後日本人還在浪費能源時說：「……連資源豐富的歐美都在拚命努力節約資源，但日本是怎麼樣呢？滿不在乎地浸泡在溫暖的洗澡水中，心情很舒暢。去高速公路看看就知道了。我週六、日去看賽馬，去中山賽馬場的高速公路上，十幾公里汽車成串……大概在日本有成億的石油就這樣給浪費掉了。關於自動門的事，我寫了好幾次了，既使是一個很小的店鋪，只要人站到門口，門也就自動開放，其實用手推門也沒有什麼不可以嘛，自動門總要浪費不少電力吧……一邊浪費，一邊吃力地賺，就像竹籃子打水一樣，利用率肯定是低的。根據日本經濟計劃，一九八〇年度需要買進的石油是現在的二倍，五億噸！……」

現在回過頭去看看，這些哪裏像是一個飯店老闆講的話？他簡直是個經濟部長兼外交部長的人物！

果然，他的政治使命也隨之而來了。

一九七五年，周恩來總理指示，邀請盛毓度全家回國參觀、探親，由中日友協廖承志會長出面邀請。這顯然是次政治性的「探親」，中日友協派專人接待，廖會長與之就加強中日雙方的交往諸問題，進行了愉快的晤談。在京期間，盛氏一家參觀了各大名勝古蹟和新式建築，又赴勝利油田參觀了生產現場，後來回上海探親。在上海，他第一個親往拜訪當年教他日語、如今已臥病在床的費老師，又把遠在福建的七姑媽請回上海見面，互訴離情。那時他住錦江飯店，包了一層樓，讓遠道而來的親朋好友都住下來。大家朝夕相處，好好聚聚。聞知他衣錦還鄉的老朋友們紛紛前來探望，以致他每人只能談幾分鐘，有的到他離開上海仍未排到人，其盛況可以想見。

一九八六年六月，上海交通大學舉行建校九十週年慶典活動。同時為該校的創辦人盛宣懷重鑄銅像舉行揭幕儀式，特邀盛毓度及其全家回滬參與活動。盛氏欣然應邀，於六月七日偕同夫人彭菊影、長女承倩、長婿榮兆蕃、外孫盛樂輝等回滬。這一次又是一次肩負使命的出訪，而且是任務更加艱巨的探親，因為行前，已是日本首相的中曾根在官邸接見了他四十分鐘，可能是面授機宜（見《東京新聞》）。一般日本大臣來會晤只談五、六分鐘，而跟盛毓度則談了四十分鐘，可見日本方面極重視他這次回國。在六月八日上午的上海交大的慶典活動中，他得以與時任上海市市長的江澤民親切晤談，九日下午，又出席了上海市對外聯誼會主辦的冷餐會，與時任上海市市委書記的芮杏文、市長江澤民同席，進行了親切的交談。

上海及南方的活動結束後，他們一行飛往北京，國務委員、國務院副總理谷牧，在人民大會堂山東廳會見並宴請了他和全家人。對於這次會談的安排，他事先特別示意北京方面的陪同人員，他在離開東京的時候，中曾根曾約談了四十分鐘，暗示有重要的內容相告，這次與谷牧副總理見面，在場的人越少越好，少到什麼程度，由你們領導決定，並說家屬不要參加，因為要談的內容與他們無關。所以當天晚上的會談，就局限在很小的範圍之內，然而第二天的《人民日報》，還是非常醒目而簡略地報導了會見的消息。

接著，中央統戰部、國務院僑辦、國家安全部及著名民主人士，均安排了宴請和會談。

從那以後，盛毓度一家與國內的聯繫日見密切，他們向上海交大閔行分校捐獻一座留園賓館，在上海交大設立了留園教育基金，又在家鄉捐獻了一座小學，他的妻子彭菊影女士捐獻了一座幼稚園……又成為資助國內教育界的有功之臣。

一九九三年，盛毓度先生因病在東京逝世，遵照其落葉歸根的遺願，歸葬上海青浦「歸園」華僑公墓，墓後為碑石，墓碑兩側為墓誌銘，墓地左右兩根石柱上，鐫刻著盛毓度先生的遺墨：「野火燒不盡，春風吹又生」，標誌了他一生堅忍不拔的奮鬥精神。

江澤民也以個人名義發來了唁電。

哥兒們窮則思變闖天下

五、六〇年代的盛家毓字輩子弟，凡在大陸者多數日子過得很困窘。盛老四的第十一個兒子盛毓珅曾對筆者說：「十年間我們不斷地搬家，住過愚園路、長樂路、巨鹿路、萬航渡路，車子越乘越大，房子越住越小，最後只剩一間，而且是間灶間（廚房），卻要住我們一房八個人，母親和我們兄弟姊妹七個。晚上，我只能睡在一張桌子上……」

他父親一九五八年去世以後，母親去了香港。一九六二年，盛毓珅懷揣六元港幣也到了香港，開始在小店裏打工，當練習生，後來與幾個朋友合夥做點小生意，等到有點積累時就到外界闖蕩。他先後去過台灣、日本、加拿大、毛里求斯，辦過服裝工廠。那時毛里求斯開始對外開放，有些優惠政策，後來實行排華，優惠政策全部取消，夥計們只好返回香港。祖國大陸改革開放以後，他又回上海辦餐館。辦餐館他並不在行，只能跟夥伴們一起「摸著石頭過河」。幾年下來，他們的「錦亭」酒家已開進了南京路和虹橋開發區，發展成有九家分店的粵派連鎖餐館，門面最漂亮的有三個，一在梅隴鎮廣場四樓，一在友誼商城旁側，一在上海西區高雅的休閒街衡山路，以其高級的粵菜聞名，都是上海灘「款爺」們時常光顧的去處。

盛毓珅的經歷很能代表盛氏第三代人赤手空拳闖世界的情況。現在另一在大陸投資較多的盛家後代，也是盛老四的兒子，名叫盛毓鳳。「文革」中他還是五原路房管所的小泥瓦匠，改革開放以後去香港創業。在香港，他白手起家，憑他的聰明機智及在大陸時積累的關於建築維修、裝潢、材料等方面的知識，廣泛開拓，做過小工，組織過小型建築隊、當過仲介人，甚至做過代辦墓園的特殊業務，拚搏到現在，他已是一位在南京、上海、杭州、無錫、蘇州都有投資企業的老闆了，還出任江蘇省政協委員，經常參加社會活動。

盛七小姐的女兒莊元貞，解放後也經歷了一場「煉獄」的磨難。首先是她的父親莊鑄九被打成反革命，繼而他的哥哥莊元端被打成右派，送安徽勞動改造，她家原住淮海中路常熟路口的榆園，一獨立小院，後來逐漸縮小，只剩一間。她五八年浙江美術學院畢業，由於家庭出身的牽累，被分配到福建教書。一九五九年她父母親年邁多病又被掃地出門，居住在五原路上的一間汽車間裏。這些對年輕的莊元貞，精神上無時無刻不是個沈重的十字架。

但是莊元貞生就一副十分要強的個性，儘管環境對她十分苛刻，但她對自己的要求毫不放鬆，她在工藝美術的領域裏，經過數十年耕耘，終於做出了突出的成績。在創作方面，她的單色木刻畫「工間」參加了全國第二屆版畫展覽，並入選十一國巡迴展覽；她的另一幅作品「母愛」，不僅參加了第三屆全國版畫展，入選赴蘇聯、蒙古、捷克等國展出，被編入《十年來版畫集》一書，還被中國美術館永久收藏。著名版畫家力群先生對這幅作品非常賞識，曾以〈談版畫上的魅惑力〉為題在《版畫》雜誌上做了評論：「『母愛』中母親的手，卻能夠做到既真實而又富於造型美，這也是這一作品的魅惑力之所在。」在教學方面，她任教十二年，擔任創作教研組組長，編寫了十餘萬字的教材，先後培養了十屆數百名學生，連續被評為教學模範和先進工作者。六〇年代上半期，她的藝術創作更趨成熟，構思更加精巧，刀法更加洗練，特別是她善於融會中國傳統繪畫中的筆墨技巧於版畫藝術之中，使作品色墨交融，水分淋漓，就更加強了藝術的感染力。她六二年創作的「閩南女」，不僅入選第五屆全國美展，而且被 *Chinese Liberature*、《萌芽》、《熱風》等雜誌選作封面和畫頁，並印入掛曆。

遺憾的是，正當她的版畫創作進入黃金階段的時候，「文革」爆發了。到了七〇年，她甚至失去了在城市裏工作的權利，不得不肩挑著行李，帶著兩個孩子下放到閩北山區。她過去多次創作過閩北山區農婦的形象，這時自己也成了「畫中人」。幾年後，她被調入福建省工藝美術公司從事工藝品創作指導、組織技藝培訓等。這期間，她設計的車木玩具「民族娃娃」，曾參加全國玩具展覽；設計的磨漆畫《獅舞》參加了福建省磨漆畫展；設計的金漆四扇屏風、六扇屏風「七仙女」、「紅樓夢」、「楊貴妃」、「仙女祝壽」等作品，均量產後銷往海外……一九八二年，她在福建被評為工藝師；五年後，她又被國家輕工業部評審為首批高級工藝美術師。

直到一九八三年她母親去世的那一年，她才得以調入上海工藝美術研究所工作，擔任情報資料室主任兼《上海工藝美術》雜誌主編。可喜的是，她那兩個在生活的逆境中磨練成長的兒子，周大虎和周二虎，無形中繼承了父母堅忍不拔的個性和藝術天賦，也成了工藝美術領域的好手。近些年來，周二虎成功地找到了工藝美術與市場經濟的結合點，與朋友們一起創辦室內藝術裝潢公司，把他們對藝術的理解，具體實現在現代各式建築物中，先後承包過多項大型、綜合型建築的室內裝潢設計和施工，是當前方興未艾的裝潢領域中的新秀。莊元貞的丈夫周荷生教授在上海交大任教，多年來從事青銅藝術品的設計和研究。前幾年我國送給聯合國的「世紀寶鼎」，即是他的傑作之一，並由他親自從上海赴紐約聯合國總部負責安裝。

改革開放以後，盛家後代中有一大批人走出國門，或留學深造，或移民定居，他們各自有一部奮鬥史，組成了盛氏家族近十餘年來，不斷進取的生活基調。盛四小姐的曾孫邵宛譽，是其中的典型代表。

邵宛譽由於其祖父和父親冤案的原因，從小生活在大豐勞改農場，直到十八歲時才隨父母回到上海。因此他從小就生活在一個被歧視、被遺棄的環境裏，精神上非常壓抑，只有父母才是他溫暖的依靠。父母從小就告誡他，到外面不要多說話，只能埋頭讀書和幹活，一旦說錯話就等於犯了大錯。他在學校裏成績總是名列前茅，課外活動、義務勞動也總是積極參加，可是無論他怎樣努力，他總是一個「反革命家屬」，仍是被人看不起，因此形成了十分內向但又非常堅強的個性。他感到最痛苦的莫過於填表格，一填表格，那家庭出身欄又要觸動他深沈的痛苦……

二十一歲那年，他隨出國風潮東渡日本自費留學，去時口袋裏僅有七萬日元，繳掉住宿費（與同學合住）只剩下一萬日元。他本想一邊讀書一邊打工，自己養活自己，誰知由於中國赴日留學生太多，工作已不太好找，竟然整整一個半月，任何工作都沒找到，口袋裏的錢日見消耗，於是不敢花錢，每天只吃兩片麵包，喝自來水，這是他原先萬萬沒有想到的。一個半月後，經同學介紹，他到一家餐館去當洗碗工。下午六點開張，他五點半就到了，老闆娘叫他先吃飯，這是他到日本後吃到的第一頓米飯，老闆娘被他那狼吞虎嚥的樣子驚呆了，沒想到他一口氣能吃那麼多！洗碗工作一月可賺六、七萬日元，可以繳學費了，但吃飯問題仍未解決。半年後他日語過關了，找工作才方便起來，可打三份工，每天都要工作十四、五個小時。一年之後，才找到親戚盛毓度和盛毓郵先生。他跟盛毓郵先生見面的那一天也把毓老嚇了一跳。那天是在新亞飯店，毓老請服務員端來一籠剛出籠的小籠包，飢餓的邵宛譽不到十分鐘就一掃而光。東京新亞飯店的小籠包與上海不同，籠屜有上海的兩倍大，包子也大一倍。毓老叫他慢慢吃，問他還要不要吃，他點點頭，還要吃。後來毓老問他是因為這包子好吃呢，還是因為餓？他老老實實地回答，包子很好吃，但主要是因為太餓了。

善良的毓郵先生把他留在自己的飯店裏打工，這個工一打就是七年，這期間，他不僅成了主人的好幫手，而且順利完成學業，讀了兩年日本語言學校，又讀了兩年商業英語，繼而考入東洋大學商學科，共讀了八年書。東洋大學畢業後，他不須去餐館打工了，而是步入了日本住友集團的一家商社，即三昌商事株式會社，成為高級職員，而且是這家公司的第一個外籍職員，也是惟一一名中國籍職員。

在找工作的日子裏，曾有三個單位錄取他，其中兩家是工廠，一家是商社，他最後決定去商社。因為他考慮到工廠的格局小一些，商社的接觸面大一些，另外，過去因環境的關係，總是謹小慎微地過日子，對外社交的機會和能力就較別人差了，而商社的工作恰恰可以鍛鍊自己，彌補這方面的缺憾。到三昌株式會社面試的那一天，主管負責人拿著他的成績單說：「你的成績很好，但還要考一篇作文，請你用半個小時寫一篇作文，寫什麼都可以。」

這可把邵宛譽樂壞了，因為他受父親的影響，從小就喜歡文學，他本來就想讀文科，但父親認為太危險，所以才讀商科，在國內讀書時他的作文成績常常是第一名，想不到來日本求職時，倒派上用場了！他略思片刻，揮筆立就，題目是〈十年後的我〉，文章描述了他進入該公司十年之後，代表總公司去上海開拓業務，在上海最繁華的南京路設立分公司的種種景象，把屬於未來的東西放在現場寫，其中既融會了他對現代市場的理解，又顯示了他對日本商業戰略的種種思考，主考官看了之後，連聲叫好，認為是所有前來考試的人之中寫的最好的一篇。

又經過了七道考試、四次面試，評委中六個人一致同意錄取他前來工作。進入三昌商事株式會社後，社方也格外栽培，要他一年換一個部門，以便熟悉和掌握全面的情況，現在已是第三年了，他不僅熟悉了基本情況，而且在營銷方面有突出的成績。

令人高興的是，他三年前在作文中寫到的種種憧憬，竟然提前來到了面前——他於二〇〇〇年下半年被委派到上海來開拓業務，建立中國業務事務所。這個消息傳來，最高興的自然是他的爸爸媽媽，他們在勞改農場含辛茹苦帶大的惟一的兒子，現在可以衣錦還鄉了！

盛家在新亞飯店打過工的子弟兵，還有夏農（邵洵美的外孫、邵綃紅的兒子）、盛松（盛宣懷的曾姪孫）、劉起鳳（盛八小姐的外孫），現在夏農已赴美國，擔任芝加哥大飯店的部門經理；盛松在東京一家公司任職；劉起鳳不久亦將赴新的工作崗位。

盛家第四代人中還有一個名人，是盛宣懷的姪孫，叫盛勝保，是位工程學家。抗戰前後他主持修造了著名的蘭新公路和中緬公路，為西南地區的建設和抗戰時大後方的運輸，立下了汗馬功勞。他還曾在新疆築路三年，生活極為艱苦。他築路期間，他妻子就在敦煌莫高窟裏臨摹佛教壁畫臨摹了三年，她是位美術家。後來他們夫婦來到美國，各自都成為本行業中的佼佼者，夫妻雙雙入選世界名人錄。

13 釣魚島之謎

徐逸說：「釣魚島是我的！」

一九七二年，當中日關於釣魚島的歸屬問題成為敏感話題時，盛氏家族也神使鬼差地被捲了進去，這當中主要是突然冒出個自稱是盛老四的女兒「盛毓真」，並出示一張「慈禧手諭」而引起的。

這個「盛毓真」，自稱是當年盛老四在美國留學時與一美國女人生的，後來過繼給國民黨前駐加拿大大使徐淑希為女兒，所以改名「徐逸」。

關於那張「慈禧手諭」，徐逸說：而當年慈禧太後患有風濕症，各種醫藥無效。由於盛宣懷經營的廣仁堂所監製的風濕性特效藥，醫好了慈禧太后的風濕病，慈禧在滿懷高興之餘，就下詔把釣魚島等三個小島賞給盛宣懷，作為採藥之用。因為釣魚島上盛產海芙蓉（又名石蓯蓉），而海芙蓉正是盛家所製風濕藥丸中最重要的一味藥。

因此，徐逸對記者宣稱，她對於釣魚台島、黃尾嶼和赤嶼這三個小島，擁有所有權。尤其在釣魚島的歸屬問題爭執發生之後，她請律師向美國國務院和美國參議院外交委員會備案，要求美國承認她對釣魚島的所有權。後來，她又到了台灣，向台灣當局就她的所有權問題提出備案。

這張「慈禧手諭」的出現，頓時引起一場軒然大波，美國的中文報刊及港台地區的大小報刊，一時沸沸揚揚，連篇累牘地報導、轉載，甚至到處「捕捉」盛家的後代，採訪、追蹤報導，幾乎所有的盛家毓字輩子弟都被採訪過，有的還不止一次，新聞界一時忙得不亦樂乎。當然熱鬧的中心仍是徐逸，因為她不僅出示了「慈禧手諭」，同時出示的還有釣魚島的地圖，和所謂盛老四在一九四七年給她的一封信。

那信中說：「台灣外海有三小島，曰釣魚台、黃尾嶼、赤嶼，皆無人荒島，見於出使琉球使者趙文楷介山公之記述。此三小島，雖屬荒島，然盛產藥草，當年吾家盛時，在煙台、滬、常（州）三處，設有廣仁堂，施診給藥，遠近知名。皇上以此三島，賜予汝宗，作為採藥之用，詔書就在家中，是吾家物也。家中並有圖說，茲寄汝，望汝能設法前往一看。」

徐逸出示的所謂其父寄給她的釣魚台地理圖說的原文是：

「釣魚台、黃尾嶼、赤嶼小島，位於台灣基隆外海，孤懸海中，向無居民，為台灣北部漁民棲息之地，雖歸我家，亦僅採藥，而未知經營。清末我家曾就趙介山公之副使李鼎元公之使琉球，派人步測，有圖稿藏於愚齋圖書館中，民國十六年忽認盛氏產業為逆產，上海租界外之財產，全遭查封，後雖獲啟封，經理人員，悉已散盡矣。愚齋圖書館存稿存書，余已全部捐贈國立交通大學，即先父手創之南洋公學也，此圖亦為存件之一。」

關於那張「慈禧手諭」，徐逸出示的內容是：

「皇太后慈諭：太常寺正卿盛宣懷所進藥丸，甚有效驗，據奏原料藥材，來自台灣海外釣魚台小島，靈藥產於海上，功效殊乎中土，知悉該卿家世設藥局，施診給藥，救濟貧病，殊甚嘉許，即將該釣魚台、黃尾嶼、赤嶼三小島賞給盛宣懷為產業，供採藥之用，其深體皇太后及皇上仁德普被之至意。欽此。光緒十九年十月。」

「詔書」上還鈐有「慈禧皇太后之寶」和「御賞」兩枚印章。

對於此事表示格外關注的除了海外媒體，盛家在大陸的子孫也非常注意，這很自然，因為大家都有一顆愛國心，按邏輯推理，既然慈禧太后早就把釣魚台島賜給盛家，那豈不是說明，起碼在清朝末年時，釣魚島原本就已有歸屬了嗎？既然如此，釣魚島是中國的領土還有什麼疑義嗎？於是，大家把這張「手諭」複印來複印去，傳來傳去，事情被弄得像真的一般。

中國大陸的《參考消息》鑑於海外沸沸揚揚的輿論，在一九七二年四月四日也轉載了香港報刊的相關報導，題目是〈台灣、盛宣懷和釣魚台〉。於是盛家的故事與釣魚台島扯得更密切了，更增加了撲朔迷離的傳奇意味。

專家說：「『慈禧手諭』是假的！」

可是，這畢竟是一場騙局，是一般善良的人所無法想像的國際笑話。騙局所無法遮掩的種種漏洞，很快就暴露無遺了。

當「慈禧手諭」最初面世的時候，原上海圖書館館長、著名古籍版本目錄學家顧廷龍先生尚在世。他是在五〇年代初期，親自把八百包「盛檔」資料，從北京西路、崗航渡路路口的盛公祠，接收到上海圖書館的圖書館界的老前輩，是一生對「盛檔」的整理和研究，傾注過極大熱情和心血的專家。當時，華東師範大學歷史系的教授夏東元先生，為撰寫《盛宣懷傳》，正在顧廷龍先生的幫助下，成年累月地「泡」在「盛檔」資料裏（此八百包「盛檔」資料，經一九五八年後的整理與合併，歸為五百包，其中有一部分在解放前，由盛氏家人刊行為《愚齋存稿》，尚有大量未經面世的原始文電、奏稿和朋友信函，據上海圖書館「盛檔」負責人馮金牛先生介紹，總量有十五萬件），顧、夏兩位先生，可以說是對盛氏資料閱讀得最多的人，但他們並沒有發現過盛宣懷與釣魚島有什麼關係的任何資料。

而且，他們從徐逸公布的「慈禧手諭」影印本上，一眼就看出了破綻。

他們主要的依據是：該「手諭」註明的日期是光緒十九年（一八九三年），而對盛宣懷的稱謂則是「太常寺正卿」，這與當時的實際情況不符，因為盛宣懷是在一八九六年才被任命為太常寺少卿的，並非在一八九三年。也就是說，「手諭」上的時間，比盛宣懷實際被任命的時間早了三年，此第一。頭銜也不對，他是「太常寺少卿」，而非「正卿」。這說明，此「手諭」的作偽者連盛宣懷的履歷表未弄清楚，連他的官銜稱呼也未弄清楚。這怎麼能不露出「馬腳」呢？怎麼能「唬」得過研究有素的大陸學者呢？

然而，鑑於當時的國際輿論，因為此事與釣魚島的歸屬問題已扯到了一起，所以顧老和夏老當時就沒有吭聲，對外也沒有發表文章談這些看法。

大陸的學者雖不吭聲，台灣的學者卻也看出了破綻。一位大學教師發表文章說，慈禧太后在那個時代早已不使用那兩枚圖章了，那兩枚圖章的款式，是慈禧早年使用的，因而也認為那「手諭」是假的。

這麼一來，就更忙壞了那些新聞記者，大家被真真假假弄得莫衷一是，於是更加起勁地「捕捉」各地的盛家後代，以探究竟。

毓郵說：「徐逸做假！」

五〇年代就居住在日本東京的盛家四房毓字輩老大哥盛毓郵，是這個家族在世人員中年紀最大者。當記者們找到他時，他被這突如其來的事情弄得丈二金剛摸不著頭腦，因為他活了這麼大年紀，以前從未聽說過盛家與釣魚島有什麼關係，也從未聽說過有什麼家傳的「慈禧手諭」，更沒有聽說過，他父親還跟美國人生過孩子。對於這位似乎是從天上掉下來的「毓真妹妹」，他們是認也不好，不認也不好，拿毓郵的話來說就是：「弄得我好尷尬！」因為當時的社會輿論已經沸沸揚揚，似已認定此「毓真」就是你們盛家的人了，然而盛家的人過去誰也沒聽說過此人，誰也沒見過此人。儘管如此，善良的人們還是暫且把她當作盛家的人相待，但當這個「毓真妹妹」拿出所謂「爹爹給我的一封信時」，毓郵和毓度全明白了：這完全是假的！不僅字跡是假的，裏面的稱呼、內容、落款全都不對頭！他們由此開始懷疑，持有這樣一封假的「爹爹來信」的人，如何能拿得出一份真的「慈禧手諭」。

既然盛家兩位老大哥都不能證實徐逸的身分，也不能證實釣魚島與盛家的關係，其他年輕一代，就更加無法證實這一切了。於是輿論界又是一陣大譁。

今年初夏筆者在東京，曾就釣魚島的問題請教年已九十高齡的盛毓郵先生，情況就更明白了。毓老說：「我們誰也不認識她，也從未聽說過有什麼家傳的『慈禧手諭』。不過有一條，假如我家真有這麼個『慈禧手諭』的話，無論傳到誰手上，也絕不會傳到她手上。我在家裏是老大，家裏大事都是不瞞我的，我就從未聽說有這麼回事。關於那張『慈禧手諭』的真偽，我不是歷史學家，所以說不出意見。但是那封所謂的我爹爹寫給她的信，那確確實實是假的！」

原來，徐逸本來在美國生活，曾與一飯店老闆同居，日子過得很不得意，後來到了台灣，說是來「尋根」的，找到了盛家的人。在「慈禧手諭」的假象被層層剝去之後，她慌了手腳，就跑到東京，做兩位老大哥的工作。她對毓郵的太太任芷芳說：「等我把事情（指釣魚島的事）搞定了，我們就都『發』了，盛家的人都可以『發』了，到那時你們也不用辛辛苦苦地開飯店了……」這就是打開天窗說亮話了，意思是現在請你們幫幫我的忙，幫我把此事弄假成真，將來我們都是有功之臣，可以發大財。

徐逸說此話的時候，天並不怎麼冷，她已經皮大衣裹身了，但那大衣的襯裏已破爛不堪，有的地方已露在外面了。一雙鞋也不合適，走不多遠路就腳疼，腳疼起來，即便是在百貨公司裏，也會把鞋子一甩，赤腳站在人家大堂裏……這些都令盛家人感到懷疑，此人處處都不對勁。

筆者為把事情進一步弄清楚，返滬後特意再去上海圖書館，查閱盛家的家譜。該館館藏的《龍溪盛氏宗譜》為一九四三年盛文頤總修，盛渤頤主稿，盛恩頤總校的，其分校還有棠頤、慕頤、重頤等人，其中一篇盛氏後人撰寫的〈盛杏蓀（宣懷）行述〉，洋洋二萬餘字，歷數盛宣懷一生功業、嘉獎、升遷等各項，尤其對於皇上幾次召對，慈禧幾次問策，並有所賞賜事，記敘甚詳，有的地方把原話亦錄其上。比如：「以京漢全路完工，引疾求退。慈聖面諭：『國家正值多事，汝係舊臣，不應出此。』及再叫起，奏對逾四刻，上曰：『汝今日精神已大好。』旋蒙賞紫禁城騎馬。」又如「三月初十日，召見。先垂詢病狀，後述蒙塵情形，且謂非汝等力保東南，恐無今日。命賞福字匹頭、餑餑、肉食，並奉懿旨以承辦大差，一切周妥，交部優敘。」然而，未有一字提及釣魚島事。試想，這篇〈行述〉已把慈禧賞賜餑餑、肉食的事情都記錄在冊了，如果真有賞賜釣魚島這樣的大事，能夠不記錄在冊嗎？既然在一九四三年修的家譜中都沒有提到的事，後來在一九七二年卻冒出來了，其「形跡」之可疑，不就昭然若揭了。

另外，細審那封「爹爹的信」，內中講的事情年代也不對。查封盛家除租界以外的所有財產的事，是辛亥革命後一年間的事，而「爹爹的信」中卻講在民國十六年（即一九二七年）。如果是講國民黨，那也不對，國民黨並未查封盛家財產，只是將愚齋義莊的慈善基金（兩百三十萬元）充公，但時間也不對，因那是一九二八年的事。

由此可知，徐逸造假，其手腳實在不夠高明。另外，信中講到將愚齋圖書館的存檔存書，全部捐贈交通大學事，也不對，事實是捐給了國民政府，國民政府將之分給了三所院校，其中大宗是分給了聖約翰大學。

「釣魚島事件」後來發展到兩軍對壘、劍拔弩張的地步。徐逸的「慈禧手諭」無疑是起了推波助瀾的作用。對於盛家來說，不少人認為，此一騙局真是丟盡了盛家的臉，居然國際輿論也被她騙得團團轉。更要命的是，直到現在為止，沒有一個人能證明，徐逸是盛老四的女兒，一切都是由她自己說的。所以有的盛家子弟認為她是個騙子，是藉著盛家的名望和釣魚島問題的爭端，蓄意行騙的壞人。

筆者從日本返回後，又接到彭菊影女士（盛毓度先生的夫人）的電話，電話中講五毛（盛毓珠，岫雲，穎若館主，馬芳蹤先生的夫人，居台灣）前些日子從台灣來過，她也認為徐逸根本不是盛家的人，建議把她的名字從有關資料裏去掉。

事到如今，大風大浪是過去了，可小風小浪並未停止。據說直到今年上半年，台灣仍有把盛家與釣魚島扯在一起的報導。

值得一提的是，徐逸前幾年在台灣死了。毓老夫婦說：「她還好死了，如果不死，還不知要鬧出多少笑話來呢！」

台灣現代詩史論——資料彙編

14 海上尋蹤

盛家的老房子

現在盛家後代已星散各處，除了大陸之外，主要集中在日本、美國、香港、台灣諸地。第三代為毓字輩的人，老的已是八、九十歲，年輕的也均已過不惑之年。然而，在上海、蘇州、常州等地，仍保留了不少當年盛家的或是與盛家有關係的老房子，時時能勾起老上海們「淘古」的胃口。

現在外灘中山東一路七號和九號，均是與盛家有關的老房子。七號是盛宣懷於一八九七年創辦的中國通商銀行的老房子；九號是原輪船招商局的舊址。

這兩幢房子均為磚木結構，在外灘林立的大廈群中，顯得十分侷促和寒酸，但是它們歷史最久，僅次於外白渡橋下面的原英國領事館的老房子（現為市委下屬的各大機關的大雜院，花園草木尚可，而房子年久失修，門牌為三十三號），很能說明中國的洋務工程初起階段，與列強萬商爭雄的艱苦境況。

七號的房子為四層磚木結構，座西朝東，建築面積為四千九百平方公尺，占地面積一三六八平方公尺，正門有立柱，門楣有簡單的紋飾，東立面二、三、四層樓窗子還有小陽台點綴，中央高處有山牆壓頂，外牆採用花崗岩貼面磚鑲貼，由馬禮遜洋行設計，建於一八九六年。解放後為交通部接管，歸長江航運公司和長江航道局上海辦事處使用。

九號的房子原址原為美國旗昌洋行舊址，該行由美國商人墨爾•羅塞爾於一八一八年在廣州創辦，早期從事鴉片貿易，上海開埠後即從廣州遷往上海，並租下外灘九號的這塊地產建立了旗昌洋行行所。小刀會起義期間的上海道吳健彰，早年即是旗昌洋行的買辦，後來該行在上海又成立了輪船公司，曾經是長江航運中的三霸之一（其他還有怡和和太古）。當年盛宣懷奉李鴻章之命開辦輪船招商局時，就與之進行過激烈的競爭。一八七七年，盛宣懷以二百二十萬兩銀將其盤下，壯大了自己。又於一九〇一年委託英商馬禮遜洋行進行設計，拆去舊樓，重造新樓。新樓為三層磚木結構，占地四百五十五平方公尺，建築面積為三五三八平方公尺，外觀仿文藝復興式，每層有明顯的腰線，內部樓梯迂迴曲折，木扶手上的雕花也十分精緻。輪船招商局於一九三〇年被國民黨接收，改為國營。解放後歸上海港務監督局、交通部上海海上安全監督局及上海海上搜救中心使用。

盛家在上海最著名的房產，自然是靜安寺路（南京西路）上的老公館，現在已完全

「舊貌換新顏」了。現南京西路成都路路口南北高架公路通過的地方，原是盛宣懷本人居住的一幢花園洋房，這是他最後辭世的地方。這處老公館，總共占地一〇五畝，在莊夫人去世後，除此花園洋房之外，其餘均已被盛氏後代拆建為里弄住宅出租，後來又陸續賣出。抗戰期間，連這幢花園洋房也賣出來了，成為中國銀行的財產。汪偽時期一場金融界的血戰之後，一九四一年底中國銀行宣布復業，就是在這幢房子裏復業的。解放以後歸中國人民銀行，成為靜安區支行的營業所，直到前數年，成都路拓寬工程中，要造南北高架路時，才算完成了它的歷史使命。

盛家最輝煌的建築，要算淮海中路一五一七號，現為日本領事館總領事官邸的那幢大花園洋房了。多年來人們一直傳說是盛宣懷買下的，而毓郵先生則說，那是盛老五（盛重頤）於抗戰中買下來的，而非從其父手裏繼承下來。原先是一英國商人住宅，日本人打來後英國人返國，臨行前趕緊把房子處理掉。當時盛老五在外灘開有銀公司，又做地產生意發了財，於是斥資購下。當時買進時花費多少已難以考證，而在四〇年代末賣給榮鴻三時，是一百萬美元賣出的。解放後榮家人出國，房子由國家管理，曾作為高教局和市婦聯的辦公用房，直到七〇年代中期中日建交，成為日本領事館。近些年日本領事館遷往虹橋開發區，這兒就成為日領館總領事的官邸。

盛家在上海的老房子還有許多，如萬航渡路上現為大中華橡膠廠療養院的花園洋房，靜安寺東廟弄二號，香粉弄的大上海酒家，新聞路上的辛家花園等等。然而在國內最著名的花園則是蘇州的留園，現為國家著名園林之一，並被列入重點保護單位。

這座園林對於盛家意義非同一般，是盛宣懷的父親盛康斥資購下，盛宣懷不斷加以修整、增建，花園裏三塊巨大的太湖石的名稱，後來就成為盛家三個孫女的名字。盛康去世後曾停棺於此；盛宣懷去世後亦停棺於此；盛老四去世時也停棺於此，這兒不僅是盛家的別墅花園，還有盛家的祠堂、家廟、客廳。過去每年盛家的後人來此祭祖，孩子們每人可得四塊大洋的盤纏費，所以也是孩子們的樂園。解放後實行土地國有，留園遂歸入國家賬冊，但內中建築已年久失修，國家又斥資二十萬，整修一新對外開放，成為江南四大園林之一，享譽中外。今年五一節，留園的門票已賣到三十元一張，園內園外仍是人山人海……

至於盛家的祖居，現在常州市內還保留兩排老房子，邊門開在馬園巷，掛了「盛宣懷故居」的牌子。

盛家的新企業

盛家新的企業主要是餐飲業，在日本有留園飯店、新亞飯店，在上海有愚齋閣、浦東梅隴鎮酒家（與上海梅隴鎮合資）、錦亭酒家，在香港、台灣、南京、杭州、無錫、蘇州，也都設有飯店，同時還有大大小小的房產公司、進出口貿易公司、建材公司、工程承包公司等。如果說盛家毓字輩和承字輩的人多數專注於辦實業的話，那麼他們再下一代的人則埋頭用功讀書了，逐漸向當代高科技領域進軍！

附錄一

盛宣懷（杏蓀）行述

賀忠賢點注

府君姓盛氏，諱宣懷，字杏蓀，一字幼勖，號次沂，又號補樓，別號愚齋，晚號止叟，世為江蘇常州府武進縣人。吾宗得姓，肇於周文王子郕叔武。到穆王時，已易郕為盛。其後有南北二宗，漢司空允之裔自梁國遷廣陵著望，皆南宗也。迨①宋南渡，遠祖某又從金陵，八傳而至明歷城侯庸，建文時以忠死，事詳《明史》本傳。

侯長子延一公，延一公長子睿公，以歲貢生官知縣，自金陵卜居武進縣西北之龍溪，是為遷常始祖。府君曾祖考士洪公，諱洪仁，議敘從九品，事跡載邑志及桑梓潛德錄。本生曾祖考逸帆公，諱林，國學生，並誥贈奉直大夫，晉贈資政大夫，累贈光祿大夫。祖考惺予公，諱隆，嘉慶庚午舉人，浙江海寧州知州，誥授奉直大夫，誥封資政大夫，累贈光祿大夫。考旭人公，諱康，道光庚子舉人，甲辰進士，侍郎銜，正一品封典，布政使銜，湖北鹽法武昌道，浙江候補道，誥授資政大夫，誥封光祿大夫。

曾祖妣氏劉，本生曾祖妣氏徐，祖妣氏費，皆誥封宜人，晉封夫人，贈累一品夫人。

妣氏費誥封夫人，誥贈一品夫人。

先大父②生子六人：長即府君；次仲父蕉蓀公，諱雋懷，附貢生。候選郎中；三諱廷懷；四諱寰懷，皆幼殤；五叔父薇蓀公，諱星懷，附監生，三品銜。候選知府，卹贈太僕，寺卿銜；六季父萊蓀公，名善懷，附監生，分部郎中。

府君之生也，在道光甲辰九月。其春，先曾大父在安吉官廨，夢舊宅老杏一株，花發如錦，聞先大母方娠，心以為祥。先大父又適捷春闈③，迨府君生，遂以杏字焉。己酉曾大夫自浙謝病歸，見府君端凝朗秀，舉止如成人，輒心喜，語所親曰：「是兒必為偉器！」府君自勝衣就傅，即穎悟洞澈，好深湛之思，質疑問難，塾師或無以對。

庚戌冬，大父權刺和州，大母奉曾大父母就養，居二年，粵氛漸熾④，府君復隨侍返里。咸豐丙辰，先伯祖贈太僕彥人公署浙歸安令，迎曾大父母於官舍。時江南軍事日棘，浙西亦不靖，逾年板輿仍回里門。庚申二月，伯祖殉難於杭。未幾，賊⑤蹤逼常州，曾大父母先期避於江陰長涇鎮。郡城⑥既陷，又渡江居鹽城。大父方權湖北糧道，遣使奉迎，航海至寧波，由金、衢間道出江右，寒暑六閱月，崎嶇險阻轉達鄂。府君與從伯父柏蓀公，上侍重闈，下撫親屬，至纖至悉，將護維謹，使老人不知有亂離轉徙之苦，時府君年才十七耳。

同治壬戌，先妣董夫人來歸⑦，時大父官湖北鹽法道，值川淮互爭引地，相持久不決，府君草川淮並行之議，大父採其說以上，卒如所議行。府君入秉庭訓，出與鄂中賢士大夫遊。蓋自胡益陽、嚴新繁⑧相繼撫鄂，軍務吏治號嚴整。府君研求濡染，遂慨然以濟世自期。

癸亥十一月，伯兄昌頤生。丙寅偕仲父回籍應童試⑨，同補縣生。適曾大父重遊泮宮，學使和州鮑花潭中丞⑩源深親書「攜孫同遊」匾額以贈，士林以為美談。其明年五月，曾大父以微疾捐館⑪，府君隨侍大父扶櫬⑫回籍。七月，仲兄和頤生。十月，曾大母見背⑬。戊辰七月，不孝同頤生。其冬，大母又棄養。府君茹悲制痛，曲慰大父。然枕裀間淚漬常斑斑也。大父自奉諱家居，壹意為惇宗睦族之事，設義莊，增祭田，建義學，修宗譜。府君參預規劃，絕不以外事攖⑭心。

庚午二月，仲父蕉蓀公卒，大父命以仲兄為之嗣。四月，李文忠公⑮由鄂督師入陝，楊藝舫京卿⑯宗濂函招府君入幕。文忠夙與大父雅故，一見器賞，派委行營內文案兼充營務處會辦，屬櫜鞬⑰，侍文忠。盛暑日馳數十百里，磨盾草檄，頃刻千言，同官皆斂手推服。未幾，天津教案⑱事起，從文忠由陝赴直，涉函關，登太行，盡攬山川阨塞。日與郭壯武公松林、周壯武公盛傳輩討論兵謀，歷練日深，聲譽亦日起。旋奏調會辦陝甘後路糧台、淮軍後路營務處。

府君初以議敘主事，改候選直隸州。從軍逾年，薦⑲保知府、道員，並賞花翎二品頂戴。辛未畿輔大水，大父倡捐棉衣賑米，命府君詣⑳淮南北勸募，集資購糧，由滬赴津散放，是為府君辦理賑務之始。

先是丁卯、戊辰間，道員許道身、同知容閎有勸諭華商置造輪船運漕攬貨之議，日久因循，府君以為大利不可不興，每欲有所陳說。至壬申五月，見文忠及沈文肅公㉑議覆閩廠造船未可停罷，摺內皆以兼造商船為可行，遂獻議二公。大致謂各國通商以來，火輪日增，駛行又速，中國內江外海之利幾被洋人占盡，現各省在滬殷商或置輪船，或挾資本向各口裝載貿易俱依附洋商，如旗昌、金利源等行，華股居其大半，本利暗折，官司不能過問，若正名定分，由官設局招徠，俾華商原附洋股逐漸移於官局，實足以張國體而弭隱患。擬請先行試辦招商，為官商接洽地步。俟商船造成，隨時添入推廣通行。又海運米石，沙寧船不敷裝運，有商局輪船輔其不足，將來米數加多，亦可無缺船之慮。文忠深韙其言，乃命府君會同浙江海運委員朱雲甫觀察㉒其昂等酌擬試辦章程上之。於是南北合籌，規模漸具，是為府君辦理輪船招商之始。

癸酉六月，奉文忠札委會辦該局事宜，兼管運漕攬載。府君請於文忠，號召熟悉商務之粵紳唐廷樞、徐潤㉓等為總董，倡招華股，而力薄勢微，洋船復大跌水腳，並力傾我。府君日夕與朱雲甫、翼甫、唐景星、徐雨之諸公苦心擘畫，力任艱巨，然瀕於折閱㉔者數數矣。

八月，應北闈鄉試，報罷。甲戌，以直隸水災賑撫案，敘勞賞加布政使銜。光緒乙亥秋，文忠會同江督劉忠誠公、鄂督李勤恪公㉕札委督辦開採湖北煤鐵礦務，仍兼領招商局事。時民間惑於地脈風水之說，旁撓者眾，經營累月，始有端緒。而廣濟、興國所屬佳礦尤多，土煤稅重，難期暢行。乃請援照台灣減稅成案辦理，蓋雖篳路藍縷，而已肇今日治礦宏富之先聲，是為府君辦理礦業之始。

丙子六月，隨文忠赴煙台與英使威妥瑪議結滇案。英商之擅築淞滬鐵路也，滬道奉上官命屢阻之。至是威使以為言，文忠即奏派府君與英員梅輝立會商歸宿之法。八月應秋試，出闈即與梅輝立定議於江寧，以二十八萬餘金購歸，行止聽我自便。旋以鐵路不適於中國，群議拆毀，府君陰惜之，而莫由爭也。榜發，又薦而未售，遂絕意科舉。

輪船招商局既苦支五年，股款漸裕。而旗昌公司因爭跌虧耗，陰欲退讓。一言輕發，遂為府君所持。旗昌成本三百萬兩，卒以二百二十二萬兩成歸併之議。文忠以費鉅難籌，使府君就商江督沈文肅公，府君馳赴金陵，瀝陳國防大計，江海利源，歸併旗昌，實生死存亡一大關鍵，言之累日不已。文肅鑑府君誠，且深知此為要圖，慨允奏撥百萬。是役也，驟增巨輪十數，船步㉖屯棧林立，駸駸駕怡和、太古而上之焉。

丁丑二月，府君以直隸盡先補用道稟請赴部引見。文忠奏稱：該員心地忠實，才識宏通，於中外交涉機宜能見其大。其所經辦各事皆國家富強要政，心精力果，措置裕如，加以歷練，必能幹濟時艱，為國大用等語。自光緒紀元以來，山右頻歲大祲，赤地千里。直豫亦苦旱乾。南中若施少欽封翁、嚴佑之、廣文、謝綏之太守諸公，皆以委身賑荒，名動天下，而咸奉府君為標幟。

戊寅，河間府屬被災劇重，吳窓齋㉗中丞時以編修自請放賑，文忠奏派府君及李秋亭太守金鏞與偕。府君徒步巡行村落，按戶拍查，露宿東光縣某鄉，歸而咳逆上氣大作，蓋畢生喘疾所由萌芽也。府君目擊災重款絀，罄所積為倡猶不足，庶母刁夫人乃盡出己蓄以附益之。十一月，先妣董夫人以產後誤服涼劑病歿，大父命刁夫人主持家政，俾府君稍紓內顧之憂。

己卯十月，奏署天津河間兵備道，值災情方劇，首先綜理賑務，集捐數十萬，兼資工撫，救濟甚眾。並裁革天津縣書差供應。建廣仁堂，留養孤嫠。設戒煙局，民間戒除者萬人。時文忠督直，久思效法歐西謀自強，數數垂問。府君以富強莫先於鐵路、電報，路事體大宜稍緩，電則非急起圖功不可。文忠矍然曰：「是吾志也，子盍㉘為我成之？」府君唯唯，是為辦理電報之始。先時英國海線已由香港至廣州，循通商各口以達天津，復援前案引線達上海。且先在香港對岸設陸線至九龍，丹國水線亦由吳淞上岸，設陸線抵上海，勢將延入內地。

庚辰秋，府君亟請於文忠，照輪船局辦法招集商股。奏設津滬陸線，通南北兩洋之郵，遏洋線潛侵之患。並設電報學堂育人才，備任使。復約丹國拆去上海陸線，購歸中國。其水線之端與英線皆限至吳淞為止。又商之香港英員，我亦設電局於港，而拆去其九龍陸線。執萬國公例與之力爭，時歷二年，筆舌交敝，始克嚴定條款，會訂水線相接合同。江督左文襄公㉙、粵督張靖達公奏明有案，且有「熟諳外情，操縱得宜」之褒。而曾惠敏㉚方奉使英倫，亦藉府君策劃，為折衝之具，深相推重。

辛巳冬，津滬陸線工竣，文忠奏派府君為總辦。逾年商股大集，分期繳還官本，遂與輪船招商同為官督商辦之兩大局。而輪船自成立以來，頻經艱困，且規制宏、出納巨，疑謗緣是而起。董侍御俊翰、王祭酒先謙相繼彈劾，詞連府君。文忠選派津道鄭玉軒京卿藻如、滬道劉芝田中丞瑞芬㉛、製造局道員李勤公興銳查辦。文忠據以上聞，有「該道前派會辦招商局，訂明不經手銀錢，不支領薪水。嗣以屢次代人受過，堅辭會辦。臣嚴密考察，該道勤明幹練，講求吏治，熟習洋情。在直有年，於賑務、河工諸要端，無不認真籌辦，洵屬有用之才。未敢稍涉回護」等語。疏上，事乃大白。方府君權津道時，大父入都謁選。

次年，曾忠襄公㉜督防榆關，奏派大父駐津辦理轉運，府君得時親定省。到壬午春，大父宦浙年餘，府君乞假省親，並料量家事。文忠被命署北洋通商大臣，函招府君銷假回津。未幾，英、法、德、美各使請設萬國電報公司於滬，要求由滬至東南各口海線。府君則請勸諭華商自設沿海各口陸線，爭先著，使彼無利可圖。且從此海疆各省與京外脈絡貫注，實於洋務海防有裨。即商民轉輸貿易，消息靈通，為利亦更廣遠。文忠遂與譯署㉝商派府君詣滬次第開辦。

癸未春，越南邊防急，朝命文忠駐滬統籌全局。府君參預機宜，靡間昕夕㉞。七月，文忠回直督署任，府君隨同抵津。法越事起，文忠議設海部，兼籌海軍。府君請考察德、日二國辦法，分年籌款，逐漸添船，為經始根本。九月，以山東利津等處水災賑捐案，經東撫陳俊丞中丞士傑奏請，傳旨嘉獎。是冬，赴福州、廣州，與英商大東公司磋議閩粵海口接線事，適粵省沙面焚繞洋房議賠棘手。

甲申二月，府君已旋津，張靖達專摺奏調赴粵。既而粵案漸結，文忠特疏奏留，有云：「該道智慮周詳，於交涉重大事件洞悉癥結，經辦各事，剛柔得中。且今之熟習洋務者，往往於吏治、民生易於隔閡。究之洋務與吏治不應分為兩途，惟該道施措咸宜，經權悉協。倘任以通商繁劇之地，必能宏濟艱難，緩急足恃。」其器任府君如此。

五月，奏署天津海關道。會閩粵陸線竣工，滬港可直達。丹公使謂礙彼利權，府君以中、英兩公司有約在先，港地與丹無涉，折之乃已。方法事之殷，招商局輪船往來洋面日有戒心。眾商議援西例，將局產暫售美國旗昌行主，以保成本。其價照原值銀兩，以銀票如數抵給，俟㉟中法事定，將銀票給還，收回船棧，訂立合同，奏報在案。九月，旗昌行東米士德來津，府君復與堅訂屆期收回密約。逾年法事大定，卒與馬眉叔觀察建忠料理收回，浮言頓息。

初府君以閩、粵等處電線道遠費繁，市面清寥，商股又因越事觀望，不得已暫挪金州礦款十餘萬金濟急。經詳咨有案，而部議謂為辦理含混，科以降級調用處分。時左文襄初入樞府㊱，方奏保府君才堪大用。奉旨以海關道出使大臣交軍機處存記。文襄復疏言：「人才屈抑可惜，請飭查明妥議。」事下南北兩洋。旋忠襄及文忠奏言：「蘇、浙、閩、粵電線所以速成，皆該道移緩就急之功，於軍務裨益尤大。」得旨寬免降調處分，改為降二級留任。

乙酉六月，以台北解嚴官紳籌運出力案，奉旨從優議敘。七月，文忠以府君總理電線成績卓著，特疏請獎。奉旨從海關道記名簡放。九月。府君自津至杭，省視大父起居，捧觴上壽。自招商局收回後，文忠即奏派府君認真經理。是年秋，南北兩洋又奉寄諭加意整頓。府君順道詣滬統籌，議覆，大要謂：東西各國商務多由國家補助，誠以商業與衰關乎國計強弱，必相與維持於不敝。中國帑藏非裕，風習不同，然亦非無可籌之策，擬請先將該局運漕水腳沙寧船一律並准回空貨船免稅，俾獲贏餘，分年還債，藉紓商困。文忠、文襄據以上達，得旨分別議行。

丙戌五月，醇賢親王㊲巡閱北洋水陸各營，府君以隨同經理輪船各事出力，奉旨從優議敘。六月，簡授山東登、萊、青兵備道兼東海關監督。時張勤果公曜㊳撫東，汲汲㊴以河患為憂。

丁亥夏，直隸開州黃河漫溢，灌入東境。濮、范一帶，均被水災。繼以鄭州大決，奪溜南趨，自豫省下游波及皖北，而東省河工疏導防汛事宜尤為吃緊。府君初聞鄭州之警，即捐廉俸、發庫款備賑。馳電各省勸捐，敦促南紳嚴佑之諸君分馳拯救。勤果公以治河方略博採為議，府君上說帖萬餘言，主因地制宜，獨不持規復故道之論。京朝官如潘吳縣、翁常熟、徐嘉定主張皆同，而與勤果意微背。既而奉有「故道一議止可暫作緩圖」之諭，勤果虛衷彌服府君之遠識云。

是年五月，榮城縣海岸有保大輪船失事，村民乘危撈搶，逼辱縣令，凶毆弁勇。府君會同防營孫紹襄軍門金彪將滋事首從解省審辦，本籍御史牟萌喬等遂以縱勇擾民彈劾，事下東撫覆查不實，得旨無庸置議。府君念所轄境內海線廣袤，島礁林立，航行偶一失事，居民肆掠，相習成風，沿海編氓有以搶灘為生業者。因重申總理衙門奏定保護中外船隻遭風遇險章程，實力整頓，勤果即飭府君酌議新章六條奏上，奉旨下所司永遠奉行。府君於是有拯濟局之設，捐廉集貲，廣置舢筏，遴派能冒艱險之員，購募善泅夫役，部勒梭巡，聞警立赴，估船漁舟，藉以出險者無歲無之。越數年，復有輪船觸礁沈沒，生命財產泰半獲全，其實惠及人，悉此類也。

戊子七月，駐津法領事林椿至煙，會同府君商訂滇、粵邊界與越南北圻接線事件，十月約成，經文忠奏准，滇、粵大吏皆與聞其事。

越歲己丑，粵督張文襄忽致函譯署有違言。府君抗言：中法接線原為藉收通報利益，助滇粵官局養線之需。但能堅守約章，自屬有利無害。設兩國有事，法水線隨地可通，無藉此線，可不必慮。今琿春、海蘭泡欲接俄線，彼方刁難。現准法接旱線，俄必較易就範。且英、丹、日皆與我接，何獨拒法？況已奉旨，尤不宜中悔，貽笑外人。譯署深然之。不逾年，而中俄接線草約遂告厥成。

是冬，庶母刁夫人卒。夫人賢明善持家，侍府君十有五載，故悼之彌甚。大父命葬以嫡禮，藉塞府君之悲。庚寅春夏之交，東省黃河南北兩岸及濱臨運河，被水各地至三十七州縣之多，司庫支絀，截漕發倉，不敷賑需。勤果囑府君與藩司⑩福少農方伯協同籌濟，府君尤不遺餘力。勤果函謝，有「德薄召災，累我蒼赤。萬家生佛，所賴惟公」之語。

辛卯春，大父再蒞東海觀政。是秋，吾母莊夫人來歸。伯兄昌頤捷京兆試，大父老懷欣慰。府君雖應官鮮暇，而日必侍膳，夜必詣寢所閒話片時，視大父安睡乃出。厥後迎養在滬，未嘗稍替。是年五月，府君以倡捐勸賑，奉旨賞頭品頂戴。

先是青屬樂安縣民私挖淄河兩口，引淄北趨，村莊田廬被淹者眾，而獲淤田之利者，僅有東鄉燕姓數莊。經言官入告，奉旨飭令堵築，嚴禁有案。府君廉⑪知該鄉日久玩生，稟請駐工查辦。先將桃溝、小西兩口從速堵築，並歷勘下游。淄河故道已淤近三十年，大溜均由東河口迤東經鉅定湖至羊角溝入海，河勢甚直，自應順水之性，量加挑挖，留為淄河尾閭正道。勤果奏上，得旨允行。府君於治河夙有心得，自需次直隸迭辦災賑，因推求受災之原，益究心畿輔水利。迨官山左，隨事籌議，挽救良多。而其功在地方，惠留百世，彰彰人口者，尤在開浚小清河一事。

蓋小清河本為東省一大乾河，自歷城章邱起，承濟漯二水，直注海口。康熙間，上游始涸。乾隆間，高苑境內又涸。乃引濟水由繡江河灌注大清河以運鹽，而小清河遂淤。迨大河堵築南堤，山泉平漫，河已無槽，而小清更淤。近年愈淤愈短，舊址堙廢，專為民田。府君放賑查河，五歷寒暑，灼知疏浚之法，斷不容泥守陳跡。始建議規復小清河正軌，而不拘牽小清河故道。

是年五月，勤果奏請以府君董其事。因工長款絀，奏明先從下游入手。其時府君既蒧㊷淄河之工，乃以南紳所集賑款，招募附近災民，分段挑挖，以工代賑。計自博興縣之金家橋起，至壽光縣海口止，延長百餘里，水勢歸槽，暢行入海，糜金不及念萬，歷時不過數月。而官免籌費，民獲有秋。

勤果以是秋薨。福方伯復與府君籌商上游未竣之工，府君遴委員紳復勘，金家橋以上支脈溝曲折淤淺，僅能展寬而不能挖深。如借支脈上截為小清正河，遷就敷衍，勢難得力。議由金家橋向西取直，就支脈預備兩河套內擇其窪區接開正河，歷博山、高苑、新城、長山、鄒平、齊東六縣，計長數百餘里。又在金家橋以下起，循預備河舊址開浚支河，以承上游各湖河之水，引入新河，銜接歸海。從此民田無漫溢之虞，惟庫款久虛，仍由府君協同南紳集捐舉辦。而近省之歷城、章邱、齊東三縣工程，非府君所轄，亦復無分畛域，一律籌捐興修，東省士民萬口交頌。

府君以歷年兼營河務，往往累月駐工，或親行履勘，風日不避，嘗從羊角溝掉㊸小舟出海，遇暴風雨雹，舟幾覆，衣履盡濡，喘乃大作。由是遘寒㊹輒發，根株不可拔矣。壬辰五月，調補天津海關道，兼津海關監督。十一月，不孝恩頤生。十二月，不孝重頤生。時招商局因怡和、太古連歲跌價，潛增巨累。太古又將俄茶全數攬載，府君患之。乃請將採運局平糶免稅之米援官物例歸局專裝，以相抵制。彼壟斷之術，屢試而無所施，始肯與我重訂齊價辦法。癸巳三月，三公司合同成立，息爭均利，遵行至今。

十一月，小清河全功告成，東撫奏上，推府君首功，傳旨嘉獎。是河工程閱時三載，用鏹㊺七十餘萬。加以晉邊旱災協賑九十萬，順直水災義賑二十餘萬，皆府君於三年中所勸募籌集者。願力宏偉，孰與侔㊻哉！

九月間，上海織布局廠被焚。文忠以洋貨紗布進口日多，另設機器紡織廠敵洋保利。知府君於茲事早有研求，遂委黃花農觀察建莞權代榷篆，奏派府君赴滬，會同江海關道一面規復舊局；一面招集新股，就原址設立華盛總廠。又勸告華商分設大純、裕原、裕晉各廠，並奏請以府君督辦布置。年餘次第開辦，而東事起矣。府君蒞津再期，大父憚遠涉，未允就養，至是籍差歸省，極晨昏之歡。

甲午二月回任，四月文忠巡閱海軍，府君奉飭隨往，因病請假未行。東事既起，即力疾銷假視事。先是府君洞㊼知日俄謀韓益急，從容言於文忠，請仿歐西瑞士例，由數大國公同保護，勿貪藩屬空名，而受唇齒實禍。格於清議不納。

迨旅順、威海相繼淪陷，府君屢請起用前台撫劉壯肅公銘傳。廷意初不以為然，事急召之，壯肅不出。府君又請募德弁、練新兵、購快艇協助海軍，上樞府譯署數千言，當軸意少動。而高陽相國於客將中獨喜用漢納根，議遂中輟。

府君自奉委辦理東征轉運，棘手尤甚，昕夕不遑。言者乃劾以侵蝕浮冒。旋文忠查覆，奏稱：「前敵軍米奏明飭由臬司周馥㊽、道員袁世凱就近在奉天採買。畿防軍米向由各統將自行購備。該道但司轉運，並未經手採辦，無從浮冒。至天津招商局北棧被火所毀，商米雜貨均係客商存件，並無官米在內。該道無從侵蝕。」奏入，奉旨無庸置議。

叔父太僕公在平壤前敵陣亡。府君痛深手足，又慮無以慰大父，居恆戚戚不怡。建白又不見用，憂勞憤激，一病幾殆。其明年四月，馬關約成。府君病榻拊膺，浩然長嘆，知人力不能與氣數爭。又以宿疾頻作，未老先衰，陰有退休之志。時王文勤公⑲權督北洋，倚任一如文忠，迭請開缺，未邀允准。

府君嘗論東西列強所以有今日者，皆賢豪輩出之效。中國欲圖自強，各種人才皆當取資於學堂。學堂遲設一年，則人才遲出一年。請就津郡博文書院原有房屋設頭等學堂，又另設二等學堂一所，使學生遞相推升。與曾充教習之美國駐津副領事丁家立商訂課程，以切近易成、循序漸進為本旨，倡捐籌費，稟奏開辦，即近今所稱北洋大學堂也，是為府君辦理學堂之始。

是年冬，因華盛紗廠及水線事，力請於文勤，藉差回滬就醫。值湘省長、衡、寶三郡大饑，湘撫陳右銘中丞寶箴馳電告急。府君於歲暮百忙中猶捐資募款以拯之。丙申元日，省大父於吳門。大父春秋七十有三，精力興會如五十許人。府君竊幸親老而健，為人子不可多得之遭，意將長侍膝下。而大父則謂時艱恩渥，不當自安暇逸，益以馳驅報國為勉。二月，劉忠誠招赴江寧，議新政條陳。三月，張文襄⑳約赴鄂漢，商鐵路，鐵廠各事。四月，文襄奏請以府君接辦湖北漢陽鐵廠。八月，奉上諭：「王文韶、張之洞會奏，請設鐵路總公司，並保盛宣懷督辦一摺。直隸津海關道盛宣懷著即飭令來京，以備諮詢」。

九月十三日召見，奏對一時許。府君敷陳大旨，謂皇上深維至計，創興南北鐵路。顧鐵路所以速徵調、通利源，為自強之一端。非幹路既成，即可坐而俟其強也。泰東西諸邦用舉國之才智，以興農商工藝之利。即藉舉國之商力，以養水陸之兵，保農工之業。蓋國非兵不強。必有精兵，然後可以應徵調，則宜練兵。兵非餉曷51練？必興商務，然後可以擴利源，則宜理財。兵與財不得其人，雖日言練、日言理，而終無可用之兵、可恃之財，則宜育才。故築路與練兵、理財、育才，互相為用。甲午戰後，各國益易視我。以中國之大，兵弱財殫，人才消乏，如此何以雪恥？何以圖存？上傾聽動容。徐曰：「諸臣豈不知之，患在因循耳！」

十四日，奉上諭直隸津海關道盛宣懷著開缺，以四品京堂候補督辦鐵路總公司事務。二十六日，疏陳練兵、理財、育才三大政及開銀行、設達成館諸端。退謁恭忠親王52，自陳力小任重。邸曰：「君以一道員屢參不動。受恩不可謂不深。當力為其難。」府君以邸當國久，富經驗，諷以主持振作，勿再因循。且曰：「王此次再出，為中外所屬望。異日有事，合肥不復執其咎矣！」明日，邸謂翁常熟諸公曰：「昨幾為盛某所窘，雖然有心人也。」

十月朔，陛辭。奉諭曰：「汝摺已交議，但事須人做。今督撫多推宕，如何？」初八日，軍機處面奉諭旨：銀行一事前交部議，尚未定局。昨盛宣懷條陳有請歸商辦之議。如果辦理合宜，洵於商務有益，著即責成盛宣懷選擇殷商，設立總董，招集股本，合力興辦，以收利權。翌日出都。順道勘盧溝橋工，與文勤商定路線，決從直徑取道信陽，不繞襄樊，以免迂折。

十月，在津奉旨，補授太常寺少卿[53]。十一月，總署樞部詳議。府君條陳奏上，奏上諭：練兵一條為各省將軍督撫專責，不論勇營、綠營、當此餉項支絀，均應大加裁汰。現在各省依照西法新練各軍，暨上海、湖北製造兩局廠務，須督飭該管將領、承辦局員，認真講求操練，則毋襲皮毛。器械則務求畫一，並按照此次所擬辦法，或者宜減定成數；或者宜增創新章，體察情形，斟酌辦理，理財一事，戶部實任其難。厘金既未能遽停，印花稅亦驟難仿辦。加稅之說，迄今各國尚無成議。惟開設銀行，或亦收回利權之一法。前已諭令盛宣懷招商集股，合力興辦。銀行辦成，並准其附鑄一兩重銀元十萬元，試行南省。如無窒礙，再由戶部議訂章程辦理。育才為當今急務，節經諭令各直省添設學堂，實力舉辦。其武備學堂能否於省會中一律添設，並著該將軍、督撫妥籌具奏。京師、上海兩處既准設立大學堂，是則國家陶冶人才之重地，與各省集捐設立書院不同。著由戶部籌定的款按年撥給，毋庸由盛宣懷所管招商、電報兩局集款解濟，以崇體制。以上三條經該王大臣等逐條核議，均屬切實可行。著戶部暨各將軍、督撫等查照議准各節，實力舉辦。其有前奉諭旨未經覆奏者，即著迅速覆奏。總之，辦事須求實際，徒法不能自行。該將軍、督撫等奉到此旨，務須腳踏實地見諸施行，毋得粉飾因循，一奏塞責。原摺著鈔給閱看，將此各諭令知之。

十二月，鐵路總公司成立於上海，奏明先造盧漢幹路。其餘蘇滬、粵漢次第展造，不再另設公司。時各國商人先謀入股，繼謀借款包攬路工。美商華士賓等圖之尤力，而京外紳商亦競請分辦支路，實則影射洋股與借名撞騙者各居其半。府君通電樞譯，堅持先盡官款開辦。然後擇借洋債，再集華股。抱定層次，掃除葛藤，乃漸漸得所藉手矣。

丁酉正月，比商至鄂議鐵路借款。府君就商於文襄，僉以比為小邦，重工業但斤斤於購料賸㊹工，無他覬覦，即陰附他國商股。我於條款內堅明約束，只認比公司，不認他人，可無流弊，其息率亦視他國所索為輕。且允既以鐵路作保，無須再用國家名義磋議。至四月始訂草約，九月約成，十月漢孝路軌開工。府君又由滬馳赴工次。

是月，山東鉅野教案起，德以兵艦占膠州。當府君分巡東海時，即熟聞德大將毛奇有膠澳為東方第一軍港之說，曾請於醇賢親王、李文忠、張勤果籌鉅資經營之，並詳論其形勢為南北洋重要咽喉。德弁漢納根力阻，蓋陰為彼國地也。至是急電總署、南北洋，請以德曾屬意之金門島與彼交易、將膠口開放商埠。且謂以膠畀㊺德，禍更烈於以台畀倭。不數年，俄、英、法將效尤踵起。他策皆迂緩不及待，惟有亟練兵。如以芻言為可行，當參仿東西洋規制。條上其說備採擇，總署優詞報之。

十二月，奉旨補大理寺少卿。是冬，府君以工次過勞，感寒喘甚。黃州電局委員夏承寅以太乙藥針運治，稍痊。歲杪返滬。戊戌正月，奉上諭：現在時局日亟，所有中國緊要幹支各路，除盧漢業經開辦外，粵漢一路尚未定有切實規模，自應預爭先著。若由湘、鄂、粵三省紳商自辦，仍歸總公司總其綱領，實於大局有裨。惟是造路資本、借款辦法、通行章程，必與盧漢一氣貫注，始可收通力合作之效。著王文韶、張之洞、譚鍾麟、譚繼洵、陳寶箴、許振禕隨時會商盛宣懷，妥議招股、借款各節，認真辦理。此路貫湖南腹地，銜接武昌，不特取徑直截，練兵、開礦諸凡有益。該大臣等當妥速籌辦，力任其難，以收實效。

府君旋疏言：「現在德已踞膠，俄已留旅，法已窺瓊，英亦有圖扼長江之謀。是各要害口岸，幾盡為外國所占。僅有內地猶可南北自由往來。若粵漢一線再假手英人，將來俄路南引，英軌北趨，只盧漢一線踢踏⑯其中，何能展布？惟有趕將粵漢占定自辦，尚堪稍資補救。故此路借款，斷以美國為宜。若無意外枝節，竭六、七年之心力，當可使南北幹路相接，以符原議。」奏上，得旨嘉納。嗚呼！今粵漢一路垂二十年而未成，又豈府君當日所能逆睹者耶？時道員容閎請承造津鎮鐵路，名商股而實洋款，已奉准矣。北洋江鄂諸督約府君力爭，嗣以德人病其有妨膠路而止。盧漢比款，則因膠州之役情勢變遷，頗欲翻議，又執津鎮為言，延不交款。府君乃以盧漢並粵漢將用美款以懾之，幾經磋磨，續議條件，並允加息，始未中悔。

三月，奏陳湖北鐵廠改歸商辦，漸有端緒。及開採萍鄉煤礦，造運煤鐵路各情，奉旨著照所議，認真辦理。四月，奏陳籌集商捐，在上海地方開辦南洋公學。聲明將原擬捐建達成館之款還充該公學經費。又於公學內附設譯書院，並請免諸生歲科兩試，均得旨允行。又奏陳籌辦中國通商銀行次第開設情形，請飭下戶部通行各省關。嗣後凡存解官款，但係設有該銀行之處，務須統交該行收存匯解，以符事體，而樹風聲。得旨戶部速議具奏。旋經分別議准。府君所懷抱之各大政策，籌之數年或十數年者，至是乃徐引其端矣。鐵路總公司成立二載，勘路、購地、領官緡、貸外債，在在棘手。府君虛衷澄心，慎密將事，而撼搖公司者，即以工程濡緩為言。

五月，奉上諭飭迅速開辦。六月，覆奏，奉上諭：「盛宣懷奏稱：三路分三國借款營造，緊約寬期，互相比較。洵為扼要之論。並瀝陳委曲艱難各節，亦屬實在情形。惟是做事謀始，必須力任其難，不辭勞怨，方能日起有功。該大臣膺茲重任，務當力持定見，與各洋商堅明約束，會同榮祿㊲、張之洞迅速籌辦，使三路合為一氣，南北相為銜接，提綱挈領，勿分畛域，以期早日觀成。毋得意存推諉，空言搪塞，致負委任。」府君旋即赴津，督催北路工程。

七月，入覲，召對兩次。命遞練兵說帖，翌日由樞臣代呈。時上方憂國勢之孱㊳，憤外侮之棘，旁皇宵旰，力圖自強，一二三維新志士將盡舉吾國之政教、法制而變易之。府君退而語人曰：「吾輩遭遇聖明，千載一時。然不揣其本，不清其源，變法太銳，求治太急，朝局水火，蕭牆干戈，憂未艾㊴也。」居不旬日，倉卒南歸，無何而政變矣。

鐵路總公司本有直、鄂二督督率興作之諭。榮文忠[60]時以次揆督北洋，夙與南皮[61]不相融洽。府君以路事留津，極意調和。而李文忠以元勳重臣特命出譯署，府君常私憂竊嘆。

九月，奏請足食備荒，速籌積儲，以固根本。奉旨嘉納。十月，赴鄂督催漢口至信陽路工。十二月，赴大冶查勘鐵礦，歲杪返滬。上年徐淮海等屬水災，劉忠誠會商府君選派熟悉放賑人員，次第賑恤，地方賴以安帖。忠誠特疏上聞，傳旨嘉獎。至是冬，待賑尤急。府君又遵旨會同李鐵船、嚴筱舫兩觀察籌墊鉅金，散放冬賑。

己亥春，粵漢美款、寧滬英款均有異議，而剛相[62]忽因籌餉南下，先查輪電兩局款項。徐蔭軒相國[63]又言：輪船電報創立三、四十年，獲利不貲[64]。上不在國，下不在商，所稱挽回利權者安在？六月，府君奉有督飭官商開具收支清單、酌定餘利歸公之諭。於是言者蜂起，市情惶惑，股價驟低，剛相自寧至滬，又奉諭督同府君清查。府君逐條聲覆，剛相據以上聞。並陳明常年報效數目，奉朱批允行。府君復疏陳歷辦成績及艱困情形，旋奉溫諭，而眾喙[65]猶未息也。

府君比年來形神交勞，每牽動肝腸，徹夜不寐。近以美約狡狠，恐他時駕馭更難。於此思辭去他路，專心盧漢，以輕肩責。商之張文襄，文襄電覆謂：「美約不成，必為法占。若南北兩幹均歸一國，如大局何？公豈能寬責備耶！」

八月，府君患痢，扶病北行驗收盧保路工。九月，抵京入對。奉慈聖面諭，條陳時事，並詢宜多設製造槍炮局否？對以不如就鄂局推廣為便。旋奏遞練兵、籌餉、商務三十條。軍機大臣面奉諭旨，各口關稅如照現在時價核估，所增稅項實為籌款大宗。著派盛宣懷、聶緝槼會同赫德查照條約，迅速籌辦。

府君嘗論加稅計劃，簡言之，不過四端：一稅則值百抽五，進口貨照時價估計；一免稅貨照則抽收；一進口貨仿洋藥稅釐並徵，如照估值百抽十五，釐金盡免；一土貨不加稅，茶須減稅。如是則歲可贏千餘萬，中飽一掃而空。又片奏請，密諭：中外臣工慎重交涉，勿拘泥成見，徒矜意氣，俾弭患無形。李文忠見此疏甚嗟嘆，謂：有所為而發也。

十一月，入對。面奉懿旨：暫時留京，備隨時商詢要政。會上海電報局員經元善聯合寓滬紳民電諫立儲，政府囑江督逮捕嚴懲，經遁匿香港。某侍御奏劾為督辦通同一氣，縱令遠颺。又謂電局利權太重，奏請遴員接管。府君疏陳歷辦情形，懇將所管各局歸一律交卸，以讓賢能，俾釋負荷，保全末路，未蒙俞允。仍留京會議洋貨稅則，並酌擬稅釐並徵事宜。

四月，陳明前往上海考察貨物時價，與聶仲芳中丞後先出都。五月，拳匪⑯事起。府君在鄂途次飛電榮相、裕督：拳民已毀路戕官，當以匪論。請痛剿，勿養癰貽患。抵滬未旬日，詔令沿江沿海各省招拳民禦外侮。府君心知其矯偽，以所關至重大，飛飭各電局，但密呈督撫勿聲張。又電告各疆帥勿轉行，不則釀巨變。粵、江、鄂、閩四督帥皆贊成，李文忠自粵來電，亦有「亂命不可從」之語。

時各國紛調兵艦，江海各口人心惶惶。府君首倡互保之議，密電各帥。既得同意，遂昌言於各領事曰：「各國公使現在圍城，各總領事應從權主持辦事，各督撫已奉詔自保疆土。今與諸君約，長江及蘇杭內地外國人生命財產由各督撫保護之，上海租界中外商民生命財產由各國公同保護之。此疆爾界，兩不相擾。」越日即偕滬道余搢珊中丞聯沅[67]暨江鄂代表道員沈藹滄中丞瑜慶、陶榘林京卿森甲與駐滬領事商訂辦法九條，即世所稱東南保護約款也。

北事日棘，府君憂心焦思，迭發電奏請下密詔平亂，請發國電國書，請懲禍首。又聯合各疆臣電請特派李傅相為全權大臣，請速定大計，請共籌補救。諸奏皆手自屬稿。既兩宮西幸，文忠奉命入都議和，邀府君隨行。慶邸又專電奏調襄辦和約。劉忠誠以府君內與疆吏聯絡奏事，外與各領事傳達意見，商量止兵，斡旋危局，無出府君右者，函電堅留。張文襄亦有「北可無公，南不可無公」之電。府君請於大父，大父曰：「時局如斯，宜退不宜進。」府君乃決止不行。其時行在以上海一隅為集中地，府君又為之樞紐，遂命充會辦商務大臣，駐滬辦事。

十一月，特簡宗人府府丞。又奉命籌辦陝省義賑，值亂事未寧，公私告匱，府君以行在重地不能不從寬籌濟，盡力號召湊墊鉅資。關中要區，饑而不害。北洋大學堂為府君任津海關時所創設，去任後猶屢為籌款。是年秋，堂為德兵所占，學生被難南來。遂令併入南洋公學肄業，並將頭班畢業生資送出洋遊學。

辛丑二月，不孝昇頤生。是時樞意欲令府君入佐度支，項城袁公㊳贊成甚力。慈聖謂：「榮相、盛某是今日不可少之人。」榮相對以：「目前交涉要緊，內用不妨且緩。」前議乃寢。樞府嘗論東南保護之功，皆謂：「無盛某維持策劃，劉、張亦無所措手，何論余道。」慈聖深以為然。五月，工侍㊴缺，上意及府君。慈聖謂：「盛某長於理財，當俟戶部有缺畀之。」府君之簡在帝心有非諸臣工所能及者。齮齕㊵之來，其所由來者漸矣。

八月，奉諭旨派為辦理商稅事務大臣，議辦通商各條約，改定進口稅則一切事宜。文忠聞商稅命下，手函有曰：「時危事棘，豈余衰暮所能堪？此中補救，惟執事是賴」等語。逾月，文忠薨逝。醇邸蒞滬，府君悲感勞瘁，驟發喘症兼患冬溫，病勢綦烈，不得已電奏請假調治。蓋府君自拳亂起兩年之間，忠憤勤劬，恆越常度，往往丙夜不息。昧爽㊶而興。不孝等言於家慈，乘間以節養為請。府君喟然曰：「汝曹何知國家存亡危急之頃，豈臣子暇逸時耶！」

方事之殷，外館被圍，某國人疑使臣已盡亡，益合謀致死於我設謀之酷，有不忍言者。府君獨密電榮相，請中旨許各使間關通訊本國，先平其憤，而釋其疑。不數日，美使康格首有密電至華盛頓，美人大悅，始創保全中國之議。列邦雖不一致，卒皆相率允從，功在宗社，斷推此舉。又當禍首主戰時，曾有停解應還洋款改充軍餉之諭，忠誠意難之。府君謂洋債若一愆期，彼必踞我海關，自收自解，且正在議償兵費，必致藉口干預財政，此大不可。忠誠遂令滬道照解。

及和約開議，俄欲先立東三省專約。俄駐使楊公儒擬定十二條，內有俄路造至長城及侵害主權處，將畫諾矣。府君連電奏請暫緩，即奉命與劉忠誠、張文襄會同籌辦。值楊公病篤，而俄亦陰憚列強之責言，約遂中止。劉、張二公稱府君能曲突徙薪[72]云。

其他如借設海電以通文告，代撰國書以洽邦交，請懲禍首，罷董軍，誅毓賢，宥趙舒翹，恤五忠，撤銷矯為詔旨，皆於當日全局有絕大關係而為世人所不盡知者也。

十一月，奉懿旨以贊襄和議，保護東南賞加太子少保銜。壬寅正月，擢授工部左侍郎。

府君以數月間薦膺異數，益思有以報稱。而所最焦思極慮者，則以和約所償兵費過鉅，國弱民貧，無可措手。上年奏上預籌四策，特注重加稅一端。又以賠款計息，負累更深。請以國書逕致各國元首，婉商分攤免息之法，再二而後得請，由是歲省不貲。適呂公海寰奉命會議商約，府君謂呂公曰：「某不自量，欲為國家歲增一、二千萬鉅資，為閭閻除四十餘年積弊，其惟免釐加稅乎！斯願宏大，成否？正難言之，吾二人惟盡其力所能至而已。」呂公奮然曰：「是吾心也，不敢不勉。」

府君自去冬劇病後政務過勞，疏於調攝。至是陡患喉症，幾瀕於危，庶母劉夫人竟以是不起。府君少瘥[73]始知之，追念賢淑，傷惋至深。加以宵旦從公，尤形況瘁然，猶未嘗稍休也。免釐加稅，既為全約主腦，彼脅我裁釐而不言加稅，我堅欲加重進口稅，而不允遽撤釐金。相持數月，始漸就範。

五月，偕同呂公邀英使馬凱赴寧、鄂會議。六月，奉旨照約辦理。不圖英忽中悔，各國亦不皆贊同。其後或議或輟，轉輾牽制，卒無觀成之日。府君晚歲每論及此，未嘗不扼腕太息也。

八月，奏設勘礦總公司。九月，大父棄養。府君哀慟，電請開去各差缺，安心守制。旋奉諭旨盧漢、粵漢鐵路總公司及淞滬鐵路籌款，購地、買料、修工事宜，仍著盛某一手經理，文襄復力陳鐵路不可易人，府君三辭不獲。十一月，直督袁公蒞滬臨弔，府君為言：電報宜歸官有；輪局純係商業，可易督辦，不可歸官。某本不願利權久操，為世指目。袁公入都謀諸榮相，即另簡電政大臣。但改官辦而不還商本。輪局亦由北洋派員接管，一時商情譁然。群欲以股票讓外人，外人亦爭思染指。府君行文滬道，照會各領事，以兩公司皆華股，洋商不得購買，並力勸執票者勿賤售，坐失將來厚利，庶保此航電一線之延，群疑頓釋。

癸卯二月，兩宮謁陵，道經所管鐵路，袁公約北上襄辦大差，因在制不入覲，旋奉旨准素服冠頂在保定迎駕請安。三月初十日，召見。先垂詢病狀，後述蒙塵情形，且謂非汝等力保東南，恐無今日。命賞福字匹頭、餑餑、肉食，並奉懿旨以承辦大差，一切周妥，交部優敘。未幾，忽奉諭派盛某隨同袁世凱、張之洞、呂海寰、伍廷芳會議商約事宜。府君既謝輪電兩局事，搆者(74)猶未饜，徒以商約熟手，未便易人。乃分其權於直、鄂，更以「隨同」字樣挫抑之。府君則一笑置之而已。

五月，舊恙又作。扶病返滬，因爭山西福公司(75)路礦事，與彼代理人哲美森執議至數十次，與外部晉、豫往返函電至數萬言。既而疾癒。府君嘗言：事當紛集如亂絲時，凝神耐煩，心不外注，雖病魔亦能自退。

八月，美、日二國商約成，以其餘隙赴江陰先塋為先大父營葬。十月，事畢，而疾又作。是冬，日俄戰釁起，我國宣布局外中立。府君力疾自草疏，略與江督魏公、粵督岑公、鄂督端公、商約大臣呂公合詞，密陳安危大計，奉旨留中。

甲辰元旦，瞻拜祖先，病久虛弱，竟至不能行禮，春融始稍向癒。四月，赴江寧就張文襄、魏午帥商合興廢約事件。合興者，粵漢鐵路美國借款之公司也。定約在戊戌開辦。在壬寅，佛山、三水已通車、湘省已勘地，而湘紳聞該公司以股份分售，比國指為背約，力請作廢。美政府則謂公司分售股票，例所不禁，堅不肯承。方是時滬寧借款合同英公司忽要求改澤道鐵路及山西鐵礦合同，正與福公司反覆磋商，久懸未決。澳門鐵路及設關條約又與葡使開始爭議，口瘏心瘁，眠食銳減。自夏徂秋，直隸水潦，山東河溢，四川旱災，籌募賑需又復日不暇給。府君自知勞頓過度，苦於不能少休。

七月初旬，遂患濕溫壯熱，至二十餘日兼發外症，昏憒中所言皆要政。神志稍清，則索逐日來電覽之。伯兄昌頤交卸德安郡篆遄歸侍疾，月杪始有轉機。葡約將竣議，寧滬始開工，事更冗集於臥榻。冬令嚴寒，又因俄艦水手戕甬民周生有案，外部奏派府君查辦，造次外出被風。

乙巳初春，喘發尤劇，元氣服浸虧，漸呈老態，非復豐腴健碩之素矣。時日俄戰局方亟，波及東三省，地方驟遭兵禍，外部奉旨電致上海紳董籌設紅十字會。府君與尚書呂公海寰、侍郎吳公重熹為領袖，聯合各中立國創始經畫，嗣得加入瑞士國總會。中國遂永有紅十字會主權。

四月，北上勘黃河橋工、正太路工。服闋⑯循例到京請安，召見三次。以京漢全路完工，引疾求退。慈聖面諭：「國家正值多事，汝係舊臣，不應出此。」及再叫起，奏對逾四刻，上曰：「汝今日精神已大好。」旋蒙賞紫禁城騎馬。府君以屢荷溫綸，未敢再求退。迭電梁駐使達美外部力爭粵漢廢約事，期於必成。八月奉諭旨：「據張之洞電稱：接梁誠電，粵漢鐵路廢約合興股東已批准草約。美外部電稱：美廷絕不撓等語。仍著責成張之洞、梁誠一手經理，盛某不准干預。」命下之日，有為府君不平者。府君驩然⑰曰：「自吾與外人交涉，未有如此事之棘手者，今遵旨卸責，福我甚矣，又何憾焉！」初粵漢貸美款，文襄本力贊其成。惟以謀國之忠，動於兩省士紳，流弊甚大之言，頓翻前議。湘爭尤烈。文襄雅不欲開罪湘紳，又與某公方交歡，遂不得不於府君集矢德約開議，仍被命返滬。陛辭日直陳立憲利弊，奉有出京後遇有要政可密奏之諭。又面賞「福」字。

十月，遵旨自滬赴蒙澤會同唐公紹儀[78]驗收黃河橋工並舉行全路落成典禮。既唐公奉命接替，遂奏請裁撤總公司，報銷既竣，如釋重負。一面瀝陳滬寧路款出入情形及預籌各路還債辦法，未肯以受代之身，遂作旁觀袖手人也。丙午初夏，至杭州西湖養疴。未逾月，以義約開議遄返。時舊金山地震災重待賑。粵督岑公諄囑力為籌募，而湘撫龐公鴻書[79]又以衡、永、辰三郡大水見告。湘賑未畢，而徐淮海及皖北水災繼起。端忠敏公[80]自鄂移督兩江，與蘇撫貴陽陳公堅請府君提倡義賑。府君約呂公海寰以全力助之，號召之廣遍於華僑各埠，英商李德立發起華洋義賑公會，各國紳富誼切恤鄰，爭願輸貲。府君力請於朝，多發帑金，通電各省，多撥官款，以免相形見絀。

十月，萍鄉與瀏醴錯壤處匪徒聚眾，揭竿為亂。奪踞上栗市，距安源煤礦咫尺，聲言拆鐵道、毀煤窿。府君飛電寧、鄂、湘、贛調兵兜剿，且言礦丁數千，良莠不齊，恐勾結為害滋大，必先派隊保礦。不旬日，鄂軍第一隊抵安源，人心始定。府君於賑務倥傯間，日夕與各帥電訊交馳，策劃軍事，寢饋為之不寧。十一月，奉旨：呂海寰、盛宣懷電奏江北饑民情形，深為憫念。昨據度支部議覆，該省截留漕米一摺，已動撥漕，折三十萬兩。仍著該部再行妥籌接濟，以恤災黎。府君於埶募義賑百萬之外，所代籌官賑辦法以截漕為大宗。餘若添鑄銅元，則部加限制。移用掛捐溢款，則僅准半數，暫展實官捐，酌提鎊[81]，餘則均未邀允。然已羅掘殆盡，道殣相望，而州縣猶催科，闤市猶榷稅。府君言於端、陳二公，懲其尤者。官賑憑冊攤派，或濫或遺，非救人救徹之道。端公知其然，議將冬春兩賑官義合辦，府君並手訂義賑辦法十八條。於是效乃大彰，民沾實惠。

丁未春，逃亡饑民聞賑而歸者，無慮數十萬。上年次貧之戶變為極貧，官義賑款，兩皆不繼。府君又酌擬治標四策：一曰借給麥種使補春耕；二曰多糶雜糧，以輕市價；三曰就近辦工，俾壯丁得食；四曰設借錢局，以田作押。輕息寬期，俾可後續。大府下所司行之，所全尤眾。其後江鄂薦饑，亦皆仿辦。府君之仁心仁術、利溥力宏有如此者。

三月，奉諭旨：加稅免釐一事，關係緊要。現在各國商約尚未一律議定，時已數年，亟應趕緊商訂，俾加稅免釐之舉得早實行。著責成呂海寰、盛宣懷等妥速籌議，以免久延。旋上言：商約根於辛丑和議。英使馬凱來議時所挾甚奢，知難盡拒，特以加稅束其報施。歷盡艱辛曲折，幸而成議，美、日亦相繼就範。既而覷破我益彼損，英議院對於馬凱有責言，乃陰嗾德、義諸國於加稅外，要求格外利益。逆料我萬難通融，故將議定要款留為一併續議地步。德既藉詞停議，義更有意決裂，其他未議諸國遂皆觀望不前。彼之昔欲速成者，一變而為延宕矣。今奉諭催辦其來否？殊不可必。惟在我總當抱定前議宗旨，俟其來時相機應付，絕不聽其渝盟，庶保全權利於萬一。奏上，會呂公內簡外務部尚書，奉諭旨續議商約。即著盛某在滬會商袁世凱、張之洞妥速籌議。是秋江南北賑務結束，蒙恩賞「惠流桑梓」匾額。

九月，赴漢陽驗新鋼廠，赴萍鄉驗大煤槽，漢廠出鋼精純，頡頏歐產。固由於冶鐵萍煤本質之美，亦由於新造馬丁爐煉法之精。適德膠州總督過漢閱廠，詫曰：「不意中國亦有一事能造其極。」府君因憶戊戌歲日本伊藤公來華，曾謂府君曰：「公辦成輪船、電報兩局，譬如破屋內有兩張好桌子。」府君以其言輕侮，常志於心以為警戒。今幸鋼鐵廠告成，因於一、兩月間遍歷鄂、湘、贛勘閱廠礦，復籌商川路定軌及萍礦防營等事。旋以蘇杭甬路事奉召入對，慈聖諭曰：「近為浙路發生風潮，或言英國要下旗撤使，或言百姓要抗糧拒官，特召汝來解此一結。」府君奏言：「鐵路借款不過一二英商之事，與國際無關。臣責其逾限，彼固無詞。何至釀成交涉，此不足上煩聖慮。江浙百姓馴良守法，必無抗官舉動。但欲遵商辦前命，以拒外者助官耳！恫喝之說，皆可勿聽。惟既訂約借款，不應再令商造。既廢約商造，不應又許借款，朝令暮改，失信中外。今厲行立憲，正欲藉民權以鞏國力。倘逆用而不順用，恐激成事變，外人將不責草野，而歸咎朝廷，是宜加意。」上頷之。越二日，密疏詳陳蘇杭甬草約原案經歷情形，奉旨著隨同外務部妥籌辦理。

戊申二月，補授郵傳部右侍郎。命下三日，仍以商約原差諭令赴滬。陛辭日，聖慈垂詢：「何故又要離京？」府君知此行非上意，不敢多言，唯唯而已。既又諭云：「我有物賞汝。」乃退朝。後杳然，蓋亦有尼之者也。漢冶萍合併公司摺上，面諭：「藏富於商，乃是正辦。」

三月，出都抵漢，詣廠考驗煉鋼、煉鐵、拉軌、錘折諸法。兩洋工程司均極讚美，謂與歐廠無異，而質良過之。府君謂李維格曰：「使吾廠名播海外，為中國鋼鐵界生色者，君非首功耶！惜韶甄下世，折我一臂。今為請恤，言之心痗㉜。韶甄者張君贊宸，辦萍礦積瘁以歿，其成勞也李君之於漢廠埒也。

四月，留園義莊成立。經蘇撫陳公啟泰入告，蒙恩賞「承先收族」匾額。五月，郵傳部奏請將電報商股由部備價贖收，商情疑阻。陳玉蒼尚書咨請府君勸解，並酌中核價。股東以部定價額太苛，且謂朝廷久失信用，輿論紛激，相率堅持。各埠股商爭向府君陳訴，不諒者且日騰謗言。直至七月贖收期迫，始由府君逕電陳奏請於部定價值而外，以三年為率，按股另給若干，部猶未允。不得已復作長函，切勸眾商。部意亦欲轉圜，遂得蕆事。

府君年來舊病愈深，夙聞日本氣候清淑，醫有治肺專家，久有東遊之志。乃趁商約輟議，奏請給假赴東就醫，兼考察廠礦、銀行各業。旅居不及三月，診疾者為青山、北里兩博士，應手有效。與其國元老、名卿、鉅商若伊藤公博文、松方伯正義，桂內閣太郎及松尾高橋、長谷川輩相晉接，研求憲政幣制，參觀銀行造幣局。又往西京、大阪等處考察實業工廠，縱覽官私各圖書館，健步劇談為向所罕睹。吾母挈兩姊妹侍左右，函告不孝等皆私冀從此可脫沈疴，喜幸無極。十月，府君在神戶驚聞兩宮升遐，即率同領事官舉哀成服。次日啟程返滬，人事繁縟，不獲靜攝。雖仍服兩博士方劑，而效已遜矣。

初府君上理財條陳時已論及整齊幣制。迨辛丑夏行在電旨飭江、鄂、粵會同府君議覆銀圓幣制。劉忠誠、張文襄、陶勤肅皆主七錢二分。府君欲參用衡法兼鑄重量一兩之銀圓，故未列銜會奏。前歲入都，又蒙垂詢幣制，諭令詳悉敷陳。其時府君主張已與前此不同，出京後遍詢官商，並究學理，益恍然於欲求畫一，非確定十進位不可，七錢二分之制萬難變更。上年在日本，尤於銀行幣制研索有得，乃於己酉閏二月上推廣中央銀行先齊幣制一摺，附陳各種辦法、成式及畫一幣制，統歸銀行主辦條議，都萬餘言，遐邇誦之。

四月，府君感冒，時溫纏綿月餘。時甘省苦旱，浙西患潦，鄂以襄河潰堤成災，而海州被水尤重，於丙午紛來呼籲。不孝嘗聞諸府君云：「吾每籌賑多在病中，倚枕冥想無數災民慘象，輒忘己身痛苦。」嗚呼！仁哉言乎！

六月，輪船招商局董事會成立，公推府君為會長。府君以備員郵部而歸商選，似於體制非宜，電部婉卻。徐菊人尚書⑧再三勸就，股東懇維持尤力，卒不獲辭。

七月，伯兄昌頤忽攖時疫，歿於滬第。府君驟喪塚嫡。雖強作達觀，而傷逝茹悲，意興蕭索。乃以治事餘閒寄情書畫，復甄錄載籍，廣購遺編，為創立圖書館基礎。性好內典，撰聯題榜，默契禪宗，排日染翰，必回環書華嚴、妙法、蓮華諸經及先儒精粹語錄。嘗謂幕僚曰：「吾非能耄而好學，藉此祛病魔、泯煩惱耳！」

是歲，京漢鐵路所借比款十年期屆，如約收續，毫無違言。粵漢原借美款，南皮相國既徇湘人意罷約。今則仍貸諸德、法、英、美，營鄂、湘所經川粵漢路，而兩省亦拒之。設當日不廢美約，則粵漢、京漢早已南北貫通。並力償債，不逾三十年，京漢、粵漢、滬寧三路皆歸國有，以所贏展拓支路，便利礦運，詎不甚偉。此府君預定鐵路計劃與所懷加稅政策同一事與願違者也。

庚戌正月，奉諭派為中國紅十字會會長。時江鄂連歲偏災，議賑議蠲，靡所底止。府君疏請飭籌工撫、平糶、當田三事，為治標之計。並陳荒政、治本策，以重農產、廣種植、疏水道為要端。又推廣昔人移粟、移民遺意，請飭東三省、直隸、山東各省熟籌交通墾牧，即於濟荒之中寓實邊定計。疏入，上嘉納焉。

六月，府君以紅十字會成立未久，應與軍諮處海陸軍部面商未盡事宜。而商約停頓迄無結束，亦宜統籌辦法。適樞垣因事敦促，七月十日抵都，迭次召見，博詢時局要政。旋奉旨飭赴郵傳部右侍郎本任，並幫辦度支部幣制事宜。度支部尚書澤公虛己以聽，徒以牽制繁複，自宮廷以迄市廛積重難返。通商口岸外幣浸灌，操縱尤難。自被命後悉心布置，漸有定程。而國事已非，推行無日，可勝慨哉！

九月，捐建上海圖書館成，蒙恩賞「惠周多士」匾額。是秋，徐屬及皖南北同時大水，饑民數百萬，蒙城等處匪起。十一月，江皖京官奏請派馮煕為查賑大臣、府君為籌賑大臣，並令籌墊鉅款，迅派義紳馳往災區趕放急賑。奉旨著照所請。旋又奉諭兼辦撥賑，遂奏請設立江皖籌賑公所，瀝陳此次災區蔓延兩省，地廣人多，非丙午年徐淮海一隅可比，非多備鉅款不足敷冬春兩賑，惟有先行借墊以救急，變通捐章以勸捐，並開辦華洋義賑會，厚集資力，迅速進行。庶可澹沈災而培國脈，得旨允行。

十二月，奉旨補授郵傳部尚書。府君於郵部諸政有開山之功，特以權不己屬，措置未盡合宜。故謝摺有云：「凡本部缺憾之端，皆微臣疚心之事。」同官讀者皆云：「此老可謂有擔當矣。」

辛亥正月，言路奏劾郵傳部官辦鐵路濫借濫費，請及時飭查整頓，詞連部員多人。府君以郵部歷吏與他部略殊，且政劇才難，不欲驟加裁抑，僅先撤圖書通譯局、交通研究所，以節浮糜。蓋其所懷抱更有大者遠者在也。

四月，內閣改制，簡授郵傳大臣。計自受事數月，若收回郵政，接管驛站，規劃官建各路，展拓川藏電線，釐定全國軌制，靡不燦然畢舉。加以幣制改革，細極毫芒。賑需追求，迫於星火。度支部四國銀行借款，川粵漢鐵路借款商訂合同，百端填委，一以整暇應之，雖不遑寢處，而未嘗言勞。會石給諫長信疏請將全國幹路收歸國有，支路仍聽商民量力自辦，奉旨籌議。

府君昔與張南皮袁項城皆抱此政見，近又鑑於世變之亟，外侮之乘，前此築室道謀之誤，乃力贊其成。旋議上，略謂：鐵路國有、民有，本屬無甚出入。今國計方艱，因有商民實力舉行，不致延曠浮糜，自無庸遽歸官辦。無如數年來粵則收股及半，成路無多。用則倒賬甚鉅，參追無著。湘鄂則開局多年，徒資坐耗，竭萬民之脂膏供侵漁，而付浪擲。恐曠時愈久，民累愈深，國防空虛，交通梗阻，上下交受其害。故收回國有，銷除商辦，實出於萬不獲已。擬請明降諭旨，將川漢、粵漢以前所抽所招各股，改換官辦股票，仍照原定官利，按時給息，路成之後，一律分給紅利。其有不願領換股票者，即將原股如數給還，不使有絲毫虧損。其各項加徵之股款自當停止，以恤民艱，而全國富商未嘗不可招之使來，以期眾擎易舉等語，並陳詳細辦法。奉上諭：所籌尚屬妥協，著即遵照實力奉行。其時疆帥如川督王公人文、粵督張公鳴歧聲應氣求，類有同志。特以民情囂於往日，不敢顯有主張。府君以職掌所在，日與左右侍郎吳公郁生、李公經方商討，期於上裨國計，下協輿情，苦心圖維，旬日之間，鬚髮加白。

無何川亂猝起，鄂變繼作，海內回應⑧④。當局亦知積薪厝火，事非一朝。其藉口於路政召禍者，僅一蜀耳。而資政院議員群喙方張，朝廷俯徇眾論，毅然奪府君職，以為罷斥一大臣，宜可間執其口，或因以暫弭亂機。而孰知事有大謬不然者耶！府君既以非罪去官，中外持公論者莫不嗟惜，而府君詞色之間絕無幾微尤怨。惟念國事潰絕不可收拾，則憂從中來。初出國門即避地大連灣，十月，不孝恩頤、重頤隨侍府君東遊，僦居⑧⑤神戶之鹽屋山。地據絕頂，松風海濤，日接几案，肺部為之頓舒。又就療於須磨肺病醫院，試服和衣，鐫小印曰：「須磨布衲」，日有記載一二則，敍述景物，抒臆滌煩，飲啖步履，迥勝平時。吾母旋亦挈弟妹輩來東。

壬子九月，攜家返滬，杜門戢影。雖財產損失至鉅，意外蹂躪，有非恆人所能堪者，府君處之泰然。事變以來，綱紀蕩斁⑧⑥，工商營業皆無法律保障。招商局、漢冶萍尤皮岌不可終日。在事員董及多數股東緬想成規，亟盼府君出而維持，免致中隳。府君雖心頹意索，顧不能無浮屠桑下之感情，乃勉踐兩局董事會長之席。幸癸丑而後，夙疾尚平。其於兩局事務，亦惟以培養本原，為徐圖恢復之計。養疴餘閒，日以籌辦義賑為事，墊撥鉅款，一身任之。每誦漢東平王「為善最樂」之言，自謂惟恐腰腹之不副也。

癸丑春，命不孝恩頤挈婦留學英國，瀕行，諭之曰「吾雖老病，自揣未即就木⑧7。迨汝畢業而歸，猶可相見。」嗚呼！由今思之，尚忍言哉！

是年九月，值府君七十壽誕，預誡勿稱觴受賀。蓋先大父亡忌為府君生日之翌朝。故自癸卯而後，遂輟祝厘之典，重以國變未久，蓋不欲有所鋪張。親友僚屬為文以壽，府君蹙然不安。

甲寅春夏間，咳恙較輕，猶能於清晨日晡緩步中庭。遇公司會議時，其重要者仍出而列席。不孝等方謂從此頤養天和，氣體或當漸勝。乃是冬嚴寒，病勢浸劇，中西醫僉以為危，府君轉自謂無礙，慰諭吾母及不孝等可毋過慮。春融後果漸向癒。然自此納食更稀，肌肉枯瘠。惟腦力猶強，處置一事首尾貫徹，神觀雖弱，目光炯然。偶草函牘，倚桯立就。字跡腴潤猶昔，見者以為貞疾延年⑧8之徵。府君初患痰飲喘嗽，其起源由於寒濕，故習服溫燥之劑。其後因胃熱咯血，改趨清潤。及東西醫方劑有效，屏中藥弗御者數年。比以正氣愈虧，脾土失職，復進附桂苓朮諸品，稍納穀食。

上年自春徂夏，喘咳不能就枕，改服溫補大劑，頓覺氣順痰平。至秋冬略見起色。

不意丙辰[89]二月後，咳嗆復熾，精神疲茶，飲食銳減。醫云：聞陽衰弱已甚，根本耗竭，斷非藥石所能挽回。病中又脾[90]，益形憤慨。

三月望[91]後，六脈沈伏，語氣綿綴，仍進參附重劑，迄無纖效。二十三日下午，忽腹痛大作，神色變異，西醫針治痛止，而劇嗆不已。次日神志清澈，處分家事鎮靜如平時，遺命身經國變，且係獲譴大員，務體吾意，斂以僧衣，用誌吾痛。方欲再有所言，旋又咳作。既而假寐，吾母率不孝等環侍竟夕。二十五日晨猶索食蛋糕少許，不孝等尚有奢望，以為一線可延。詎至巳刻嗆逆異常，氣息不屬，竟棄不孝等而長逝矣。嗚呼，痛哉！

泣念府君早歲服官，盡瘁國事，歷四十餘載。勞苦憂患，百折不移。平生最致力者，實業而外，惟賑災一事。鼎革後隱跡海上，值各省兵戈旱潦，仍力疾任籌義賑及江皖水利各端。即病榻呻楚中，每口授函電借撥款項。易簣前二日，猶命籌備黑龍江賑需。而吾母篤好施濟，與府君尤有同心。其他所籌公益善舉無慮數十事，悉可垂諸久遠。所營實業，皆有成績，表見於世，而漢冶萍廠礦產其大宗。顧以未蔵全功，常留遺憾，天相吾國，茲事必有發揚騰踔之一日，用慰府君於九泉也。

府君於經國大計，謀富則主張造路、開礦；圖強則主張練兵、興學；理財則主張設銀行、增稅率，改幣制；外交則主張牽制均勢，開放口岸、陰結強援；拯荒則主張浚治河道、整實倉儲、勸獎種植；而於鐵道則主張幹路國有；於幣制則主張虛金本位。後之論治者，皆莫能出其範圍焉。

府君嘗言：「吾祖吾父以科第起家。吾少壯時銳欲繼繩，而卒屢躓於秋闈。家有治譜，常以理繁治劇自許，而未嘗假手一州一邑為親民之官。保使才，辦洋務，日與友邦人士相周旋，而足跡未履歐美一步。此則生平三憾事也！」

府君秉性仁恕，處事接物寬和容忍，出於自然。與人言紆徐委婉，無不盡之意，即意所不可，亦未嘗以詞色加人。嘗自謂：「吾平生有法言而無惡聲，有微慍而無暴怒。」又嘗謂：「恩不可忘，怨則不可不忘。佛法戒嗔，吾尤致意。彼下石倒戈之徒，吾惟以大度置之，靜俟公論之評判而已。」

府君雅好書翰，有志著述。先大父得嘉定嚴永思撰《資治通鑑補》，係咸豐初江夏童氏排印本。病其偽脫不完，乃命府君詳加勘正，卒成善帙。又編次先大父所輯《經世文續編》、《林、胡、曾三公奏議》，皆鐫版行世。後又採江陰繆丈荃孫之議，搜輯《常州先哲遺書》前後集，中多罕見之本，校刻精審。既建南洋公學，請附設東文學堂、商務學堂，翻譯政學、商律各書，先成兵學十餘種，奏進之。東遊返滬，又設局編譯明治財政史，稿成未刊。近年延繆丈編《愚齋圖書館藏書目》，又自定體例，擬撰《思補樓書畫錄》，草創未就。晚歲閒居，手選新舊養生家言，刊成衛生叢書若干種。自著有《奏議》二十卷、《電報》六十卷、《公牘書函》若干卷，定為《愚齋存稿》。編刻未竟，而已不及睹矣。

不孝恩頤忘親遠遊，負笈海外，生不侍湯藥，歿不親含殮，萬里星奔，音容已渺，終天之恨，視諸兄弟為尤酷。嗚呼，痛哉！

府君生於道光二十四年甲辰九月二十四日寅時，卒於民國五年丙辰三月二十五日巳時，享壽七十三歲，誥授光祿大夫。配先妣董夫人，同邑道光戊戌翰林、署江西糧道蓉初公諱似谷三女，誥封一品夫人，欽旌「樂善好施」，准予建坊。繼配吾母莊夫人，同邑二品封典、候選訓導靜甫公諱毓瑩長女，誥封一品夫人，欽旌「樂善好施」，准予建坊。民國丁巳，以捐助順直水災賑款，頒給「義問昭彰」匾額。側室刁氏誥贈夫人，欽旌「樂善好施」，准予建坊。秦氏貤贈㉒淑人。劉氏誥贈夫人。柳氏誥封恭人。蕭氏貤封恭人。

子八：長、伯兄昌頤，光緒辛卯順天鄉試舉人，從一品封典，二品頂戴，湖北候補道德安府知府。娶上元宗氏浙江溫處道源瀚公女。妾陳氏、錢氏。次、仲兄和頤，附貢生，候選同知。嗣仲父蕉孫公後，娶新建夏氏浙江東陽縣知縣獻鋆公女。妾丁氏欽旌節烈。昌頤、和頤皆先府君卒。三、不孝同頤，二等大綬嘉禾章前、二品頂戴、候選道。娶仁和鄭氏、湖南澧州直隸州立城公女。妾張氏、龔氏。昌頤、和頤、同頤俱董夫人出。四、不孝恩頤，二等大綬寶光嘉禾章，簡任職存記國務院顧問、督辦、參戰處諮議。娶錢塘孫氏，前國務總理，現官全國稅務督辦寶琦公女。莊夫人出。五、不孝重頤，一等大綬嘉禾章前、二品銜、候選道。娶長洲彭氏，浙江記名道尹、前貴州財政副監理官谷孫公女。劉夫人出。六、泰頤幼殤，莊夫人出。七、不孝昇頤，二等嘉禾章、湖南督軍署諮議。娶掖縣呂氏，同治丁卯舉人，中國紅十字會正會長，前外務部尚書海寰公女。八、鈞頤幼殤，俱柳恭人出。

女八：長適嘉興姚，山西候補道寶勳公子、特旨選用道賡詔。次適同邑馮，光緒丙子舉人、河南彰衛懷道光元公子、法部候補員外郎教幹。三適無錫林，同治戊辰進士、浙江候補道祖述公子、江西候補知府志偉。俱董夫人出。四適餘姚邵，同治甲子舉人、湖南巡撫友濂公子、吏部候補郎中恆。刁夫人出。五適龍溪林，浙江候補道介眉公子，江蘇補用道熊徵。劉夫人出。六適烏程劉，候選道安泩公子承棨。柳恭人出。七未字⑬莊夫人出。八未字，蕭恭人出。孫男女：毓常，二等嘉禾章前、正二品、蔭生、候選主事。娶泰和蕭氏，光緒辛卯舉人、安徽候補道敷德女。毓理幼殤。毓宗嗣仲兄和頤，後早卒，俱昌頤出。毓郵、毓度、毓綬俱恩頤出。毓英幼殤，恩頤出。孫女九：長適蕭山胡，江南鹽巡道家楨子、江西候補知府炳垚。次適香山吳，分省試用道祖淩子、美國伊利諾大學畢業生、農林科學士、奉天農林局長維勳。四適合肥李，記名道經馥子、分省補用道國芝。三、五、六未字，俱昌頤出。七、八、九未字，俱恩頤出。

嗚呼！自府君見背，忽忽三歷寒暑矣。昨歲孟冬，祗奉先靈權厝於蘇州留園義莊，佳城未奠，窀穸⑭粗安。銘幽之文、麗牲之碑，礱石以待。謹先詮次事實，上備史宬之採。聞見淺陋，語焉弗詳。期於無匿情、無溢詞而已。伏冀當代立言君子錫之銘誄，用光泉壤，則不孝等世世子孫感且不朽。

不孝盛同頤、重頤、承重孫⑮毓常謹述
盛恩頤、昇頤

賜進士出身、誥授資政大夫、前工部右侍郎、提督廣東全省學政、如兄惲彥彬頓首拜填諱。

——原刊於《龍溪盛氏宗譜・卷二十・先德錄二》，段落係編輯所分

註釋

① 迨：及也。
② 先大父：指亡故的祖父。
③ 春闈：明、清二代會試在春季舉行，故會試得中稱「捷春闈」。
④ 粵氛漸熾：粵氛，指廣東花縣人洪秀全領導的太平天國農民起義。漸熾，指起義逐漸蔓延，如火勢越燒越旺。
⑤ 賊：對太平軍的誣稱。
⑥ 郡城：指常州城。

⑦來歸：女子嫁到夫家。

⑧胡益陽、嚴新繁：胡林翼（一八一二～一八六一），因是湖南益陽人，遂稱「胡益陽」。嚴樹森乃四川新繁人，故稱「嚴新繁」。

⑨童試：即童子試，明、清兩代取得生員（秀才）資格的入學考試。

⑩中丞：清代對巡撫的稱呼。

⑪捐館：即捐館舍。捨棄所住的房屋，為死亡的婉稱。

⑫梓：棺。

⑬見背：死亡的婉稱。

⑭擾：擾亂。

⑮李文忠公：李鴻章（一八二三～一九〇一），清末大臣、洋務派首領。字少荃，安徽合肥人，道光進士，曾任直隸總督兼北洋通商事務大臣，掌清廷外交、軍事、經濟大權、官至文華殿大學士，有《李文忠公全集》。

⑯楊宗濂：（？～約一九〇一），清末官吏兼資本家，無錫人。京卿：清代對都察院、通政使司、詹事府和大理、太常、太僕、光祿、鴻臚等寺及國子監的三、四品長官概稱京堂，又尊稱京卿。

⑰屬櫜鞬：以受箭，櫜以受弓。引申爲收藏。

⑱天津教案：發生在同治九年（一八七〇年），由法國設在天津的天主教堂爲非作歹，激起民變，打死法領事、教士，焚教堂。清廷派曾國藩、李鴻章辦理此案。

⑲薦：再次。

⑳詣：到。

㉑沈文肅公：沈葆楨（一八二〇～一八七九），福建侯官（今閩侯）人，字幼丹，道光進士。授編修，遷御史，曾任福建船政大臣，與李鴻章籌建海軍，有《沈文肅公政書》。

㉒朱雲甫觀察：朱其昂（？～一八七八），江蘇寶山人，字雲甫。原係鉅商，捐資爲通判道員，曾任輪船招商局總辦、會辦。觀察：淸代對道員的俗稱。

㉓唐廷樞：（一八三二～一八九二），廣東香山人，字景星，曾任上海海總翻譯、上海怡和洋行總買辦、輪船招商局總辦，捐資得福建候補道。徐潤（一八三八～一九一一），廣東香山人，號雨之。學徒出身，後爲副買辦。捐資得員外郎等官，曾任輪船招商局會辦。

㉔折閱：財物虧損。閱：賣也。

㉕劉忠誠公：劉坤一（一八三〇～一九〇二），新寧人，字峴莊，廩生出身，早年與太平軍轉戰於桂、湘、贛等地，後任布政使、巡撫、總督等。卒後諡忠誠，有《劉坤一遺集》。李勤恪公：李瀚章（？～一八八八）字筱泉。李鴻章之兄。歷任知縣、道員、按察使、布政使、巡撫、總督等職，卒後諡勤恪。

㉖船步：碼頭。

㉗吳愙齋：吳大徵（一八三五—一九〇二），江蘇吳縣人，字淸卿，號恆軒，又號愙齋。同治進十，曾任編修、總督、巡撫。

㉘盍：何不。

㉙左文襄公：左宗棠（一八一二～一八八五），湖南湘陰人，字季高，道光舉人，早年爲塾師、辦團練，曾鎭壓太平軍。歷任巡撫、總督、協辦大學士、軍機大臣等職，有《左文襄公全集》。

㉚曾惠敏：曾紀澤（一八三九～一八九○），字劼剛，曾國藩長子。歷任駐英、法大臣、兵部侍郎等職，有《曾惠敏公全集》。

㉛鄭藻如：字玉軒，福建閩縣人。曾任津海關道。一八八一年以候補三品京堂任出使美、秘等國大臣，後任通政司副使、光祿寺卿。劉瑞芬（一八二七～一八九二），安徽貴池人，字芝田。一八六二年隨李鴻章從皖至滬，爲淮軍辦理水陸軍械轉運，累保道員，督辦淞滬釐捐。

㉜曾忠襄公：曾國荃（一八二四～一八九○），湖南湘鄉人。字沅甫，號叔純。貢生出身，曾國藩弟。一八五六年率湘軍二、三千人赴援江西吉安與太平軍戰，稱吉字營，爲曾國藩嫡系部隊。歷任知府、道員、按察使、布政使、巡撫、總督、尙書等職。卒後諡忠襄。

㉝譯署：即總署，又稱總理各國事務衙門，後改外務部。

㉞靡間昕夕：靡，無。昕：黎明。意即「早晚不間斷」。

㉟俟：等。

㊱樞府：政權的中樞。

㊲醇賢親王：載灃（一八八三～一九五一年），淸末攝政王，愛新覺羅氏，滿族。光緒帝之弟、宣統帝之父。一八九○年襲爵爲醇賢親王。

㊳張勤果公曜：張曜（一八二三～一八九一），直隸大興人。字亮臣，號郎齋，初在河南辦團練，一八六一年因鎮壓捻軍委任為河南布政使，後改總兵加提督銜，統率嵩武軍。一八七六年隨左宗棠征新疆，後任廣西、山東巡撫。卒後謚勤果。

㊴汲汲：不休息貌。

㊵藩司：布政使的別稱。

㊶廉：考察、查訪。

㊷蒇：解決。

㊸掉：搖。

㊹遘寒：遇到寒冷。遘，遇。

㊺鏹：錢貫。引申為錢。

㊻孰與侔哉：誰能與之相比。侔：相等。

㊼洞：偵察。

㊽臬司周馥：臬司，又稱臬台，淸代對按察使的別稱。周馥（？～一九二〇），安徽建德（今東至）人。字玉山，初任李鴻章文牘，為李器重。歷任津海關道、按察使、布政使、巡撫、總督等職。一九〇一年，李逝世後署直隸總督兼北洋通商大臣。輯有《周悫愼公全集》。

㊾王文勤公：王文韶（一八三〇～一九〇八），浙江仁和（今杭州）人，字夔石，號賡虞。咸豐進士。歷任道員、按察使、布政使、巡撫、總督、武英殿大學士等職。卒後謚文勤。

⑩張文襄：張之洞（一八三七～一九〇九），直隸南皮（今屬河北）人。字孝達，號香濤，晚號抱冰，同治進士。卒後諡文襄。

⑪曷：何以。

⑫恭忠親王：奕訢（一八三二～一八九八），愛新覺羅氏。道光帝第六子，咸豐帝異母弟。一八五一年（咸豐元年）封爲恭親王，曾支援地方實力派曾國藩、李鴻章、左宗棠等開辦近代軍事工業，開展洋務活動，成爲清廷中樞主持洋務的首腦人物。

⑬太常寺少卿：太常寺、官署名，掌宗廟祭祀事務。大臣由滿洲禮部尚書兼，次設卿、少卿等。

⑭趲：聚。

⑮畀：給予。

⑯跼蹐：跼，曲身。蹐，小步行路。跼蹐，形容行動小心戒懼之貌。

⑰榮祿：（一八三六～一九〇三），滿洲正白旗人，瓜爾佳氏，字仲華。由蔭生以主事用，歷任侍郎、步軍統領、尚書、總理各國事務大臣。一八九八年出任直隸總督兼北洋大臣，協助慈禧發動戊戌政變。八國聯軍攻陷北京後逃至西安。一九〇二年還京後加太子太保、文華殿大學士。卒後諡文忠。

⑱孱：弱。

⑲艾：盡、停止。

⑳榮文忠：即榮祿。

㉑南皮：張之洞是直隸南皮人，因有「張南皮」之稱。
㉒剛相：剛毅（一八三七～一九〇〇），滿洲鑲藍旗人，字子良。歷任員外郎、郎中、道台、按察使、布政使、巡撫、尙書、協辦大學士等職，因有「剛相」之稱。
㉓徐蔭軒相國：徐桐，字蔭軒，正藍旗漢軍人，道光進士。歷任編修、同考官、侍郎、尙書、國史館總纂、正考官、協辦大學士、大學士等職。
㉔貲：計量。
㉕喙：口。
㉖拳匪：對義和拳民的誣稱。
㉗余聯沅：字搢珊，湖北孝感人。光緒三年榜眼。歷任監察御史、鄉試同考官、會典館纂修、按察使、布政使、道員等職。
㉘項城袁公：袁世凱係河南項城人，遂有此稱呼。
㉙工侍：工部侍郎的簡稱。
㉚齮齕：側齒咬，引申爲毀傷。
㉛昧爽：拂曉。
㉜曲突徙薪：喩防患未然。
㉝瘥：病癒。
㉞搆者：搆同「遘」。此處指敵對者。

⑮福公司：（Peking Syndicate）英國資本爲攫取中國礦權而組設的投資機構。

⑯服闋：古喪禮規定，父母死後，服喪三年。期滿除服，稱「服闋」。

⑰冁然：笑貌。

⑱唐公紹儀：（一八六〇—一九三八）廣東香山人。字少川。一八七四年（同治十三年）官費留美。歷任道台、侍郎、鐵路總辦、巡撫、尚書等職。袁世凱竊國後被任爲第一任國務總理，後憤而辭職。一九一七年參加護法軍政府，一九二七年南京國民黨政府成立，意存觀望。一九三一年陳濟棠、汪精衛成立反對政府時任常務委員。寧粵合流後選爲國民黨中央監察委、國民政府委員。一九三八年被國民黨特務刺死。

⑲龐公鴻書：江蘇常熟人，光緒進士，歷任按察使、布政使、巡撫等職。

⑳端忠敏公：端方（一八六一～一九一一），滿洲正白旗人，曾任巡撫、總督等職，一九一一年起任川漢、粵漢鐵路督辦大臣。四川保路運動興起，由湖北率新軍前去鎮壓，在資州被起義新軍所殺。有《端忠敏公奏稿》等。

㉑鎊：削也。

㉒心痗：內心憂傷。痗：憂傷。

㉓徐菊人尚書：徐世昌（一八五五～一九三九），直隸天津人，字卜五，號菊人。早年結識袁世凱得資助入京應考中舉。光緒進士。歷任翰林院編修、侍郎、尚書、軍機大臣、國務卿、大總統等職，編有《清儒學案》等。

㉞川亂猝起，鄂變繼作，海內回應：指辛亥革命爆發。

㉟僦居：租屋居住。僦：租賃。

㊱斁：敗壞。

㊲揣：忖度。就木：隱語「死」。

㊳貞疾延年：非邪病可延壽。貞，正也。

㊴丙辰：民國五年（一九一六年）。

㊵脾：習性，對……耿耿於懷。

㊶望：陰曆十五日。

㊷貤贈：職官以己所應得的封誥，呈請改授婦人，稱「貤贈」。

㊸未字：女子尚未出嫁。

㊹窀穸：墓穴。

㊺承重孫：按封建宗法制度，本身及父都是嫡長（妻所生的長子）而父先死，在祖父母死亡時即做喪主，稱承重孫。承重：承受喪祭和宗廟重任。

附錄二

盛宣懷家族人員簡表

（第十二世以上從略）

第十二世：盛隆（樹堂，惺予公）

第十三世：盛應（彥人公）

盛康（旭人公）

盛廉（謹人公）

盛賡（樸人公）

第十四世：盛康（旭人公）一房：

盛宣懷（杏蓀）、夫人董婉貞、刁玉蓉、莊德華、秦氏、柳氏、劉氏、蕭氏

盛隽懷（蕉蓀）、夫人張氏

盛星懷（薇蓀）、夫人魏氏、王氏、汪氏

盛善懷（茉蓀）、夫人張鍾秀、女兒盛範頤、女婿孫蔚青

第十五世：盛宣懷（杏蓀）一房：

八兒：盛昌頤（蘷臣）、夫人宗氏、陳氏、沈氏、殷氏
盛和頤（靄臣）、夫人夏氏、丁氏
盛同頤（艾臣）、夫人鄭氏、張氏、龔氏
盛恩頤（澤臣）、夫人孫用慧、賈翠華、賈鳳藻、奚儀貞、金鈺清、宗德貞、殷四珍
盛重頤（澧臣）、夫人彭氏、陸氏、「新太太」
盛泰頤　早夭
盛昇頤（蘋臣）、夫人呂氏、魏秀琦
盛鈞頤　早夭

八女：長女，嫁嘉興姚賡韶
次女，嫁常州馮敟幹
三女，嫁無錫林志偉
盛樨蕙，嫁上海道邵友濂子邵恆
盛關頤，嫁江蘇補用道林熊徵（薇閣）
盛靜頤，嫁南潯劉儼庭

盛愛頤，嫁常州莊鑄九
盛方頤，嫁江西彭震鳴

第十六世：盛宣懷（杏蓀）一房

盛毓常，夫人王碧芙
盛毓宗
盛毓郵，夫人任芷芳
盛毓度，夫人彭菊影
盛毓綬，夫人任蕊芬
盛毓琛，夫人應慧娟
盛毓鵬
盛毓鴻，夫人舒佩君
盛毓瑚，夫人郭鳳梅
盛毓鳳，夫人薛閏薇
盛毓璉，夫人張文華
盛毓珅，夫人王紅棉
盛毓璜
盛毓鶴，夫人陳連華

盛毓瑋

盛毓英　早夭

盛毓鵑　早夭

盛毓青（冠雲）

盛毓珠（岫雲）

盛毓芳

盛毓凰

盛毓瑛（友紀）

盛毓賢（坤賢）

盛毓玲

盛毓琪

盛毓琇

盛毓玖

盛毓美　早夭

盛毓驤

盛鳴玉

盛燕玉

盛毓新
盛毓敏

第十六世　（外孫、外孫女）

邵洵美
邵雲鵬
邵雲駿
邵雲麒
邵雲麟（式軍）
邵雲驤
邵雲芝
莊元端
莊元貞
彭國寬
彭國裕
彭蔚宜
彭蔚曼
彭國朝

彭國維

彭蔚真

第十七世：盛宣懷（杏蓀）一房：

盛承志，夫人吳秀，女兒：馨妮

盛承惠　早夭

盛承懋，夫人陳秀

盛承憲，夫人李培培

盛承璞，婿徐羽樑

盛承琦，婿鮑杭中

盛承瑨，婿陳沐

盛承玨，婿范天和

盛承洪，夫人鱷淵朗子，女兒：樂萍，樂珊

盛承慶，婿沈大平，兒子：沈凱

盛承興，夫人溫沛，兒子：樂毅，樂思

盛承倩，婿滎兆蕃，兒子：樂輝

盛幸暉，婿黃福盛

真夢美

美華

盛承慧，婿黃炳均

盛承彥

盛承元

盛承強

盛承樑

盛承灝

盛承康

盛承宗

盛承兒

盛承佳

盛承德

盛承潔

（此表摘自《龍溪盛氏宗譜》，及盛承業先生編的《龍溪盛氏家譜》）

附錄三

參考書目

《盛宣懷傳》 夏東元著
《中國第一代實業家盛宣懷》 易惠莉著
《愚齋存稿》 盛宣懷著
《人範須知》 盛隆著
《愚齋東遊日記》 盛宣懷著
《愚齋圖書館藏書書目》 愚齋圖書館編
《龍溪盛氏宗譜》 盛文頤主修一九四三年印本
《毘陵莊氏增修族譜》 莊清華修一九三五年印本
《常州市志》
《蘇州市志》
《辛亥革命前後——盛宣懷檔案資料選輯之一》 陳旭麓、顧廷龍、汪熙主編

《常州名人傳記》　吳振祥、陳吉龍編
《孫慕韓（寶琦）先生碑銘手扎集》　楊愷齡輯
《常州名人傳記》　陳吉龍、尤偉華編
《中國近代鐵河史》　楊勇剛編著
《上海近代史》　劉惠吾著
《史國近現代史大事記》　馬洪林、郭緒印編纂
《庚子之變圖志》　趙健莉編著
《有此一說》　馬芳蹤著
《常州文史雜談》　戴伯元著
《中景葵雜著》　顧廷龍編
《晚清史》　胡禮忠、戴鞍鋼新撰
《晚清七十年》　唐德剛著
《惜陰堂筆記》　趙鳳昌著
《盛毓度》　留園株式會社編著
《上海研究資料》　上海社編
《近代中國工商人物志》　壽充一等編著
《清史稿》　（第四十、四十一冊）

《弄辭錄》　劉體智著

《申報》　有關資料，主要是盛宣懷大出喪、盛家訴訟的資料、報導

後記

幾年前曾在劉沂萬老先生家聊天，談及封建大家族的興衰時，我問沂老：「你們劉家當年『發』得那麼大，賺了那麼多錢，而且四代人常勝不衰，其中有什麼訣竅嗎？」

沂老略思了一下，說是「大概有三條。其一，官裡要有人；其二，要跟洋人打交道；其三，後代要讀點書。」我當時不甚以為然，覺得老先生「古奧」了點。

近幾年，為《上海灘》雜誌主持「海上望族」欄目，我先後走訪、調查，上海灘八個著名家族的盛衰史，所到之處，近則蘇州、南潯、杭州、常州、南京、江陰、淮南；遠則香港、日本，盡可能地「打撈」一些早已是眾所周知的「豪門舊夢」……故事聽得多，才發現，沂老的話，實信哉其言！

這八個家族多為官宦家族，也有工商型家族。察其興衰之跡，除了政治的、社會的、戰爭的因素之外，從家族內部的主觀因素看，此「三條」還真管用。以盛家為例，盛家興旺的時候，此「三條」兼備；等到敗落的時候，就「一條」也不剩了。當然，盛宣懷的「與洋人打交道」，並不是一般商人的農副產品出口貿易，而是代表官府的力量，與洋人談判、爭利、舉辦大中型國營或官私合辦的企業，他是在更高的層次上與洋人打交道的，意義也就更加重大，對家族來說，其威勢也就更大。可惜這樣一個朝廷和民族的有功之臣，從他的兒子輩就開始敗家了，而且是衰敗於滬上許多工商業家族崛起之時，這就更加令人感到一種別樣意味。

所謂「三十年河東，三十年河西」、「盛極轉衰」、「六十年風水輪流轉」……有時候是人們的自我安慰。假如盛家後代在此「三條」中，哪怕是抓住了最後一條「後代要讀點書」的話，情況又會怎樣呢？於是我想，盛老太爺一生轟轟烈烈，敢作敢為，為民族、為朝廷，鞠躬盡瘁，死而後已，然「人有百慮而常有一失」，盛家的那「一失」，恐怕就是家教不嚴吧？公子們不好好讀書，也就不會有遠見卓識，拿不出真功夫。這個教訓，起碼在上海灘，該是有普遍意義的。

一個傳統的大家族，有時真如一部活的《紅樓夢》。縱的來看，可見其家族一百年來，甚至幾百年間的延續和興替；橫的來看，僅豪門聯姻一項，就可見其與社會的種種聯繫和滲透。這種聯姻對大家族來說，是一種風光，一種「台型」，關鍵時候還可以成為互為保護的借用力量，然而「一榮俱榮，一損俱損」的故事也有的是。而對於兒女們來說，這種豪門中的婚姻仍以悲劇為多。感情生活得不到質的滿足，再加上其他的各式原因，於是就生出了許多烏煙瘴氣的是非。這也許是大家庭生活中最隱秘、最頭痛的部分。所以盛家就鬧出了「大鬧七重天」（或是「大鬧一品香」）、「丟櫝還珠」、「愚園路捉奸」、「舅甥亂倫」等千奇百怪的事情來。這些事情，無論是當今盛家的後代還是我們這些爬格子的人，都是不便於刨根問底的，可能只有電視劇的編劇需要情節時才感興趣。然而這畢竟是大家族生活的一個部分，從這個意義上說，盛家的故事，還遠沒有寫完。

盛家的故事是沒有寫完，然而這本書卻必須打住了。在此書成書的過程中，我得到了眾多盛家後代和師長、朋友們的幫助，其中年紀大的有：夏東元、薄芳、盛毓郵、任芷芳、彭菊影、盛岫雲、馬芳踪、盛範頤、孫蔚青、孫敏求、盛承業、盛毓楠、莊鼎蒸、劉沂萬、李家英、童立德、江上行、殷四珍、周毓俊等；年紀輕些的有：盛毓琛、莊元貞、周荷生、彭國裕、彭蔚宜、彭國維、盛毓鳳、盛毓珅、陳吉龍、池銀合、趙雪芬、易惠莉、邵祖丞、邵林、邵立、蔣文姬、邵陽、吳立嵐、孫世樂、盛承憲、盛承洪、盛承興、邵宛譽、袁煥安、陸立辰、宋路明、華勤等等，在此向他們表示衷心的感謝！

從大家族的角度來看社會歷史的變遷，似是一個新角度，需要做的事情還很多，況且，隨著計劃生育國策的實施，大家族將成為歷史，而我們這一代正處在這段歷史的「尾巴」上。從這個意義上講，目前的工作就又有了「歷史性」的意義。我願以此書會友，希望得到更多的朋友們的幫助。

在此文收筆之際，我的眼前又浮起了江陰老暘岐村頭的一幕：盛宣懷及其父親、祖父等人共六座墳頭，墳上已荒草過膝，沒有一塊石碑。緊挨在旁邊的盛家饗堂，已沒有了屋頂，在斜陽下突兀地孤立……

二〇〇〇年十二月於上海　宋路霞

內容簡介：

老上海們說，盛氏家族是近代上海的第一豪門。

盛宣懷，是這個大家族的軸心。他從一個李鴻章鞍前馬後的「文案」（即秘書），四十年間，步步得「發」，官至尚書，順應了時代的潮流，抓住了洋務運動的機會，傳奇式地影響了中國的近代工業。

他一生亦官亦商，亦中亦洋，以其騎士般的個性，和沈浮無定的人生際遇，造就了中國洋務史上十一項「第一」（即第一家銀行，第一家電報公司，第一家鋼鐵聯合企業……）；同時，也造就了盛氏家族的鼎盛。

如果從盛氏的祖父盛隆算起，盛家二百年間，共繁衍了八代子孫，經歷了太平天國、洋務運動、東南互保、辛亥革命、北伐戰爭、抗日戰爭、國共內戰、中華人民共和國成立、十年浩劫、改革開放等劇烈的社會變革和動盪，這期間，他們既擁有過三千萬兩家財，也遭受過三次大規模的抄家（辛亥、北伐、文革）；興盛時可逕自與天子對話，衰敗時竟落了個屍骨無存；有錢時，可一夜間賭掉一整條弄堂；沒錢時，竟八個人睡一間廚房……期間大喜大悲，旦夕禍福，聚散離合，無不深深地嵌印著那個時代、社會和階層的印記。

盛氏家族，豈止是近代上海灘上流社會的浮光掠影？

記下這些故事，看看這個家族二百年來，究竟告訴了我們些什麼……

作者：

宋路霞

一九五二年生，山東濟南人。熱衷文史掌故和傳記文學的寫作，著有《百年收藏——二十世紀中國民間收藏風雲錄》、《上海近代藏書紀事詩》（與周退密先生合作）。

校對：

李鳳珠

台灣大學中文系畢業，專業校對。

馬興國

中興大學社會系畢業，資深編輯。

大師經典名著

西方正典（上）（下）

西洋文學理論巨擘
哈洛・卜倫(Harold Bloom)◎著
定價／上、下各320元

人的宗教

宗教史權威學者
休斯頓・史密士(Huston Smith)◎著
定價／400元

千面英雄

坎伯的經典之作
定價／420元

神的歷史

探索三大一神教權威鉅著
定價／460元

Rumi：在春天走進果園

伊斯蘭神祕主義重要詩人Rumi詩集
定價／精裝：360元、平裝：300元

資本主義的未來

麻省理工學院經濟系教授余羅◎著
定價／350元

人及其象徵

榮格思想精華的總結
卡爾・榮格◎主編
定價／300元

東方主義

後殖民論述經典
文化研究巨擘薩依德經典鉅著
定價／450元

深河

近代日本文學大家遠藤周作◎著
定價／250元

新世紀叢書（心靈）

世紀末

偉大心靈對這個時代的反思
Nathan P Dardels◎編
定價／350元

Rumi：在春天走進果園

伊斯蘭神祕主義重要詩人Rumi詩集
定價／精裝：360元、平裝：300元

四種愛

牛津大學教授C S Lewis◎著
定價／160元

孤獨

最真實、最終極的存在
Philip Koch◎著
定價／350元

情緒療癒

EQ作者丹尼爾·高曼◎主編
定價／280元

靈魂考

從古聖哲到當代藍調歌手的心靈探險筆記　Phil Cousineau◎著
定價／400元

孤獨世紀末

孤獨的世紀·孤獨的文化與情緒治療
Joanne Wieland　Burston◎著
定價／250元

愛的箴言

一行禪師◎著
定價／200元

新世紀叢書（生活美學）

簡單富足

寧靜愉悅的生活美學日記
Sarah Ban Breathnach◎著
定價／450元

擁抱憂傷

享譽全球的心靈治療大師
Stephen Levine 治療憂傷的名著
定價／320元

如果只有一年

若只剩一年可活，你要做些什麼？
Stephen Levine◎著
定價／380元

The Good Life

農莊生活手記
Helen　Scott Nearing◎著
定價／300元

新世紀叢書（神話）

神話

內在的旅程、英雄的冒險、愛情的故事

定價／360元

神話的智慧（上）（下）

時空變遷中的神話

定價／上、下冊各250元

千面英雄

坎伯的經典之作

定價／420元

坎伯生活美學

生活藝術的反思

定價／360元

新世紀叢書(藝術)

人生論

孤獨的滋味

定價／320元

藝術論・上卷

創造的狂狷

定價／350元

藝術論・下卷新版

苦澀的美感

定價／350元

畫家論

大師的心靈

定價／480元

新世紀叢書（榮格學說）

導讀榮格

超心理學大師榮格全集導讀

Robert H Hopcke◎著

定價／230元

人及其象徵

榮格思想精華的總結

卡爾・榮格◎主編

定價／360元

榮格心靈地圖

人類神祕心靈世界的拓荒者

Murray Stein◎著

定價／250元

夢：私我的神話

夢是心靈最後的莽原

定價／360元

夢的智慧

夢搭起我們和古老智慧的橋樑

定價／320元

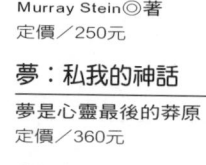

新世紀叢書（文化）

田野圖像

李亦園◎著
定價／350元

文化的視野

當代人文修養四講
傅佩榮◎著
定價／210元

世道

生命的學問十講
王邦雄◎著
定價／230元

文化與社會

當代文化分析大師的智慧
Jeffrey C Alexander · Steven Seidman
◎主編
定價／430元

反美學

後現代文化論集
Hal Foster◎著
定價／260元

飲食男女生活美學

當代人生活美學八講
龔鵬程◎著
定價／250元

衝突與和解

締造台灣和平文化
魏明德◎著
定價／160元

家庭論

諾貝爾經濟學獎得主貝克◎著
定價／450元

超越後現代心靈

休斯頓 · 史密士◎著
定價／300元

千禧之兆

比較文學與比較宗教的頂尖作品
哈洛 · 卜倫(Harold Bloom)◎著
定價／250元

孤兒 · 女神 · 負面書寫

文化符號的徵狀式閱讀
劉紀蕙◎著
定價／400元

新世紀叢書（文學）

大時代

端木蕻良四〇年代作品選
定價／480元

西方正典（上）（下）

西洋文學理論巨擘
哈洛 · 卜倫(Harold Bloom)◎著
定價／上、下各320元

航向愛爾蘭

葉慈與塞爾特想像
吳潛誠◎著
定價／260元

靠岸航行

文學與文化評論
吳潛誠◎著
定價／180元

島嶼巡航

黑倪和台灣作家的介入詩學
吳潛誠◎著
定價／130元

深河

近代日本文學大家遠藤周作◎著
定價／250元

新世紀叢書（傳記）

無限風光在險峰

韋政通◎著
定價／300元

新世紀叢書（學思與思潮）

回眸學衡派

文化保守主義的現代命運
定價／300元

經典常談

新世紀的公民教育以經典展開
定價／120元

立緒學術叢書

認同・差異・主體性

從女性主義到後殖民文化想像
簡瑛瑛◎主編
定價／350元

簡樸思想與環保哲學

中國哲學會編輯　沈清松◎主編
定價／260元

天心與人心

中西藝術體驗與詮釋
沈清松、鄧福星、魏明德◎主編
定價／230元

空性與現代性

京都學派、新儒家到多音的佛教詮釋學
林鎮國◎著
定價／320元

21世紀的儒道

儒道兩家思想的現代出路
王邦雄◎著
定價／250元

文化的生活與生活的文化

中國哲學會編輯　沈清松◎主編
定價／300元

框架內外：藝術、文類與符號疆界

輔仁大學比較文學研究所◎策畫
劉紀蕙◎主編
定價／380元

戲曲源流新論

曾永義◎著
定價／300元

百年家族系列

張愛玲

馮祖貽◎著
定價／350元

曾國藩

董叢林◎著
定價／300元

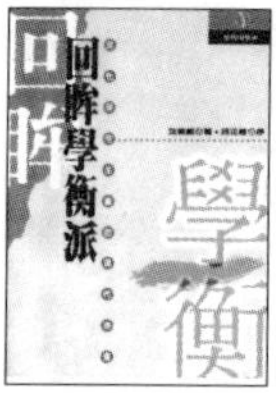

國家圖書館出版品預行編目資料

百年家族：盛宣懷／宋路霞作. --初版.
-- 臺北縣新店市：立緒文化，民 90
面；　公分

ISBN 957-0411-12-0（平裝）

1. 盛宣懷 - 傳記　2.盛氏 - 傳記

782.882　　　　89020094

百年家族——盛宣懷

出版——立緒文化事業有限公司
作者——宋路霞

發行人——郝碧蓮
總經理兼總編輯——鍾惠民
企劃主編——吳燕惠
編輯——徐雅慧
行銷專員——潘茂正
地址——台北縣新店市中央六街 62 號 1 樓
電話——(02)22192173　傳眞——(02)22194998
E-mail Address: ncp2000 @tpts1.seed.net.tw
劃撥帳號——1839142-0 號　立緒文化事業有限公司帳戶
行政院新聞局局版臺業字第 6426 號

行銷代理——紅螞蟻圖書有限公司
電話——(02)27999490　傳眞——(02)27995284
地址——台北市內湖區文德路 210 巷 30 弄 25 號 1 樓
排版——辰皓電腦排版有限公司
印刷——祥新印刷股份有限公司

法律顧問——敦旭法律事務所吳展旭律師
　　　　　國際通商法律事務所黃台芬律師

分類號碼——782.00.001
ISBN 957-0411-12-0
出版日期——中華民國 90 年 1 月初版　一刷（1～3,000）

本書由中國大陸北京人江流文化開發有限責任公司授權
立緒文化事業有限公司得以繁體字在全球出版發行

定價◉320 元